Mafiaboy

Michael Calce
Craig Silverman

mafiaboy

traduit par Guy Rivest

Les Éditions des Intouchables bénéficient du soutien financier de la SODEC et du Programme de crédits d'impôt du gouvernement du Québec.

Nous remercions le Conseil des Arts du Canada de l'aide accordée à notre programme de publication.

Nous reconnaissons l'aide financière du gouvernement du Canada par l'entremise du Programme d'aide au développement de l'industrie de l'édition (PADIÉ) pour nos activités d'édition.

ASSOCIATION NATIONALE DES ÉDITEURS DE LIVRES   Membre de l'Association nationale des éditeurs de livres.

LES ÉDITIONS DES INTOUCHABLES
4701, rue Saint-Denis
Montréal, Québec
H2J 2L5
Téléphone : 514-526-0770
Télécopieur : 514-529-7780
www.lesintouchables.com

DISTRIBUTION : PROLOGUE
1650, boulevard Lionel-Bertrand
Boisbriand, Québec
J7H 1N7
Téléphone : 450-434-0306
Télécopieur : 450-434-2627

Impression : Marquis imprimeur inc.
Infographie : Geneviève Nadeau
Révision, correction : Corinne Danheux, Élyse-Andrée Héroux
Conception de la couverture originale : Edwin Tse/Penguin Group

Titre original : *Mafiaboy*
Mafiaboy © 2008 by Michael Calce and Craig Silverman

Avec l'aimable autorisation de l'agent Montréal-Contacts

Dépôt légal : 2008
Bibliothèque et Archives nationales du Québec
Bibliothèque nationale du Canada

© Les Éditions des Intouchables, Michael Calce, Craig Silverman, 2008
Tous droits réservés pour le Québec et le Canada français

ISBN : 978-2-89549-344-0

> *À mon avis, il est juste d'affirmer que les ordinateurs personnels sont devenus l'outil le plus émancipateur jamais créé. Ce sont des outils de communication; ce sont des outils de créativité; et l'utilisateur peut les adapter à ses besoins.*
>
> Bill Gates

Prologue

« *Hot On the Trail of "Mafiaboy"* »[1] pouvait-on lire le 15 février 2000, à la une du site de nouvelles technologiques Wired.com. Ça se passait le jour où Mafiaboy, mon *alter ego* en ligne, est devenu célèbre.

Avant ce jour, je n'étais qu'un ado ordinaire qui grandissait dans une banlieue de Montréal. Je sortais avec mes amis, fréquentais l'école et jouais au basket-ball. J'étais un jeune de 15 ans, en classe de dixième année, vivant chez son père. Puis, tout à coup, je me suis mis à faire les manchettes des bulletins de nouvelles internationales.

En février 2000, le FBI m'a désigné, moi, Mafiaboy, en tant que suspect dans une enquête concernant une série de cyberattaques qui avaient eu pour cible quelques-uns des géants d'Internet, notamment Yahoo.com, eBay.com, CNN.com et E*TRADE.com. Ces sites Internet avaient été ralentis ou complètement paralysés à cause d'attaques massives entraînant un déni de service. Tout comme lorsqu'on encombre un réseau téléphonique en multipliant les appels pour empêcher quiconque d'obtenir une communication, quelqu'un avait bombardé les serveurs Web de tant de demandes que les visiteurs étaient dans l'impossibilité d'accéder à ces sites.

Ce quelqu'un, c'était moi.

À partir de ma chambre à coucher, dans une maison située en banlieue de Montréal, j'ai lancé ce qui demeure encore aujourd'hui une des plus vastes séries d'attaques ayant provoqué un déni de service. C'est ainsi que le nom de Mafiaboy est devenu célèbre. Tristement célèbre. Ce nom a été prononcé sur les chaînes de nouvelles du monde

---

1. Traduction libre : « Sur les traces de "Mafiaboy" ». (N.D.T.)

entier. Bill Clinton, le président américain, a convoqué à la Maison-Blanche un sommet sur la cybersécurité. Janet Reno, la ministre de la Justice, déclara que son bureau ne connaîtrait pas de repos avant de m'avoir appréhendé.

Après avoir été poursuivi par le FBI et la GRC, j'ai finalement été arrêté et accusé de près de 70 infractions liées aux crimes informatiques. Parallèlement, mon père était aussi arrêté ; on porta contre lui des accusations douteuses qui furent plus tard abandonnées. Une ordonnance de la cour m'empêchait de voir mes meilleurs amis, et il m'était interdit de me servir d'ordinateurs ou d'Internet. Des journalistes campaient à l'extérieur de chez moi et devant mon école.

Ma vie s'est effondrée. Je ne savais même plus qui j'étais.

Je n'avais jamais eu pareils soucis auparavant. Dès la première fois où mes mains se sont posées sur un clavier, j'ai compris que ma vie serait à tout jamais liée aux ordinateurs. J'éprouvais parfois des difficultés à l'école, mais, pour moi, les ordinateurs ont toujours eu un sens. C'était comme si leur mode d'emploi était inscrit dans mon ADN. J'avais six ans à l'époque. Ensuite, je suis passé des jeux à Internet, puis à l'apprentissage de la programmation informatique et du réseautage. Ensuite, je me suis senti attiré par les recoins plus sombres d'Internet, et j'ai joint les rangs d'un groupe de pirates informatiques qui m'enseignèrent comment infliger des dommages à mes ennemis en ligne. Les ordinateurs et le piratage sont alors devenus le centre de ma vie et l'ont changée pour toujours.

Mes attaques de 2000 étaient illégales, irréfléchies et, sous divers aspects, simplement stupides. À l'époque, je ne réalisais pas les conséquences de mes gestes. Je ne cherche aucunement à excuser ces crimes, et je tiens à ce qu'il soit clair que j'ai conscience des dommages que j'ai causés et que je les regrette. Ce livre n'a pas pour but de justifier ou de glorifier mes actes passés. Il raconte plutôt la façon dont l'obsession d'un enfant pour les ordinateurs a donné lieu à l'une des cyberattaques les plus célèbres de l'histoire.

Malgré les supplications de la presse au cours des huit dernières années, je suis demeuré silencieux sur ce qui s'est réellement produit le soir de mon arrestation et sur les événements qui ont suivi. J'ai gardé le silence tandis que les médias et les représentants de la loi traçaient de moi un portrait qu'on considère encore comme véridique aujourd'hui. Je veux faire le point sur plusieurs informations inexactes qui circulent toujours à mon propos. J'ai fait de mon mieux pour comparer mes propres souvenirs des événements avec les renseignements consignés dans les archives judiciaires et avec ceux provenant d'autres sources, ainsi qu'avec les preuves. J'ai aussi essayé de m'entretenir avec des gens qui ont travaillé sur l'affaire, mais, la plupart du temps, j'ai essuyé une rebuffade. En fait, ces gens ont déjà dit ce qu'ils avaient à dire. Maintenant, c'est mon tour.

Mis à part mon désir personnel de rendre publique ma vie en tant que Mafiaboy, une autre raison a motivé ma décision de raconter mon histoire. Il m'a fallu des années pour accepter mes crimes et pour les contempler d'une perspective différente et avec une plus grande maturité. Pendant ces années, j'ai pu observer qu'Internet devenait moins sécuritaire, plus dangereux, et que la criminalité y foisonnait de plus en plus. Les utilisateurs d'ordinateurs sont de plus en plus victimes de fraude informatique, de vol d'identité, d'extorsion et d'autres crimes graves. Les entreprises technologiques continuent d'engendrer des profits, mais l'utilisateur moyen est submergé de pourriels, de vers informatiques, de virus et autres menaces. Internet n'a pas été conçu pour fonctionner de cette façon. Je pense pouvoir contribuer à mieux faire connaître les mesures de sécurité en ligne et montrer aux utilisateurs ordinaires comment ils peuvent se protéger.

Le trajet qui m'a mené à l'écriture de ce livre a débuté il y a quelques années, quand j'ai commencé à écrire une chronique sur la sécurité informatique pour le *Journal de Montréal*. Mes chroniques traitaient le plus souvent de la sécurité de l'utilisateur ordinaire, et je me suis efforcé d'y renseigner les gens sur la bonne manière de se protéger. Mais j'ai fini par réaliser que la meilleure façon d'aider les gens consistait à partager ce que j'ai vécu et à illustrer les liens qui existent entre cette expérience et la situation préoccupante d'aujourd'hui. Il s'agit de l'histoire de Mafiaboy, mais aussi d'un avertissement concernant le monde dangereux que constitue de nos jours Internet.

Comme Bill Gates l'a exprimé dans sa célèbre citation, les ordinateurs personnels représentent un outil incroyablement émancipateur parce qu'il est possible, pour leurs utilisateurs, de les modeler. Les ordinateurs personnels et Internet offrent des ressources infinies en matière de créativité, d'expression personnelle et de communication. Bien que les menaces en ligne soient omniprésentes, l'utilisateur moyen d'aujourd'hui est en mesure de contrôler et de façonner son propre ordinateur et sa propre expérience sur Internet. Nous avons les outils pour nous protéger. Mais trop de gens ignorent encore comment prendre en main leur propre sécurité sur Internet.

En faisant chacun notre part, nous pouvons rendre Internet plus sécuritaire, et ainsi contribuer à vaincre la prochaine génération de « mafiaboys » insouciants.

Chapitre 1

Descente policière rue du Golf

Ce devait être une des plus belles journées dans la vie de Tommy. Il avait reçu l'appel ; il allait devenir membre en règle de la Mafia. Ses amis étaient emballés, même sa mère débordait d'enthousiasme. Elle ne put s'empêcher d'ajuster son col de chemise et de l'embrasser avant qu'il parte, vêtu de son plus beau costume.

– Sois prudent, lui dit-elle. Je te souhaite la meilleure chance du monde. Je t'aime.

Je me souviens de lui tandis qu'il franchissait le seuil d'une pièce aux murs lambrissés de panneaux de bois, s'attendant à y trouver rassemblée sa nouvelle famille mafieuse. Mais la pièce était vide. Tout ce qui y attendait Tommy, ce fut une balle dans la tête.

Il aurait dû prévoir ce qui allait se passer. Tommy avait dérogé aux principes de la Mafia et battu à mort un de ses membres en règle. Mais ils vinrent et s'emparèrent de lui au moment où il s'y attendait le moins. C'est ainsi que les derniers moments de sa vie furent un mélange de pure joie, de surprise, de frayeur, puis… le néant.

***

Goodfellas[2] est un de mes films préférés. La performance de Joe Pesci, qui y incarne l'hyper violent Tommy DeVito, m'a

---

2. Le titre de la version française est *Les Affranchis*. (N.D.T.)

toujours fasciné. C'était un grand rôle dans un grand film, mais la raison pour laquelle il m'a marqué, c'est que ma vie a radicalement changé en même temps que celle de Tommy.

Un vendredi soir d'avril 2000, aux environs de trois heures du matin, je regardais *Les Affranchis* chez mon ami Patrick, dans une jolie maison de l'Ouest de l'île de Montréal, où je passais la nuit. Nous n'étions que deux ados d'une quinzaine d'années qui veillaient tard, s'empiffrant de malbouffe devant un film extrêmement violent. Tout comme Tommy qui s'apprêtait à être honoré, je pensais que tout allait bien en ce bas monde.

Pendant que nous regardions Tommy se préparer pour ce grand jour, mon téléphone portable sonna. Qui pouvait bien m'appeler si tard? Je saisis l'appareil en me disant qu'il devait s'agir d'une ex-petite amie ou d'un copain qui voulait me rencontrer. Tous savaient que je me couchais tard les week-ends. En fait, il y avait des années que je veillais tard presque tous les soirs. Pratiquement aucun de mes amis n'était au courant de mon horaire habituel des soirs de semaine: aussitôt revenu de l'école, je m'installais devant l'ordinateur jusqu'aux petites heures du matin. Je prenais une pause pour le souper, mais c'était à peu près tout.

Je passais la majeure partie de ma vie en ligne, me connectant à un tout autre univers et prenant part à des activités que mes amis et ma famille n'auraient pas comprises si je les avais invités à s'asseoir pour les leur expliquer en détail. J'avais gardé secrète cette partie de ma vie jusqu'à ce que certains événements survenus récemment me fassent craindre d'être démasqué. Mais ce soir-là, en regardant un film avec mon meilleur ami, je me sentais à l'aise. J'étais captivé par cette saga... jusqu'à ce que la sonnerie de mon téléphone retentisse.

Je vis sur mon appareil que l'appel provenait de chez moi. C'était étrange, mais je pensai qu'il s'agissait peut-être de mon frère aîné Lorenzo qui m'appelait pour savoir où je me trouvais. J'étais très loin de la vérité. C'était mon père au bout du fil.

– Salut, Michael, dit-il. Où es-tu?

Mon père semblait abasourdi. Il était très tard et il savait où j'étais. Quelque chose n'allait pas.

– Hum, je suis où je t'avais dit que je serais – chez Patrick. Pourquoi?

– Ils sont ici, Michael.

— Il est trois heures du matin, papa. De quoi parles-tu? Qui est là?

Mais je savais qui était là. Je pouvais le deviner seulement à son ton. J'avais réussi à demeurer insaisissable durant des mois, mais les policiers étaient finalement intervenus. Ils étaient chez moi, avec ma famille. Pourtant, je me trouvais chez Patrick à regarder tranquillement un film. La situation me paraissait étrange; quelque chose m'échappait.

— Des agents de la GRC sont ici et ils te cherchent, dit mon père. Ils ont dit qu'ils venaient pour t'emmener. Attends-les au coin de la rue, près de chez Patrick.

— Qu'est-ce qui va se passer, papa? Viens-tu avec eux? lui demandai-je.

J'ignorais si j'étais en état d'arrestation ou si la GRC venait me chercher pour un interrogatoire. Qui donc irait simplement attendre les flics au coin d'une rue? J'étais effrayé et désorienté. Je n'avais pas envisagé que les choses se passeraient de cette façon, que je serais ainsi séparé de ma famille.

— Non, ils m'arrêtent pour des accusations qui n'ont rien à voir avec toi, mais ils doivent te ramener à la maison pour te lire tes droits, alors j'ai appelé un avocat, me dit-il.

Je ne comprenais pas pourquoi ils l'emmenaient. Ils viendraient me chercher, puis me ramèneraient à la maison seulement pour me lire mes droits? Ça n'avait aucun sens. Mais mon père n'en savait pas davantage.

— Ne t'en fais pas, tout va bien aller.

— D'accord, papa, ne bouge pas. Je vais arranger ça.

Je n'avais pas la moindre idée de ce que j'allais faire. Je raccrochai et vis Patrick qui me regardait avec incrédulité.

— Merde, qu'est-ce qui se passe?! Tu es pâle comme un linge! dit-il.

— Désolé, mon vieux. Il s'est produit quelque chose et je dois partir. Je t'expliquerai plus tard.

À l'écran du téléviseur, Tommy gisait sur le sol dans une mare de sang.

***

Quelques minutes plus tard, j'attendais les agents au coin de la rue. J'ignorais si c'était une stratégie de la police que de me faire attendre seul sur un coin de rue sombre sans personne pour me réconforter ni pour me conseiller, mais ça fonctionnait. Ils devaient bien se douter que je n'allais pas m'enfuir. J'avais 15 ans. Où pouvais-je aller? Nulle part. Je demeurai là, debout, pendant que mes pensées tourbillonnaient dans ma tête.

Les grandes demeures étaient plongées dans l'obscurité et il n'y avait que moi, tout seul, attendant d'être arrêté. Je savais que tout cela était réel, mais une partie de moi ne pouvait s'empêcher de penser, d'espérer, qu'il s'agissait d'un rêve. Cela pouvait-il vraiment être en train de se passer? J'espérais me réveiller d'un moment à l'autre et pousser un grand soupir de soulagement. Mon pouls était régulier, mais mon esprit fonctionnait à toute vitesse. Est-ce que je m'étais bien occupé de tout? Qu'y avait-il encore à la maison? « Merde, réfléchis! » m'exhortai-je. Quels fichiers avais-je conservés sur mon ordinateur? Qu'est-ce que les flics savaient? Qu'avaient-ils trouvé chez moi?

Deux phares apparurent dans la rue et une camionnette surgit dans la pénombre. Le véhicule banalisé de couleur bourgogne s'arrêta près de moi et la portière s'ouvrit du côté passager. Je vis un groupe de policiers à l'intérieur. Un grand blond descendit du véhicule. Il portait un gilet pare-balles.

— Michael, tu veux bien nous accompagner, s'il te plaît? me demanda-t-il en anglais avec un accent français.

Ses paroles et ses gestes étaient polis. Personne ne se précipita hors de la camionnette pour m'attraper et me jeter par terre. Aucune arme ne fut dégainée, et on ne me mit pas les menottes. Mais quand je regardai dans les yeux l'homme qui s'était adressé à moi (j'apprendrais plus tard qu'il s'agissait du caporal Marc Gosselin de la Gendarmerie royale du Canada), je constatai que le sentiment qu'il éprouvait était évident: la satisfaction. Il était heureux de me faire monter dans la camionnette. Ce rendez-vous en pleine nuit dans une rue tranquille de banlieue était pour lui le point culminant d'une enquête qui avait duré plusieurs mois. Il savourait ce moment.

Quant à moi, je m'efforçais de demeurer calme. J'y parvins en bonne partie. Je décidai de ne pas lui répondre et me dirigeai vers l'arrière de la camionnette. Je commençai à songer qu'ils ne détenaient peut-être aucune preuve contre moi et qu'ils ne faisaient qu'enquêter. Puis, je me souvins de ma conversation avec mon père et je compris que j'étais bel et bien en état d'arrestation.

À l'intérieur de la camionnette, j'étais entouré d'agents. Il y en avait un tout près de moi, un directement en face de moi, et deux autres occupaient les sièges du conducteur et du passager. Le caporal Gosselin avait pris place sur le siège du passager.

— Tu sais pourquoi tu es ici, n'est-ce pas ? me demanda-t-il.

Je choisis de garder le silence, mais tournai vers lui un regard dénué d'expression. J'étais décidé à ne rien dire. De temps en temps, le caporal Gosselin se retournait sur son siège et me regardait intensément, comme s'il essayait de lire en moi. Je faisais de mon mieux pour n'afficher aucune émotion. Le silence régna pendant presque tout le trajet, mais l'idée que mon père avait été arrêté et que j'étais responsable de son arrestation me revenait constamment à l'esprit. Maintenant, je savais qu'il ne serait pas en mesure de m'aider. J'aurais voulu qu'il soit là. Je savais qu'il était la meilleure personne à avoir près de moi dans cette situation.

Comme nous descendions la route principale qui mène chez moi à l'Île-Bizard, je constatai que, bien qu'elle fût timidement éclairée par quelques lampadaires, la rue était sombre. Toutefois, notre maison était illuminée comme elle l'aurait été par un soir de fête. Plusieurs voitures et camionnettes banalisées de la police étaient garées devant, mais il n'y avait aucun agent en vue.

La camionnette s'arrêta dans l'allée. Un officier en sortit et ouvrit pour moi la portière latérale. Je me sentis soudain plus à l'aise en descendant du véhicule. J'étais chez moi. Je poussai un soupir de soulagement pendant que les policiers me menaient jusqu'à la porte d'entrée, qui était entrebâillée.

Une importante perquisition se déroulait chez moi. Il y avait des agents partout. La plupart d'entre eux examinaient les appareils électroniques ou les emportaient sur des chariots, mais ils ne s'intéressaient pas qu'aux ordinateurs : on aurait dit qu'ils cherchaient à saisir tout ce qui avait un écran ou était branché à un mur. Je vis des agents au salon qui observaient notre récepteur de télévision par satellite. Je regardai en direction de l'escalier qui menait à ma chambre et vis des flics en sortir et y entrer. Ils étaient partout et ils étaient très occupés. Quelques-uns d'entre eux me lancèrent des regards, puis ils retournèrent au travail, débranchant des appareils et les scrutant. Encore aujourd'hui, je m'étonne qu'ils n'aient pas pris le grille-pain. C'est à ce moment que j'ai vu ma belle-mère. Vêtue d'un peignoir, elle arpentait la maison, exténuée et anxieuse. Je ne voyais mon père nulle part. Il avait déjà été incarcéré.

Bientôt, mon frère aîné arriva d'une soirée et s'engouffra par la porte pour voir ce qui se passait. La maison débordait d'agents. J'étais assis à la table, entouré de quelques-uns d'entre eux. Ma belle-mère, paniquée, était au téléphone. Lorenzo était complètement abasourdi. Il demanda ce qui se passait aux policiers, et on l'orienta vers le caporal Gosselin, qui lui expliqua qu'ils étaient venus m'arrêter.

J'entendis un agent de la GRC dire à ma belle-mère qu'ils allaient m'interroger au quartier général de la GRC, en présence de mon avocat. Je réalisai soudain que les autorités avaient probablement planifié de nous arrêter le même jour, mon père et moi, question de faire pression sur moi. Ils savaient que je serais davantage vulnérable en l'absence de mon père. Ou peut-être voulaient-ils dissimuler le fait que j'étais la cible principale de leur enquête. Des semaines plus tôt, mon avocat nous avait dit de nous attendre à tout. Le moment était venu.

Dans ce contexte, je pris la résolution de garder mon sang-froid et de la boucler jusqu'à ce que mon père ou notre avocat prennent les choses en main. C'était là la mission que je me donnai pour cette nuit-là. Je devais rester calme et me taire, ce qui n'était pas une mince tâche pour un adolescent de 15 ans qui se retrouve dans une aussi mauvaise posture.

Un agent me lut mes droits et me demanda si j'avais bien compris. Je haussai la tête, me levai et, pour la première fois de ma vie, on m'arrêta. J'étais maintenant officiellement sous la garde de la GRC. Les agents qui m'escortèrent à l'extérieur semblaient réjouis. On m'emmenait au quartier général de Westmount. Pendant qu'ils m'emmenaient, mon frère me cria en italien : « *Non dire niente !* »

Ne dis rien.

C'était ce que je n'arrêtais pas de me répéter.

Dans un rugissement, les agents lui ordonnèrent de ne pas me parler, surtout dans une langue qu'ils ne comprenaient pas. Ils le menacèrent de l'arrêter aussi s'il continuait.

Ils me firent monter de nouveau dans la camionnette et nous entreprîmes le trajet vers le quartier général, qui dura une quarantaine de minutes. Des images issues de toutes les émissions et de tous les films policiers que j'avais vus me traversaient l'esprit. Je commençai à me demander ce qui m'attendait au poste de police.

Puisqu'ils m'avaient officiellement arrêté et s'apprêtaient à me mettre sous les verrous, les agents semblèrent se détendre un peu dans la camionnette. Ils parlaient entre eux, et une femme en particulier capta mon attention. Elle parlait seulement en anglais. À l'évidence, c'était sa langue maternelle. Contrairement aux autres, elle ne portait pas d'uniforme. Je l'entendis dire :

— Tout va de mieux en mieux.

Pour une raison que j'ignore, cette phrase me donna l'impression que l'affaire était encore plus importante que je ne l'avais pensé : cette femme devait faire partie du FBI. J'étais pratiquement certain de n'avoir vu sur elle aucun signe d'identification. Elle était différente des autres. Elle n'était pas Canadienne. Elle ne pouvait être que du FBI.

Cela ne me disait rien qui vaille. Tout d'abord, cela signifiait que l'affaire était assez grave pour que le FBI et la GRC procèdent à une enquête conjointe. Cela signifiait également que la bataille devant le tribunal serait difficile, puisque les forces policières américaines et canadiennes s'étaient unies pour la circonstance. Elles avaient travaillé de concert pour me mettre la main au collet.

Auparavant, j'avais lu sur Internet qu'on avait envoyé à ma recherche quelque 14 escouades contre les crimes informatiques. On avait rapporté ce que j'avais fait dans presque tous les médias imaginables. J'avais entendu CNN parler de moi sans arrêt, mais j'étais tout de même étonné d'être assis à côté d'un agent du FBI.

Et mon imagination s'emballa de nouveau. La présence du FBI signifiait que mon affaire représentait un incident international. Les agents de la GRC sont peut-être reconnus pour toujours attraper leur homme, mais je savais que ceux du FBI avaient la réputation de se montrer plutôt brutaux envers leurs suspects, une fois qu'ils leur mettaient la main dessus. Si l'on se fiait à la couverture des journaux, j'étais le plus célèbre pirate informatique du monde. Maintenant qu'ils m'avaient capturé, qu'allait-il se passer ?

L'Île-Bizard, où j'habitais, est une île reliée à Montréal par un pont. Une fois que nous eûmes franchi ce pont, je savais que je n'étais plus chez moi ; j'étais sur leur territoire. Même si je subissais une pression énorme et que je faisais de mon mieux pour résister à la panique, j'éprouvai en traversant ce pont un moment de pur soulagement.

Ils me détenaient peut-être, mais il y avait quelque chose qu'ils n'avaient pas.

***

À peine quelques semaines plus tôt, je m'étais arrêté sur ce pont pour regarder l'eau, tout en bas. Je savais qu'un jour, bientôt, je pouvais être arrêté. Je savais depuis des semaines que la police se rapprochait, qu'elle achevait de rassembler des preuves contre moi.

Tard ce soir-là, j'avais donc pris les clés de la camionnette de mon père et je m'étais rendu au pont en transportant un paquet très important qui contenait des sacs de plastique. Je pouvais sentir les pièces bouger dans les sacs tandis que je marchais sur le pont. Dans le garage de chez moi, j'avais réduit en miettes, à coups de marteau, ce qui avait été le solide disque dur de mon PC. Pour faire bonne mesure, je l'avais préalablement recouvert d'aimants, puis arrosé copieusement. J'avais besoin de m'assurer que personne ne pourrait jamais avoir accès aux données du disque dur, qui constituaient la preuve irréfutable de mes actes.

Ce pont, et l'eau qui s'écoulait dessous, représentaient la dernière partie de mon plan visant à brouiller les pistes. J'avais vidé lentement le contenu des sacs dans l'eau, en prenant soin de laisser tomber différentes pièces à différents endroits. Puis j'avais pris la dernière pièce, la plus volumineuse, et l'avais lancée à bout de bras.

Je l'avais vue frapper la surface et disparaître dessous, dans une série de vaguelettes qui avaient à peine perturbé l'eau. À ce moment, je m'étais senti en sécurité. Je m'étais aussi senti brillant, comme si je venais tout juste de me donner l'avantage sur mes poursuivants.

L'eau était d'un calme absolu. Je l'avais observée pendant un moment, puis j'étais rentré chez moi.

***

Dans la camionnette en route pour le quartier général, entouré de flics, avec mon père arrêté, ma famille en panique et ma liberté envolée, nous traversâmes ce même pont jusqu'à Montréal. Je regardai l'eau par la fenêtre. Elle était aussi calme et sombre qu'elle l'avait été des semaines auparavant. Je songeai à ce qui gisait sous sa surface, à ces pièces métalliques rouillant et emportées par le courant. Je savais qu'ils ne trouveraient jamais cette preuve accablante.

Un sourire bref, imperceptible, s'afficha sur mes lèvres.

Chapitre 2

Tel que vu à CNN

« Qu'est-ce qui leur a pris tant de temps ? »
Je ne pouvais m'empêcher de me demander pourquoi, si autant d'organisations policières étaient à mes trousses, ils n'étaient pas venus plus tôt. Moins d'une semaine après que j'eus paralysé les sites de CNN, d'Amazon, de Yahoo!, de eBay et autres géants d'Internet, mon pseudonyme en ligne faisait la une des journaux. Les médias avaient réagi avec une rapidité étonnante.

« Le FBI est à la recherche de gens connus en ligne sous les pseudonymes "Coolio", "Mafiaboy" et "Nachoman". Mardi dernier, il cherchait à interroger plusieurs pirates informatiques dans le cadre de son enquête sur les attaques de la semaine dernière contre de grands sites Internet », rapportait l'Associated Press le 15 février 2000.

« Mafiaboy ». C'était le pseudonyme que j'avais choisi des années auparavant, le nom dont je me servais dans les forums de discussion ou en discutant avec d'autres pirates. Plusieurs d'entre eux adoptaient un surnom, et c'est celui que j'avais choisi. Aussi stéréotypé que puisse sembler le choix de ce pseudonyme pour un adolescent, mon surnom faisait certainement meilleure figure que « Nachoman » quand il a commencé à paraître dans la presse en février 2000.

C'est le 15 février 2000 que les gens ont pour la première fois entendu le nom de Mafiaboy. Le président Clinton a organisé un sommet sur la cybersécurité à la Maison-Blanche et le FBI a laissé entendre qu'il voulait m'interroger, ainsi que d'autres pirates. Nos noms faisaient les manchettes. Ce jour-là, je me trouvais chez mon ami Brian. Nous regardions CNN et, tout à coup, le chef d'antenne résuma la nouvelle suivante : le FBI avait rendu publics les noms de trois pirates informatiques qu'il souhaitait interroger à propos des attaques de la semaine précédente.

Mon estomac se noua quand le présentateur revint à l'écran après la pause publicitaire et mentionna mon surnom parmi ceux des personnes recherchées pour interrogatoire. Je dois admettre que j'étais également emballé, et même un peu fier. Je ne m'étais jamais attendu à faire les manchettes sur CNN ou à obliger le président des États-Unis à convoquer une réunion au sommet avec certains des plus importants chefs de file du pays en matière de sécurité informatique. Maintenant le FBI me recherchait pour m'interroger.

À cette époque, je ne prêtais pas beaucoup d'attention aux médias. Je m'intéressais davantage à ce qui se passait parmi les pirates avec qui je communiquais en ligne. Je me souciais de ce qu'ils pensaient, non de ce que la presse disait. Mais ce jour-là, je reçus la nouvelle en plein visage. Les reporters de CNN parlaient de mes méfaits comme ils auraient parlé d'une guerre venant tout juste d'être déclarée. Dieu du ciel, qu'est-ce que j'avais fait ?

Brian connaissait un peu les ordinateurs. Il n'était pas obsédé comme moi, mais il en savait suffisamment pour comprendre ce dont on parlait à la télévision. Je ne sais pas ce qui m'est passé par la tête à ce moment, mais j'ai décidé de lui révéler que j'étais Mafiaboy. Une partie de moi voulait voir sa réaction, tandis qu'une autre avait simplement besoin de divulguer ce secret à quelqu'un.

– Tu sais, ces attaques informatiques dont on parle à la télévision ?

– Ouais.

– C'est moi qui les ai lancées.

– C'est simplement sorti de ma bouche, comme ça, sans préambule. Brian n'était pas du tout impressionné.

– Tais-toi, dit-il, incrédule.

Il pensait que je le faisais marcher.

Nous échangeâmes des répliques pendant un moment ; je continuais d'insister et lui refusait de me prendre au sérieux. Il savait que je m'intéressais aux ordinateurs, mais il n'avait aucune idée à quel point. Après quelques minutes, il réalisa que j'étais sincère. Peut-être était-ce à cause d'une étincelle dans mon regard, ou encore à cause de mon insistance, mais il finit par me croire, même si la chose semblait invraisemblable. Au début, nous en rîmes, tout en étant parfaitement conscients que la situation était extrêmement grave. À part peut-être mon frère, Brian était la seule personne au monde qui savait avec certitude que Michael Calce était Mafiaboy, que j'étais le type qui avait orchestré ces attaques. Je savais qu'il n'allait pas me dénoncer, qu'il allait préserver mon secret. C'était la dernière de mes préoccupations.

Je réalise maintenant qu'une partie de moi avait besoin qu'il connaisse mon secret. Jusqu'à ce moment, tout ce qui concernait les attaques n'avait existé qu'en ligne. Je les avais conçues et exécutées devant un écran d'ordinateur, et les rares discussions que j'avais eues à ce sujet s'étaient produites en clavardant. Cette nouvelle de CNN fit passer les attaques du monde virtuel au monde matériel. Elles étaient devenues réelles. Je savais que j'aurais besoin de mes proches à mes côtés. Fait plus important encore, il faudrait que je révèle à quelqu'un d'autre ce que j'avais fait. J'avais besoin de le dire à mon père.

Mon estomac se noua de nouveau.

***

La camionnette de police s'engouffra dans un stationnement souterrain au quartier général de la GRC. Puis le véhicule s'immobilisa. Les agents me conduisirent à un ascenseur. Je remarquai que tous les véhicules, dans le garage, étaient identiques à celui que je venais de quitter. C'étaient des véhicules banalisés portant des plaques d'immatriculation civiles. Des véhicules fantômes.

Nous franchîmes quelques étages. Je me sentais anxieux, mais j'étais en même temps fasciné par cette visite privée du quartier général de la GRC. Nous traversâmes un corridor jalonné de plusieurs bureaux, puis arrivâmes devant une large porte que le caporal Gosselin ouvrit pour moi.

Derrière s'étendait une immense salle de conférence au centre de laquelle trônait une table de chêne massive entourée de fauteuils en cuir surdimensionnés. La pièce semblait avoir été aménagée pour que s'y tiennent les réunions d'un conseil d'administration. Je fus frappé d'incrédulité en réalisant que les agents prévoyaient m'interroger dans un endroit si banal. J'avais imaginé qu'ils allaient me placer dans une petite pièce faiblement éclairée, meublée uniquement d'un bureau et d'une chaise, pour me mettre sous pression et perturber mes idées. Ils n'arrêtaient pas de m'étonner. Ou peut-être avais-je regardé trop d'émissions policières à la télé.

Malgré mon étonnement, je n'allais tout de même pas leur demander pourquoi ils m'avaient plutôt conduit dans cette pièce. Je m'assis d'un côté de la table, en face de deux agents de la GRC et de deux autres personnes qui devaient être des agents du FBI, l'une d'elles étant la femme de la camionnette. Il n'y avait rien sur la table, sauf un dossier posé devant eux. Le trajet en ascenseur et la marche jusqu'à cette pièce s'étaient déroulés en silence. Maintenant, nous étions assis, toujours muets. Je décidai de briser le silence.

— Je n'ai rien à vous dire et je ne suis pas intéressé à coopérer, leur dis-je.

Ils semblèrent étonnés de m'entendre faire une déclaration aussi radicale. En fait, je m'y étais préparé. Le caporal Gosselin prit le dossier, l'ouvrit et commença à énumérer les accusations qui allaient être portées contre moi. Il essayait de m'effrayer.

— Eh bien, Michael, dit-il, une longue liste d'accusations pèsent sur toi, et tu as bien peu de choix. Tu peux décider de travailler et de collaborer avec nous. Nous allons diminuer les accusations contre toi. Ou bien tu peux te taire, te présenter devant le tribunal et te fier à ta chance.

J'avais déjà décidé de m'accrocher à ma fierté plutôt que de jouer les délateurs et d'aller ainsi à l'encontre du code tacite des pirates, selon lequel on ne divulguait jamais de renseignements aux autorités. Je voulais leur résister. Je leur jetai mon regard le plus hautain et dis :

— Je ne suis pas intéressé.

J'essayais de paraître coriace. Aussi confortables que pouvaient être les fauteuils, je ne voulais pas rester dans cette pièce. Le caporal Gosselin entreprit de me faire parler un peu, me demandant si je saisissais la gravité de mes crimes. Il me dit que si je refusais de coopérer, ils me poursuivraient sans relâche.

Son attitude était plus conforme à ce à quoi je m'étais attendu. C'était à cette situation que je m'étais préparé.

Ils voulaient bien sûr que je les aide à mettre la main sur d'autres pirates. Mais leur insistance à obtenir ma coopération m'indiqua qu'ils auraient beaucoup de mal, sans cette dernière, à démontrer à un juge que j'étais bien celui qui avait lancé ces attaques. Ils avaient mon ordinateur, mais ils n'avaient pas mon disque dur. Alors, qu'avaient-ils? Eh bien, tout d'abord, ils avaient mon père. Et cela déclencha la colère en moi.

— Je me fous du nombre d'accusations que vous pouvez énumérer, je ne suis pas intéressé à parler ou à négocier avec vous, dis-je.

C'était clair. Le caporal Gosselin comprit que je demeurais sur mes positions et que je ne bougerais pas. Il se tourna vers l'agent à sa gauche et l'enjoignit de m'emmener remplir les formalités d'usage.

Je me levai et suivis l'agent à l'extérieur de la salle. Il me conduisit dans une pièce qui semblait avoir été préparée pour mon arrivée. Tout était en place. Des gens prirent mes empreintes digitales et ma photo, puis me ramenèrent dans la salle de conférence. Tout fut réglé en quelques minutes. En revenant dans la salle, je m'attendais à voir les quatre mêmes visages, mais nous avions un nouvel hôte en la personne de Yan Romanowski, mon avocat. Il avait pris place dans le fauteuil près de celui où je m'étais assis auparavant. La seule personne que j'aurais été plus heureux de voir était mon père. Yan était arrivé rapidement, et maintenant mes perspectives d'avenir s'amélioraient.

Yan se présenta.

Il exigea que tous quittent la pièce pour qu'il puisse demeurer dix minutes en tête-à-tête avec moi. Il s'informa de ce qui s'était passé jusqu'à ce moment et je le mis brièvement au courant. Il me demanda ensuite ce que j'entendais faire et je lui dis que je ne désirais pas coopérer. Il hocha la tête; il le savait déjà. Il savait déjà presque tout.

Après toutes les surprises que les policiers nous avaient réservées, à moi et à ma famille, ce soir-là, j'eus finalement l'impression que nous avions le dessus. Non seulement mon avocat s'était-il présenté en un temps record, mais il connaissait ma situation et savait quoi faire. C'était aussi un ami de la famille.

J'étais le seul à savoir où se trouvait mon disque dur ; c'était là la petite surprise que je réservais à tout ce beau monde.

– Ne t'en fais pas, je te ferai sortir d'ici lundi matin, m'annonça Yan.

Nouvelle surprise.

Nous étions samedi matin. Je m'étais attendu à être remis en liberté le jour même. Mais cela faisait partie du plan des flics : m'arrêter le vendredi soir de manière à ce que je ne puisse pas comparaître avant le lundi matin. Ils voulaient que je demeure en détention tout le week-end pour me rendre la vie le plus difficile possible. Quand je pris conscience de ce fait, ma résolution de ne pas céder un centimètre de terrain se renforça. Dès le début, je ne souhaitais aucunement coopérer avec eux, mais maintenant toute possibilité que cela se produise, même dans la moindre mesure, venait de s'envoler.

Yan se leva et marcha jusqu'à la porte pour indiquer aux agents que l'entretien était terminé. Ils revinrent dans la pièce et se rassirent. Yan demanda qui était le responsable, et le caporal Gosselin répondit qu'il était l'enquêteur principal dans le cadre de mon affaire.

Il était confiant.

Yan lui décocha un regard dédaigneux et dit :

– Mon client n'a rien à dire. Vous pouvez l'emmener et l'incarcérer. Nous vous reverrons lundi matin.

Yan est un gars très professionnel. Il paraît bien et ne se laisse pas intimider. Bien qu'il se fût adressé au caporal Gosselin d'une manière courtoise, à ce moment, j'eus l'impression qu'il leur disait à tous, de l'autre côté de la table, d'aller se faire foutre. Leur petit jeu avait assez duré. C'était la première fois que je me sentais si bien depuis que j'avais reçu cet appel chez Patrick, la veille.

Je me rendais compte que les agents étaient très contrariés par la rapide apparition de mon avocat et par l'abrupte suspension de mon interrogatoire. « Super ! » me dis-je.

– Tiens le coup pendant le week-end, et je vais exiger une liberté provisoire sous caution lundi, murmura Yan à mon oreille.

Il semblait confiant que le juge n'allait pas placer en détention préventive un adolescent qui n'avait pas d'antécédents judiciaires. Le caporal Gosselin informa Yan que j'allais passer le week-end dans une institution pour mineurs appelée Cité des Prairies et que lui ou ma famille pourraient m'y rendre visite. Sur ce, on m'emmena à une autre camionnette banalisée dans laquelle nous entreprîmes le trajet jusqu'au centre de détention.

Cette réunion au quartier général m'avait stimulé, mais l'épuisement s'empara de moi sur la route de la prison. Je pouvais à peine garder les yeux ouverts. Je me foutais de l'endroit où on m'emmenait; du moment qu'il y avait un lit, tout irait bien.

Chapitre 3

Week-end à la Cité des Prairies

Par la fenêtre de la camionnette, je vis que nous nous approchions d'une vaste structure de béton entourée d'une clôture surmontée de barbelés à lames. Le soleil de ce samedi matin se levait, me rappelant que j'avais passé une nuit blanche. Nous entrâmes dans la Cité des Prairies, le centre de détention pour les jeunes qui serait mon logis pendant le week-end. La route et tout ce qui l'avait précédée m'avaient complètement épuisé. Tout était flou : l'immeuble, le moment de la journée, les gens qui m'entouraient.

On me conduisit de la camionnette au centre, où je fus rapidement fouillé, inscrit et conduit dans une cellule vide. Aussitôt étendu sur le lit, je sombrai dans le sommeil sans me donner la peine de prendre la couverture ou l'oreiller. À l'exception des quelques fois où j'entrouvris les yeux pour apercevoir un garde qui faisait sa ronde, je ne m'éveillai que quand les autres détenus furent tous déjà sortis de leur cellule et flânaient dans la salle commune. Comme j'étais arrivé tôt le matin, les gardes m'avaient laissé dormir.

Je me levai du lit et fis des yeux le tour de la pièce. « Alors, c'est ça, la prison », me dis-je.

En moins de douze heures, j'étais passé d'une soirée tout à fait ordinaire chez un ami à un réveil dans un établissement pour jeunes délinquants. Je me frottai les yeux tandis que la réalité prenait corps.

On me fit sortir pour que j'aille rejoindre les autres jeunes, et j'aperçus bientôt un visage familier. Le type s'appelait Quincy et c'était en quelque sorte un des durs à cuire de mon école. Je ne fus pas étonné de le voir là. C'était un gars costaud, du genre que vous souhaiteriez avoir de votre côté en prison. Je me sentis plus en sécurité quand je le vis m'adresser un signe de bienvenue. Il était surpris de me trouver là.

Quincy me renseigna sur les règles de l'endroit, qui n'étaient pas difficiles à saisir étant donné que les activités du week-end, dans cet établissement, consistaient surtout à jouer aux cartes ou à des jeux de société. Quand il me demanda pourquoi je me trouvais là, je lui racontai qu'on m'avait pincé pour une entrée par effraction. Je n'avais pas envie d'essayer d'expliquer mes crimes. Je lui dis que j'avais essayé de voler des trucs, et il sembla avaler mon mensonge. Je passai le week end à jouer aux cartes avec lui et d'autres. Je me sentais protégé. Je pouvais supporter ça.

Pendant mon séjour au centre, je songeai sans cesse à mon arrestation, à la descente chez moi et à mon père qui, je le croyais, passait également le week-end en prison. Je n'en soufflai mot à personne pour éviter d'attirer l'attention. L'arrestation de mon père me préoccupa tout le week-end. Le fait qu'il soit aussi détenu me torturait parce que je savais que j'en étais responsable, mais je n'avais aucune idée des raisons pour lesquelles les policiers l'avaient arrêté.

J'allais apprendre plus tard que, à notre insu, les policiers avaient installé dans notre maison un dispositif leur permettant d'écouter nos conversations et de suivre nos activités en ligne. Ils avaient enregistré mon père alors qu'il rageait à propos d'une affaire commerciale qui avait mal tourné. Un type l'avait escroqué, et mon père, au téléphone avec un ami, avait dit des choses horribles. Le soir de la descente, la police avait prétexté cette conversation afin de l'arrêter pour complot avec intention de commettre des voies de fait graves. Quand il comparut devant un juge, mon père accepta de rester loin de cet homme. Ce fut tout. Les autorités n'avaient rien de tangible en main, puisque mon père n'avait aucune intention de faire du mal à quiconque. Il était contrarié parce que l'affaire avait mal tourné et il s'était vidé le cœur au téléphone. Les policiers l'avaient arrêté pour cette raison. Mais les moyens de pression employés par la police eurent pour conséquence que mon père devint encore plus résolu à me voir me défendre.

Mon séjour à la prison ne fut pas agréable, mais j'y avais un ami et j'en pris mon parti. Malgré cela, j'étais impatient de me présenter devant le juge le lundi suivant. Je voulais quitter au plus vite la Cité des Prairies.

***

Ce lundi 17 avril, on me réveilla tôt pour me dire de me préparer à me rendre au tribunal. Après un court trajet en camionnette, j'entrai au palais de justice et on me conduisit dans une grande pièce qui ressemblait à une cafétéria. Un garde était assis à un bureau près de l'entrée. Des tables et des chaises avaient été installées dans la pièce et des plats réchauffés refroidissaient à l'autre extrémité. En entrant, je pus entendre des voix provenant d'une pièce latérale plus petite. À l'intérieur, je découvris un groupe de jeunes qui jouaient à *Mike Tyson's Punch-Out* sur une console Nintendo. J'attendis mon tour, puis entrepris de les battre les uns après les autres. Les jeux vidéo faisaient partie de mes activités quotidiennes ; je me sentis un peu plus près de la vie telle que je la connaissais.

On vint bientôt me chercher pour m'emmener au bureau principal sans que je sache si c'était pour mon audience de libération conditionnelle ou pour une autre surprise préparée à mon intention par la police. Un garde me conduisit dans une petite salle de réunion située au bout du corridor. Je fus soulagé d'y trouver mon père et Yan, assis de l'autre côté du panneau de verre. Ma belle-mère m'avait rendu visite pendant le week-end et m'avait appris, à mon grand soulagement, que mon père avait été libéré de prison. C'était maintenant mon tour.

Yan et mon père me demandèrent d'abord si j'allais bien. S'était-il passé quoi que ce soit en prison ? Quelqu'un m'avait-il touché ou embêté ? Je leur répondis que j'allais bien et qu'aucun événement fâcheux ne s'était produit.

Mon père me révéla que mon grand-père avait offert de céder ma cause à un de ses avocats. Je pouvais choisir de garder Yan ou de prendre ce nouvel avocat.

— À toi de décider, me dit mon père. Je te recommande Yan et j'ai confiance en lui, si c'est aussi ce que tu penses.

Je n'eus pas à y penser. Yan avait déjà montré son dévouement en se levant au milieu de la nuit pour se précipiter à ma rencontre au quartier général de la GRC. Chaque fois que je m'étais trouvé en sa présence, il semblait maîtriser totalement la situation. J'avais une entière confiance en lui.

– Je veux que ce soit Yan, dis-je.

Une fois cette décision prise, Yan m'informa que j'allais bientôt comparaître pour mon audience de libération conditionnelle et que je serais libéré ce jour-là, mais à certaines conditions. J'étais impatient de comparaître. Je voulais rentrer à la maison.

Je quittai la pièce et fus de nouveau escorté jusqu'à la zone de détention. On m'appela presque immédiatement. Cette fois, je pénétrai dans une autre salle de réunion où se trouvaient assis ma mère et mon beau père accompagnés d'un autre homme. C'était la première fois que ma mère me voyait depuis qu'elle avait appris la nouvelle de mon arrestation. Ils s'enquirent eux aussi de ce qui s'était passé en prison. L'homme qui les accompagnait était un autre avocat. Ma mère et mon beau-père payeraient pour ma défense et s'occuperaient de tout si je choisissais d'utiliser les services de leur avocat. C'était rassurant de savoir que toute ma famille voulait prendre soin de moi.

Je m'étais déjà engagé vis-à-vis de Yan, mais même si j'avais eu des doutes à son sujet, je n'aurais pas choisi ce nouvel avocat. J'aimais bien l'allure de Yan et la façon dont il se comportait. Il y avait chez ce nouvel avocat quelque chose de peu engageant. Il avait peu parlé, mais suffisamment pour confirmer mon choix: c'était Yan qui allait me défendre. Fin de la discussion. Je retournai bientôt dans la zone de détention et attendis ma comparution, me demandant vaguement si un autre membre de ma parenté n'allait pas se présenter avec un autre avocat.

On me convoqua finalement et deux gardes me conduisirent à l'ascenseur. Après avoir descendu quelques étages, nous entrâmes dans la salle du tribunal par la porte arrière. L'endroit était bondé. Je commençai à me demander avec inquiétude si tous ces gens étaient là pour me voir. Pour autant que je sache, la police n'avait encore rien annoncé, mais cette foule assise là à observer les procédures me semblait anormale. Il y avait des personnes en pardessus qui semblaient faire partie du gouvernement ou de la police. Les autres étaient-ils des journalistes ? Tout cela me paraissait de mauvais augure. Je regardai autour de moi d'un air soupçonneux, me demandant ce que tout cela signifiait.

En réalité, j'étais paranoïaque. Il n'y avait pas de journalistes ; les gens qui se trouvaient là n'étaient pas davantage intéressés par mon affaire que par une autre. Mais cette situation allait bientôt changer.

Après une courte période d'attente, mon tour arriva. On porta contre moi deux accusations de méfait grave pour l'attaque en ligne contre CNN.com survenue le 8 février, laquelle attaque avait empêché le site de desservir bon nombre de ses visiteurs. Je risquais un maximum de deux ans de détention et une amende pouvant atteindre 1000 $. Étant donné que j'avais attaqué plusieurs sites Internet, j'étais soulagé de n'avoir que deux chefs d'accusation. Je m'attendais à davantage. Je me tins debout près de Yan pendant qu'il présentait un plaidoyer de non-culpabilité.

Le juge accepta le plaidoyer et fixa une série de conditions de libération. Il m'était interdit de me servir d'Internet et même d'un ordinateur, sauf en présence d'un adulte. Je devais me tenir éloigné d'endroits qui offraient un accès gratuit à des ordinateurs, comme les bibliothèques, et je ne pouvais me servir d'un téléphone cellulaire avec accès à Internet. De plus, je n'avais pas le droit d'entrer en contact avec trois de mes meilleurs amis, et je devais respecter un couvre-feu.

Je comprenais les raisons pour lesquelles certaines restrictions étaient nécessaires, mais mes camarades d'école n'avaient rien à voir avec les attaques. En ce qui concernait le couvre-feu, je demeurais d'habitude à la maison toute la soirée de toute façon. En fait, c'était de là que j'avais lancé toutes les attaques. Je songeai que les choses avaient pris des proportions déraisonnables. Premièrement, avec les reportages des médias sur les attaques et, ensuite, avec la façon dont la GRC nous avait arrêtés, mon père et moi. Maintenant on m'interdisait de voir certains amis. Qu'avaient-ils à voir avec cette affaire ? Je considérais cette condition comme un châtiment additionnel qui m'était imposé pour faire bonne mesure. Ça m'enrageait. Même si je me savais coupable, je commençais à me sentir injustement traité.

Je comprends maintenant que les autorités se montraient prudentes parce qu'elles étaient peu rassurées ; c'était la première fois qu'elles traitaient une semblable affaire. Une société d'analystes en technologie avait évalué le coût des dommages causés par mes attaques à près de 2 milliards de dollars. Un jeunot de 15 ans avait apparemment, en se servant d'un ordinateur personnel, causé pour près de 2 milliards de dollars de dégâts. Tout le monde s'affolait. Personne ne savait comment agir en ce qui avait trait aux enjeux liés à la sécurité en ligne. La meilleure solution était de faire de moi un exemple pour rassurer le public. Ce n'était plus moi qui étais en cause, mais bien ce que je représentais : la possibilité que cet univers en pleine croissance qu'était Internet soit détruit ou, à tout le moins, paralysé par des pirates informatiques malfaisants. Il fallait qu'on expose mon cas comme un exemple de ce qui arrivait aux fauteurs de trouble qui sévissaient sur Internet et dans le commerce électronique.

J'acceptai les conditions et on me ramena dans la zone de détention. On m'apporta un document décrivant les conditions de ma libération et on me demanda de le signer. Puis, comme dans les films, on me tendit une enveloppe brune contenant mes effets personnels et on m'emmena voir ma famille. Je remerciai ma mère d'être venue et je sortis avec Yan et mon père pour aller discuter de stratégie. Nous allâmes chez Elio Pizzeria pour que je puisse enfin me nourrir convenablement pendant que nous nous préparions à la prochaine attaque. Je n'avais pas beaucoup mangé pendant que j'étais en détention et, malgré la nature de notre conversation, ce repas est gravé dans mes souvenirs comme l'un des meilleurs de ma vie.

Yan avait exigé que lui soient remises toutes les preuves liées à mon affaire. Nous allions bientôt savoir exactement ce qu'ils avaient recueilli sur moi. Pour l'instant, toutefois, je désirais seulement avaler une pizza et retrouver mon lit. Ces questions plus importantes pouvaient attendre que l'affaire progresse, ce qui, à mon avis, pouvait prendre des semaines, ou même des mois.

J'étais complètement dans l'erreur. Le FBI, la GRC et la ministre de la Justice des États-Unis avaient d'autres projets pour moi. Au moment même où nous discutions à Montréal, les corps policiers planifiaient leur manœuvre suivante. À

Washington, la ministre préparait sa réaction publique aux attaques ainsi qu'à mon arrestation. La GRC aussi préparait sa conférence de presse. Comme j'avais été arrêté au Canada, la GRC allait avoir le plaisir d'annoncer en exclusivité la nouvelle de la capture de Mafiaboy. La GRC, le ministère américain de la Justice et le FBI allaient prendre le temps de mettre au point leur déclaration et annoncer mon arrestation deux jours plus tard, le mercredi 19 avril. C'est à ce moment qu'une tempête infernale allait se déclencher.

Je dégustai ma pizza et rentrai chez moi pour dormir enfin dans mon propre lit. Jusque-là, on n'avait porté contre moi que deux accusations de méfait, mais c'était seulement pour pouvoir m'arrêter et pour m'interdire l'accès à Internet. La principale accusation allait être déposée plus tard. Les flics s'enorgueillissaient d'avoir mis la main au collet de l'insaisissable et dangereux pirate informatique. Et maintenant, ils pouvaient brandir leur trophée : un jeunot de 15 ans.

Chapitre 4

Cirque médiatique

À 10 h 30, le mercredi 19 avril, la GRC tint une conférence de presse à Montréal. Au moment où les agents annonçaient la nouvelle aux journalistes, j'étais en classe, complètement inconscient du fait que mon arrestation était révélée au monde entier.

L'inspecteur Yves Roussel déclara aux journalistes à propos de mes crimes : « Nous parlons ici d'environ 1000 sites à travers le monde. » C'était une affirmation tout à fait inexacte. Ils avaient porté contre moi deux accusations liées à une attaque contre CNN.com et, tout à coup, ils affirmaient que j'avais attaqué « environ 1000 » sites Internet. J'étais certainement coupable de m'être attaqué à d'autres sites que celui de CNN, mais l'inspecteur en avait grandement exagéré le nombre. Ou peut-être ne savait-il tout simplement pas de quoi il parlait.

Pour lancer ces attaques, j'avais infiltré des centaines de serveurs situés sur des réseaux à la grandeur de la planète. Peut-être l'inspecteur Roussel voulait-il dire que j'avais attaqué environ 1000 serveurs, ce qui aurait été plus près de la réalité. Je ne pouvais m'empêcher de m'étonner à l'idée que l'officier supérieur de la GRC qui avait pour tâche d'annoncer mon arrestation ne connaissait pas la différence entre un site Internet et un serveur.

Un porte-parole du FBI à Montréal déclara que mon arrestation était « particulièrement importante pour le FBI et les services de police du monde entier ». C'était, dit-il, parce que « contrairement à la plupart des criminels, les cyber-criminels ne connaissent aucune frontière et ne respectent aucune souveraineté. Leur monde n'a pour limites que celles d'Internet».

Avant même que ne commence la conférence de presse, les grands réseaux de télévision et les agences de presse avaient déjà mentionné mon arrestation. La veille, ABC avait annoncé en primeur que la GRC avait arrêté quelqu'un relativement à l'affaire Mafiaboy. Tôt le mercredi matin, la chaîne CNN, le *Today Show* de la NBC et d'autres annonçaient qu'un adolescent avait été arrêté à Montréal.

« Un adolescent de 15 ans a été arrêté relativement aux très graves attaques informatiques qui ont eu lieu plus tôt cette année », disait un chef d'antenne de CNN au cours des minutes précédant la conférence de presse. Avant que la GRC ne divulgue de plus amples détails, les agences de presse et les réseaux de télévision continuaient à traiter mon arrestation comme une nouvelle sensationnelle. Puis, tout juste après midi, la ministre de la Justice des États-Unis, Janet Reno, s'adressa aux journalistes sur la colline du Capitole.

« Je pense qu'il faut avant tout que nous examinions ce que nous avons vu et que nous fassions savoir aux jeunes qu'ils ne s'en tireront pas si facilement après avoir commis un tel crime, dit-elle. Il doit y avoir réparation ; il doit y avoir châtiment. Je crois que cette récente percée illustre notre capacité de traquer les gens qui font un mauvais usage de cette nouvelle technologie remarquable, et de les débusquer où qu'ils se trouvent. »

J'étais retourné à l'école la veille et avais agi comme si rien ne s'était passé. Personne ne savait que j'avais été arrêté tôt le samedi matin, ni que j'avais comparu devant le tribunal le lundi. À part Brian, le seul ami à qui j'avais révélé mon secret, personne à l'école ne savait que j'étais Mafiaboy. La journée du mardi se déroula comme n'importe quelle autre journée scolaire. Le mercredi, toutefois, allait être un jour différent de tous ceux que j'avais jusqu'alors vécus au cours de ma vie.

Une fois la conférence de presse de la GRC terminée, les journalistes s'engouffrèrent dans leurs véhicules et foncèrent vers mon école. Même si la loi canadienne interdisait à la police de révéler mon identité parce que j'étais mineur, elle avait tout de même déclaré que j'étudiais à l'école secondaire Riverdale. Alors, tous les médias montréalais ainsi que tous les médias étrangers ayant des envoyés à Montréal dépêchèrent

Cirque médiatique

leurs journalistes à l'école. Avant la fin de l'heure du dîner, une mer de camions et de journalistes s'étalait devant l'édifice. Ces derniers hurlaient des questions aux élèves qui passaient («Savez-vous qui est Mafiaboy?») et tentaient de saisir le plus de gens possible sur film. Comme je n'étais pas au courant de la tenue de la conférence de presse, le cirque médiatique qui se déroulait devant mon école me laissa pantois.

Je m'étais efforcé pendant des années de garder mes activités en ligne séparées de ma vie quotidienne. Tout à coup, des journalistes et des caméras apparaissaient devant *mon* école. Ils savaient que Mafiaboy était là, et ce n'était qu'une question de temps avant qu'ils ne découvrent qui j'étais, de quoi j'avais l'air. Désormais, je ne pouvais plus me cacher derrière un pseudonyme.

Je réalisai à ce moment que la situation allait m'échapper complètement. J'avais entendu mon nom de pirate informatique sur CNN et sur d'autres chaînes. La GRC, le FBI et d'autres corps policiers avaient effectué une descente chez moi et nous avaient arrêtés, mon père et moi. Mais quand je vis l'attroupement de journalistes, il m'apparut que les choses allaient sans doute devenir de plus en plus étranges et de plus en plus difficiles. La situation dépassait de loin tout ce que j'avais pu imaginer.

Je demeurai tapi à l'intérieur de l'école, ne sachant pas si les journalistes connaissaient mon nom ou ma description. J'étais avec Vito, un de mes camarades, et nous parlions de ce qui se passait à l'extérieur quand je décidai de lui confier mon secret. Je lui révélai que les gens de la presse étaient venus pour moi, que j'étais Mafiaboy. Il me fallut quelques minutes pour l'en convaincre. Puis Vito échafauda un plan pour me permettre de souffler un peu.

Je le regardai sortir de l'école et se diriger en se pavanant vers la horde de caméramans et de journalistes. Il leur annonça qu'il connaissait le véritable nom de Mafiaboy, puis le leur révéla. Mais plutôt que de m'offrir en pâture aux journalistes, Vito nomma un autre élève de l'école, un garçon qu'il considérait comme une sorte de perdant. Il affirma aux membres de la presse que c'était là l'élève qu'ils cherchaient. C'était comme s'il avait jeté un morceau de viande crue dans la cage d'un tigre affamé. On pouvait voir les reporters s'acharner à bien saisir l'orthographe du nom de l'élève tandis qu'ils l'écrivaient dans leur calepin. Puis les questions continuèrent de fuser, assaillant Vito et tous les autres. Les journalistes interrogèrent chaque étudiant qu'ils purent trouver afin de rassembler le plus de renseignements possible à propos de ce pauvre garçon. La fièvre prit une telle ampleur que le faux Mafiaboy dut quitter l'école plus tôt pour retourner chez lui. J'entendis les journalistes partir à sa suite pour se rendre à son domicile.

Même si la situation me terrifiait, Vito réussit à me faire rire et m'aida à me sentir un peu mieux. J'étais si préoccupé par ce qui m'arrivait que je n'éprouvais aucun remords à propos de ce que nous avions fait subir à cet élève. Je regrette les problèmes que j'ai dû lui causer. Je ne peux qu'imaginer à quel point sa famille et lui doivent s'être sentis effrayés et confus.

À ce moment, la police avait avisé l'école que j'étais le coupable. Bientôt, le directeur adjoint, avec qui je ne m'étais jamais bien entendu, s'adressa aux journalistes. Il leur expliqua qu'on leur avait donné le mauvais nom. Sans toutefois divulguer le mien, le directeur adjoint n'eut aucun scrupule à déclarer que Mafiaboy était un élève perturbé. Il agissait en somme comme s'il n'était pas étonné que ce soit moi. Les journalistes, ainsi que mes camarades d'école, ne tardèrent pas à découvrir qui était réellement Mafiaboy, , bien qu'encore aujourd'hui je ne sache pas exactement de quelle façon ils y parvinrent. L'école appela mon père pour lui dire que je ferais mieux de rentrer parce que la frénésie des médias dérangeait tout le monde.

Je savais que les journalistes seraient probablement déjà installés devant chez moi quand j'arriverais à la maison, alors je m'assurai d'emprunter un chemin qui ne m'obligeait pas à entrer par la porte avant. Heureusement, notre propriété était contiguë à un terrain de golf que je traversai pour pénétrer directement dans notre cour arrière. Une fois à l'intérieur, je jetai un coup d'œil discret par la fenêtre et vis que notre rue était complètement envahie par les camions de la presse. Tous les grands médias canadiens étaient présents, leurs antennes satellitaires pointées vers le ciel, prêts à diffuser toute nouvelle information à mon sujet. Je me terrai à l'intérieur de la maison et tentai d'assimiler la réalité : après avoir été pourchassé par le FBI et la GRC, j'étais maintenant la cible des médias et, à l'évidence, ça n'allait pas s'arrêter. Le téléphone sonnait continuellement et quelques journalistes eurent même le culot de sonner à la porte.

Tard en après-midi, je vis mon frère Lorenzo s'approcher dans la rue. Aussitôt qu'il entreprit de se diriger vers la maison, les journalistes fondirent sur lui, le bombardant de questions et se bousculant pour obtenir la meilleure photo. Il traversa la meute aussi rapidement que possible.

Lorenzo, très en colère, franchit le seuil de la porte en affichant néanmoins un grand sourire.

« Frérot, c'est quoi, tout ce bordel?!! » hurla-t-il.

J'avais mauvaise conscience à propos de Lorenzo. Quelques jours auparavant, il était arrivé à la maison en soirée pour trouver la rue encombrée de voitures et notre maison mise sens dessus dessous par des agents de police. Maintenant, il revenait d'une journée d'école ordinaire pour découvrir la rue envahie par les camions des médias et par une horde de journalistes brandissant des micros devant son visage. Ç'aurait pu être une scène de film, un passage de comédie burlesque. Il riait à cause de l'absurdité de tout cela, mais il ne pouvait croire ce qui arrivait. Il contemplait la scène à l'extérieur et n'en revenait tout simplement pas.

— Ne mets surtout pas les pieds dehors, me dit-il.

— Je n'en avais aucunement l'intention.

Je me demandai ce que les voisins pensaient, ce qu'on disait sur moi et sur ma famille. Je pouvais voir des journalistes s'entretenir avec les voisins, dont certains parlaient de moi avec gentillesse, tandis que d'autres saisissaient l'occasion pour nous dénigrer, mon père et moi. Un journaliste écrirait plus tard que des voisins avaient décrit mon père comme « une grande gueule sans raffinement, un rustre et un effronté qui aime s'asseoir devant la maison en vêtements de jogging, hurlant et jurant dans un téléphone cellulaire ».

Mon père arriva à la maison quelques heures plus tard. Il s'engagea dans l'allée avec son Range Rover duquel il s'extirpa, un cigare à la bouche. Les journalistes se ruèrent sur lui, mais il les repoussa d'un geste de la main en répétant: « Sans commentaires », jusqu'à ce qu'il atteigne le seuil.

Les journalistes continuèrent d'appeler à la maison et de sonner à la porte. Nous voyions parfois certains d'entre eux longer le côté de la maison et essayer de jeter un coup d'œil par une fenêtre. Un peu plus tard, un représentant de l'école téléphona chez moi, et mon père et lui s'entendirent sur le fait qu'il valait mieux que je demeure à la maison pour le reste de la semaine.

Les camions et les journalistes ne quittèrent pas leur poste devant notre maison durant les trois ou quatre jours qui suivirent. Pendant tout ce temps, je fus prisonnier à l'intérieur.

***

Je passai les deux jours suivants assis près de mon frère pendant qu'il naviguait sur Internet et me lisait les articles à mon sujet. Les conditions de ma libération stipulaient qu'il m'était interdit d'utiliser un ordinateur personnel, alors Lorenzo devint mon mandataire sur le Web. Il choisissait au hasard un site journalistique et, inévitablement, on y parlait de moi. L'affaire prenait une telle ampleur que Yan décida de parler à un reporter du *New York Times* pour éclaircir certains détails. Le samedi 22 avril, ce journal publia un article sur moi et ma famille.

« C'est le portrait de la normalité dans une banlieue nord-américaine: une maison neuve avec quatre chambres à coucher située au bord d'un terrain de golf, un ballon de basket orange oublié à l'extérieur sous la pluie par un fils de 15 ans, un mégot de cigare trempé laissé à l'extérieur sur une chaise de plastique par le père, commençait l'article. Mais d'après les corps de police canadien et américain, le joueur de basket-ball de 15 ans est Mafiaboy, le plus célèbre suspect d'un crime informatique sur le continent en ce moment. »

Yan, pour dépeindre ma vie avant ces événements, déclara:
– Il n'a jamais commis d'actes criminels auparavant, n'a jamais été accusé et n'a jamais eu affaire à la police.

Mon avocat exprima également ce que nous pensions tous à la maison:
– Nous espérons que ce cirque médiatique cessera rapidement pour que Michael puisse reprendre une vie normale et éviter de mettre en péril son année scolaire.

La veille, le *Washington Post* avait publié un long article qui reprenait la version policière suggérant que mon père avait embauché un tueur à gages pour blesser son ancien associé, ce qui était totalement faux. L'article mettait aussi l'accent sur mes problèmes à l'école. Cette partie, cependant, était vraie.

Voici comment l'article résumait les commentaires recueillis à l'école : « Bien connu comme étant un jeune prodige de l'informatique, mais ayant constamment des problèmes de discipline – il a été suspendu de l'école deux fois cette année –, il répliquait fréquemment à ses professeurs d'anglais et de mathématiques, agitant son pupitre, terminant rarement ses devoirs à temps et se présentant rarement en classe avec les manuels requis. »

D'après l'article, je me tenais généralement avec des durs à cuire et on disait de moi que je fumais des cigarettes.

Ce n'était pas précisément un portrait flatteur. J'étais « le plus célèbre suspect d'un crime informatique en Amérique du Nord », un petit voyou insolent qui fumait la cigarette. D'autres articles mettaient en lumière mon penchant pour les vêtements amples et les casquettes de baseball portées à l'envers. Tous semblaient s'accorder sur une chose : Mafiaboy était un parfait délinquant. Les journaux se vendaient à la tonne. Et puisque Yan concentrait davantage ses énergies à résoudre mon affaire qu'à essayer de contrôler les médias, toute personne qui affirmait me connaître se voyait présenter un mégaphone et pouvait dire tout ce qu'elle voulait.

J'admets que j'étais quelque peu flatté d'entendre les corps de police parler de moi en termes au départ élogieux. Pendant la conférence de presse du mercredi, ils m'avaient pratiquement fait passer pour une sorte de génie malfaisant. Mais ils avaient aussi exagéré à plusieurs égards les faits concernant l'affaire, et cela était de mauvais augure pour moi. Pis encore, la presse semblait heureuse de jouer le jeu.

« Cette arrestation représente une percée stupéfiante pour les autorités dans le cadre de la série d'actes de piratage informatique la plus célèbre de l'histoire, et dans le cas d'un crime que de nombreux spécialistes en matière de sécurité croyaient insoluble », rapportait le *Los Angeles Times* sur son site Internet le lendemain de mon arrestation.

Le journal soulignait également qu'« une bonne partie de la communauté des internautes en [était] encore à se remettre des attaques de février qui [avaient] entraîné la perte de millions de dollars en perturbations et en dommages, touché des millions d'utilisateurs d'Internet et causé une telle inquiétude parmi les spécialistes de la sécurité que le président Clinton [avait] convoqué une réunion au sommet sur cette question à la Maison-Blanche et qu'il [avait] insisté pour consacrer davantage d'argent à la lutte contre la cybercriminalité ».

Déjà, l'estimation du coût des dommages causés par les attaques avait chuté de près de 2 milliards de dollars à « des centaines de millions ». Pourtant, selon la GRC, j'étais apparemment coupable d'avoir piraté quelque 1000 sites Internet. C'était à la fois fascinant et extrêmement irritant d'entendre tous ces chiffres et toutes ces descriptions de moi lancés ici et là par les policiers, les journalistes et les soi-disant spécialistes. J'avais réellement attaqué quelques-uns des plus importants sites de commerce électronique et infiltré des centaines de serveurs pour y parvenir, mais je ne comprenais pas comment tout cela pouvait se traduire en centaines de millions de dollars de dommages. Mes attaques avaient obligé des sites à fermer ; je n'avais pas volé de numéros de cartes de crédit ni brisé quelque équipement que ce soit. À ce moment, personne ne semblait capable de dire la vérité sur mes crimes, et cela me mettait hors de moi.

Une kyrielle d'hypothèses circulaient en même temps qu'étaient diffusés les faits concernant mon arrestation. Ou, pour dire les choses plus crûment, une kyrielle de conneries. Un journal avait rapporté que je vivais près du quartier général de la GRC, à Westmount. Avant mon arrestation, certains médias avaient affirmé que Mafiaboy vivait à Toronto. C'était archifaux. La police et les journalistes peignaient un portrait détaillé de moi et de mes crimes. Pourtant, je n'avais eu de réel entretien avec aucun d'entre eux.

Je fis néanmoins ce que m'avait conseillé Yan et je gardai le silence. C'est ainsi que les récits contradictoires sur le mystérieux pirate informatique du nom de Mafiaboy continuèrent de dominer les nouvelles. On faisait peu à peu de moi un mythe médiatique. Un type enregistra même le domaine mafiaboy.com et commença à prendre ma défense. Il se mit aussi à vendre des trucs. Les sites de pirates reprochaient à la police et à la presse leurs tactiques d'intimidation et leur manque de renseignements vérifiés à propos de mon affaire. Les spécialistes de la sécurité passaient leurs journées à se faire interviewer au sujet des attaques. Tout le monde en rajoutait et, moi, je demeurais assis à la maison, silencieux.

Les gens qui racontaient mon histoire, dans la presse et ailleurs, ne connaissaient pas la vérité et me connaissaient encore moins.

Un des faits les plus fascinants parmi ceux qui prirent corps dans toute cette frénésie médiatique était que la GRC, après avoir célébré la capture d'un pirate qui avait attaqué «environ 1000» sites Internet, entreprit d'essayer de manipuler la façon dont moi-même et mes actes étions perçus par le public.

Dans un article du *New York Times* publié le 20 avril, on rapportait les paroles de l'inspecteur Yves Roussel de la GRC, qui affirmait: «Mafiaboy n'était pas le meilleur. Il n'était pas ce que nous appellerions un génie dans ce domaine.» (Cette citation fut reprise dans un article du 22 avril, dans lequel on retrouvait également des commentaires de Yan.)

Quelques jours plus tôt, je représentais une menace pour la société. Pour me maîtriser, il avait fallu procéder à une descente de nuit et à l'arrestation de mon père, fondée sur des accusations bidon. La ministre de la Justice des États-Unis avait dû tenir une conférence de presse sur la colline du Capitole. Et maintenant je n'étais qu'un quelconque adolescent abruti.

La police avait été heureuse de se vanter de ma capture comme s'il s'était agi d'un coup majeur porté à la cyber-criminalité, mais maintenant elle ne voulait surtout pas donner l'impression que j'étais une personne remarquable. Peut-être les autorités ne voulaient-elles pas que je devienne une cause célèbre comme Kevin Mitnick, un pirate réputé qui a fait l'objet d'une vaste chasse à l'homme par le FBI, a inspiré des œuvres au cinéma et est le sujet d'un livre important de John Markoff, un journaliste du *New York Times*. Le temps que Mitnick a passé en cavale pour échapper au FBI en a fait un pirate célèbre, le genre de pirate qui crée des émules, qui suscite les encouragements pendant qu'il fuit la police et les agents gouvernementaux.

Mitnick aussi avait vu sa réputation et ses crimes manipulés par la presse et par la police. «Je me suis mis dans une mauvaise posture, surtout à cause de mes actes, admettait-il au cours d'une entrevue à CNN en 2005. Toutefois, à cause de la façon dont les médias ont rapporté les faits, j'ai été traité comme "Oussama ben Mitnick". »

Je me retrouvais dans cette même posture en raison de ce que j'avais fait, mais il semblait que les choses étaient déjà hors de contrôle. Personne ne paraissait réaliser à quel point les divers discours des représentants de la loi étaient contradictoires. Une journée, j'étais un pirate audacieux qui faisait fléchir le commerce électronique et, le lendemain, je n'étais qu'un stupide pirate amateur qui avait eu un coup de chance. Et les journalistes gobaient tout ça.

Alors, est-ce que j'étais vraiment un pirate informatique génial ou seulement un jeune voyou qui tirait parti du travail des autres?

Comme c'est habituellement le cas, la vérité se trouvait quelque part entre les deux.

Chapitre 5
Portrait du pirate informatique en jeune homme[3]

L'histoire moderne de ma famille débute en 1954, lorsqu'un adolescent costaud débarqua d'un navire en sol canadien pour la première fois. Jusqu'à ce moment, Lorenzo Calce avait vécu en Italie. Il ne parlait pas anglais, mais il était décidé à entreprendre une nouvelle vie dans son pays d'adoption. Il avait moins de 100 dollars en poche.

Peu de temps après, Lorenzo trouva un emploi de laveur de taxis à Montréal. Plus tard, il devint cireur de souliers au chic hôtel Reine-Elizabeth. C'est ce qu'il faisait à 19 ans quand Charles Hershorn, le propriétaire de la compagnie Murray Hill Limousine, lui fit cirer ses souliers. Hershorn remarqua l'enthousiasme au travail du jeune homme, la façon dont il s'échinait à rendre les souliers éclatants.

– Un jeune comme toi pourrait me servir, lui dit Hershorn.

Lorenzo commença donc à polir les limousines de Hershorn. Après seulement trois mois, il fut muté à l'atelier de carrosserie où il apprit à réparer les véhicules de la compagnie. Il devint bientôt un maître mécanicien spécialiste des autocars, puis il fut promu au poste de gérant du garage tout entier.

---

3. Allusion à l'œuvre du romancier et poète irlandais James Joyce (1882-1941) intitulée *Portrait d'un artiste en jeune homme*. (N.D.T.)

Deux ans seulement après son arrivée au Canada, Lorenzo créa un nouveau concept pour un autocar de tourisme, qui fut le premier d'une longue série. En 1966, à l'âge de 31 ans, il était devenu vice-président de l'entreprise ; en 1982, il possédait sa propre compagnie d'autocars, Autocars Connaisseur inc., qui allait croître au point de générer des recettes annuelles de plus de 20 millions de dollars.

Lorenzo est mon grand-père. C'est le patriarche de la famille, l'homonyme de mon frère aîné, et l'histoire du succès de cet immigrant parti de rien, c'est le type d'histoire que tous adorent entendre. Dans notre famille, c'est toujours lui qui a le dernier mot. À moins, bien sûr, que ma grand-mère, Immacolata, ait quelque chose à ajouter.

Tout comme mon grand-père, mon père a consacré une grande partie de sa vie à travailler dans le domaine des autocars. Il œuvra d'abord dans le domaine des banques, puis quitta son emploi pour aider mon grand-père à lancer et à administrer Connaisseur. Ils vendirent la compagnie en 1997, et mon père travaille depuis ce jour dans une autre entreprise semblable.

Grâce au dur labeur de mon grand-père et de mon père, ma famille a toujours bien vécu. Pendant ma jeunesse, nous avions une grande maison, et mon frère et moi obtenions tout ce que nous désirions, tout ce dont nous avions besoin. De plus, quand mon équipe de basket-ball scolaire devait se rendre dans une autre ville pour y disputer un match, il y avait toujours un gros autocar confortable à notre disposition.

On pourrait affirmer que j'étais un enfant gâté, mais il y avait néanmoins des règles à suivre à la maison. Mon père et ma mère avaient chacun leur façon propre d'élever les enfants. Ma mère était plus sévère. Elle fixait les règles en attribuant des tâches hebdomadaires, en s'assurant que mes devoirs étaient faits et en s'occupant de maintenir la discipline. Plus que toute institution ou école, elle a accru ma compréhension des choses en me poussant constamment à apprendre et à élargir mes horizons. Elle me donnait toujours des livres à lire et des problèmes de Mensa[4] à résoudre. J'aimais résoudre des problèmes et comprendre les choses, et j'aimais y arriver seul.

---

4. Association internationale regroupant des personnes se situant dans les deux premiers centiles d'un test d'intelligence générale. (N.D.T.)

Portrait du pirate informatique en jeune homme

Mon père, quant à lui, était un entrepreneur prospère qui m'instruisit sur les affaires et sur la façon de gagner sa vie. Il me transmit également ce que les pirates informatiques appellent des « aptitudes en ingénierie sociale ». Pour la plupart des gens, il s'agit plutôt de compétences en relations humaines : comment s'entretenir avec quelqu'un, comment négocier, comment évaluer le tempérament d'une personne. Mon père connaissait tout le monde. Il avait du talent en ingénierie sociale, il savait comment interagir avec les gens. Il fixait lui aussi des règles et établissait la discipline, mais son attitude était plus libérale que celle de ma mère. C'était là une pomme de discorde entre eux.

Je n'ai jamais entrepris de briser les règles quand j'étais jeune. Mais certaines règles sont faites pour être brisées ; vivre toute une vie en se conformant uniformément à des règles établies par les autres ne représente pas toujours la meilleure voie. Les gens doivent remettre en question les conventions et les *statu quo*. Ça ne justifie pas nécessairement qu'on enfreigne les lois, mais, à mon avis, il importe d'être fidèle à soi-même. Comme tous les ados, je ne respectais pas toujours les règles qu'on avait fixées pour moi à l'école ou à la maison. Malgré cela, la combinaison des différentes méthodes d'éducation de mes parents m'a apporté de nombreux avantages, même si je n'en ai pas toujours tiré profit De plus, pendant la majeure partie de ma vie, ils n'ont pas vécu dans la même maison, ni comme mari et femme.

Mes parents se sont séparés quand j'avais 5 ans. Ce n'était pas facile de les voir aller au tribunal et se battre pour obtenir la garde des enfants. Cet horrible conflit entre eux deux se perpétue encore aujourd'hui. Mon frère Lorenzo et moi étions les enjeux de ces bagarres, mais nous n'en tirions aucune joie à l'époque.

Après une longue lutte, ma mère obtint la garde de mon frère et de moi ; nous allions chez mon père un week-end sur deux. Pour l'avoir vécu, je peux vous dire, comme le pourrait quiconque a traversé cette expérience, que le divorce des parents peut briser la vie d'un enfant. Une lourde tension avait toujours régné entre mon père et ma mère et, tout à coup, ma vie se séparait en deux ; deux parents, deux foyers. Ce n'était pas dans ma nature de me plaindre et c'est pourquoi, à l'époque, je m'efforçai de me distraire en passant du temps avec mes amis ou en me livrant à diverses activités. C'était facile de m'occuper chez ma mère parce que mes amis habitaient dans le voisinage. Nous jouions sur les balançoires dans la cour, ou sur la console Nintendo au sous-sol.

Mon père emménagea dans un condo au centre-ville. Je ne connaissais personne dans ce quartier, et il n'y avait pas grand-chose à faire. Mon père était et est toujours un bourreau de travail. Il adorait passer du temps avec moi les week-ends, mais il arrivait toujours qu'à un moment ou à un autre il soit interrompu par le travail. Il avait un commerce à administrer. Un autocar pouvait tomber en panne ou un chauffeur, se déclarer malade. C'était un commerce imprévisible et mon père était de ceux qu'on appelait quand les choses tournaient mal.

Le premier week-end que j'ai passé chez lui fut fort ennuyeux. Il ne s'y produisit rien de remarquable. Je passai la majeure partie du temps à regarder la télévision et à flâner. La deuxième fin de semaine, cependant, demeurera toujours inoubliable à mes yeux.

Après avoir constaté à quel point je m'étais ennuyé la première fois, mon père décida de me donner un cadeau qui allait me faire passer le temps tout en me stimulant. J'avais six ans et j'adorais les jeux vidéo. Les consoles comme le Nintendo étaient devenues énormément populaires et l'industrie des jeux vidéo était en pleine croissance. Il en était de même pour les ordinateurs personnels, même si je ne m'en étais encore jamais servi. Quant à Internet, il était encore relativement inconnu en 1991. Le « World Wide Web » n'existait même pas encore. Les gens qui se servaient d'Internet étaient surtout des universitaires, des employés d'organismes gouvernementaux, des militaires et des maniaques de l'informatique. À six ans, je n'étais rien de tout cela. Tout au moins, pas encore.

J'arrivai au condo de mon père le vendredi soir et il m'annonça qu'il avait un présent pour moi. Je n'avais aucune idée de ce que ça pouvait être, mais ce fut finalement un cadeau qui allait changer ma vie à jamais : c'était, bien sûr, un ordinateur.

Sa configuration est encore gravée dans ma mémoire : un Intel 486 tournant sous Windows 3.11 avec DOS 4.0. C'était un ordinateur courant pour l'époque, mais il était des milliers de fois plus lent que la plupart des ordinateurs personnels d'aujourd'hui. Les *smartphones*, ou « téléphones intelligents », que les gens utilisent de nos jours sont plus puissants que ces vieilles boîtes. Mais pour moi, c'était un appareil fantastique, même si je n'y connaissais pratiquement rien. Ma première réaction fut de l'utiliser pour jouer. Le premier jeu *Mario Bros*, sur Nintendo, et d'autres, comme *Zelda*, me captivaient déjà. Je me demandai ce qu'une machine comme celle-là pouvait faire. C'était après tout un véritable ordinateur, et non un jouet pour enfant.

À cette époque, mes autres passe-temps consistaient à jouer avec des blocs Lego et à collectionner des cartes de hockey. Grâce à la compagnie d'autocars de ma famille, j'avais une superbe collection de cartes signées par les joueurs de la LNH[5]. Chaque fois qu'une des équipes québécoises de la LNH devait voyager en autobus, un de ses représentants appelait notre compagnie. Je me souviens qu'un jour mon père m'avait amené dans le vestiaire du Canadien. C'est là que je m'étais retrouvé face à face avec Joe Sakic complètement nu ! Sakic était un de mes héros. À ce moment-là, il était une vedette des Nordiques de Québec. Il signa ma carte, tout comme des dizaines d'autres joueurs dont le célèbre Wayne Gretzky, notamment. Ces cartes représentaient pour moi un véritable trésor.

Mais l'ordinateur était quelque chose de tout à fait nouveau. Il venait du bureau de mon père et son disque dur ne contenait aucun jeu. Je me mis à harceler mon père pour qu'il m'en achète un et, en attendant qu'il cède, je commençai à explorer l'appareil pour voir ce qu'il pouvait faire. Pendant les quelques week-ends qui suivirent, je passai rapidement de l'ignorance complète à l'utilisation des commandes DOS pour réaliser des opérations informatiques simples. Je dévorai les guides de l'utilisateur que m'apportait mon père, essayant tout ce qu'on y suggérait et me servant de ces connaissances pour faire des expériences. C'était comme recevoir un nouveau jeu de Lego. Au début, je construisais ce que le guide proposait ; ensuite, j'utilisais les mêmes pièces pour créer quelque chose de complètement nouveau.

---

5. Ligue nationale de hockey.

Bientôt, l'intervalle entre mes séances à l'ordinateur commença à me rendre fou. Encore aujourd'hui, j'ai du mal à expliquer pourquoi je suis devenu si facilement accro à cet ordinateur. Je me revois encore, assis devant à écouter ses bips, ses gargouillis et ses rotations tandis qu'il exécutait les commandes. Je me souviens de la façon qu'avait le moniteur de s'allumer devant mon visage. Contrairement à un téléviseur ou à une console vidéo, je pouvais décider de ce qu'il faisait et contrôler jusqu'à la moindre de ses fonctions. L'écran me suppliait de lui donner des commandes; les bruits me confirmaient qu'il faisait ce que je lui ordonnais. À six ans, grâce à cet ordinateur, j'avais le sentiment d'avoir du pouvoir, d'avoir à ma disposition des possibilités illimitées. Il y avait dans ma vie tant d'aspects dont je n'avais pas le contrôle: l'école, la famille, les adultes, les règles, les tâches. L'ordinateur ne savait pas que je n'étais qu'un enfant. Pourvu que je lui donne la bonne commande, il allait faire mes quatre volontés. Rien d'autre, dans mon univers, ne fonctionnait de cette manière.

J'étais fasciné. Je voulais y jouer sans arrêt, mais je ne pouvais le faire que tous les deux week-ends. Entre-temps, je songeais à la prochaine expérience que j'allais tenter avec mon nouveau jouet. Ma mère réalisa bientôt qu'il se passait quelque chose quand elle constata que j'avais cessé de me traîner les pieds et que je préparais désormais avec enthousiasme le voyage chez mon père, rassemblant ce que j'allais apporter et attendant fébrilement devant la porte d'entrée qu'il vienne me chercher. J'étais devenu accro. J'étais aussi heureux et absorbé, ce qui faisait en sorte que mon père éprouvait moins de remords à l'idée de m'éloigner de mes amis durant les week-ends.

Il ne remettait pas vraiment en question mon utilisation de l'ordinateur. C'était le week-end, et nous nous trouvions dans un condo au centre-ville de Montréal. Je ne pouvais aller nulle part seul ni flâner avec des amis. Nous n'avions pas accès à Internet, alors tout ce que je faisais sur mon 486 demeurait dans l'ordinateur. Il n'y avait que moi et mon boîtier. Tout de suite, je l'avais considéré comme *mien*. J'avais pris le temps d'apprendre comment il fonctionnait, et je trouvais ma récompense en approfondissant mes connaissances.

Petit à petit, je passai de jeux comme *King's Quest* à l'apprentissage des outils de diagnostic et à la mise à jour des pilotes. Je connaissais de mieux en mieux mon ordinateur, et je mourais d'envie d'en apprendre toujours davantage. Cela signifiait que j'avais besoin de consacrer le plus de temps possible à l'ordinateur.

Les années passèrent. À part me divertir avec des jeux et perfectionner mes connaissances de l'ordinateur, j'allais à l'école, flânais avec mes amis et pratiquais des sports. Le divorce de mes parents finit par devenir une réalité et, en conséquence, ma famille s'agrandit. Quelques années après leur divorce, mon père et ma mère se remarièrent, chacun de son côté, et mon frère et moi nous retrouvâmes avec de nouveaux demi-frères et demi-sœurs.

Mon père épousa Carol, qui avait elle-même deux jeunes enfants, un garçon et une fille. Jen a le même âge que Lorenzo, qui est de trois ans mon aîné. Derek a un an de plus que moi. Je les voyais quand j'allais en visite les week-ends ou les jours de congé. J'aimais me trouver dans une maison où il y avait toujours des gens autour de moi. Ma mère épousa Robert, un homme d'affaires, et il régnait dans leur maison une plus grande propreté et une plus grande discipline. Elle donna bientôt naissance à une fille, Natasha, ma demi-sœur.

Avec tous ces gens dans la maison de mon père, j'avais peu de mal à m'éclipser pour aller passer des heures à l'ordinateur. Et aussitôt que j'en avais la possibilité, c'était exactement ce que je faisais.

***

Je peux encore voir le colis. C'était une enveloppe carrée et plate contenant un disque compact. D'après le message au recto, il était évident que cela avait un lien avec les ordinateurs. On était en 1993, j'avais neuf ans et tout ce que je connaissais à propos des ordinateurs était sur le point de changer à jamais.

L'enveloppe, qui reposait sur une pile de courrier chez mon père, provenait d'une entreprise du nom d'America Online – AOL. Je n'en avais jamais entendu parler. On y promettait un accès gratuit à Internet – les jeux! le clavardage! – pendant 30 jours. Je n'avais besoin que d'un modem.

Je dus me demander ce qu'était un modem et où je pouvais m'en procurer un. C'était pour moi un nouveau vocabulaire:

«Internet», «en ligne», «modem». C'était vague, mais pourtant emballant. Je pouvais télécharger des données ou jouer avec d'autres personnes? Je pouvais parler avec des gens qui se trouvaient à des milliers de kilomètres de distance? Je voulais faire partie de cet univers. Je voulais un modem. Pour moi, comme pour tout garçon de neuf ans qui convoite quelque chose, il n'y avait qu'une façon de l'obtenir; je commençai à supplier mon père.

– Tu veux un télécopieur?

C'est ainsi que mon père a réagi quand je lui ai demandé de m'acheter un modem. Il ignorait ce que c'était. Mais la situation était encore tendue entre lui et ma mère, et si le fait de me procurer un modem pouvait me rendre heureux, il ne voyait pas de raison de s'y opposer. À ses yeux, si cet appareil avait un lien avec les ordinateurs, c'était une bonne chose. Il s'agissait probablement d'un instrument d'éducation. J'obtins donc mon modem, l'installai et chargeai immédiatement le CD d'AOL. Tout à coup, il ne s'agissait plus que de moi et de mon boîtier. Je sentais qu'il y avait d'autres gens comme moi dans cet univers. Je voulais entrer en contact avec eux, et AOL semblait m'offrir cette possibilité.

AOL s'est construit une renommée et a fait fortune en rendant Internet convivial et facile à utiliser pour des millions de personnes, même s'il ne ciblait pas exactement les jeunes de neuf ans. Quelques minutes à peine après m'être inscrit pour obtenir mes 30 jours d'accès gratuit, je me retrouvai en ligne. Je fixais l'écran, débordant d'enthousiasme. Il y avait là un univers entier à découvrir! Mais je continuai néanmoins de fixer l'écran parce que je n'avais aucune idée de la façon de démarrer. Qu'est-ce que je devais chercher?

Je pensai d'abord aux jeux. Je commençai à chercher des jeux auxquels je pourrais m'adonner en ligne ou que je pourrais télécharger. Puis j'essayai la fonction de clavardage d'AOL. Je me mis à naviguer d'un site de clavardage à l'autre et constatai que tous ces sites étaient consacrés à différents sujets. Les plus populaires étaient de loin les sites pour célibataires. Des hommes à la recherche de femmes, des femmes à la recherche d'hommes, des hommes à la recherche d'hommes... tout le monde y était à la recherche de quelqu'un. Les gens flirtaient. Je trouvais la chose passablement ridicule.

Portrait du pirate informatique en jeune homme

Pour ma part, ce qui m'intéressait, c'était des jeux que je pourrais télécharger dans mon ordinateur et auxquels je pourrais jouer à ma guise. J'avais entendu dire qu'on pouvait même télécharger gratuitement des versions des jeux les plus populaires. C'était ce qu'on appelait des *warez*, ou logiciels piratés. J'ai commencé à chercher des sites de clavardage où je pourrais trouver des renseignements sur la façon de me procurer ce genre de logiciels, et je réussis à en dénicher quelques-uns. À partir de ce moment, j'allais sur Internet et je partais à la recherche de jeux que je pouvais télécharger. Je ne me souciais pas de grand-chose d'autre jusqu'au jour où, me trouvant dans un forum de discussion à bavarder avec des gens, je posai des questions sur les *warez*. D'habitude, je faisais semblant d'être quelqu'un d'autre, un adulte la plupart du temps, mais je pense que j'étais emmerdant parce qu'on m'éjecta bientôt du site, puis je perdis ma connexion AOL. Qu'est-ce qui pouvait bien se passer ?

Je me connectai de nouveau et commençai à m'intéresser à la chose d'un peu plus près. Je découvris que ce genre d'expulsion se produisait régulièrement. On appelait ça un «*punting*». Quelqu'un m'avait expulsé d'Internet en m'envoyant une telle quantité de données que ma connexion s'était interrompue. Sur AOL, ces *punters* semblaient posséder énormément de pouvoir sur les autres. Le fait qu'une personne puisse en attaquer une autre, quelle que soit la distance qui les séparait, en utilisant Internet m'intriguait. Ça ressemblait à un plaisir anodin, presque à une blague. Les gens n'avaient qu'à se reconnecter et à revenir dans le forum de discussion. En réalité, ça ne causait pas réellement de dégâts.

Je voulais éjecter quelqu'un. J'en mourais d'envie.

Je commençai à naviguer sur la Toile à la recherche d'applications qui pourraient m'aider à éjecter d'autres personnes, et peut-être même à faire plus que cela. Je mis un certain temps à saisir comment les trouver, et je réalisai que ma période d'accès gratuit à Internet touchait à sa fin. Je n'étais pas sûr que mon père accepterait de me prêter sa carte de crédit pour que je puisse m'abonner au service – surtout à cause de ce qui s'était produit durant l'épisode du jeu de Lego.

Quelque temps auparavant, mon père avait fait l'erreur de me laisser sa carte de crédit. Enthousiasmé par mon nouveau pouvoir d'achat, je passai une commande de blocs Lego. Peu après, une pile de boîtes arriva à la maison. J'avais fouillé tout le catalogue de Lego et avais commandé presque tout ce qui me faisait envie, et maintenant le garage semblait être rempli de boîtes de blocs. Je n'avais pas revu la carte depuis.

Réalisant que je pourrais perdre la bataille pour obtenir sa carte, je m'empressai de rassembler toutes les applications et tous les jeux sur lesquels je pouvais mettre la main. Une de ces applications me permit de pénétrer dans un forum de discussion en me faisant passer pour un membre du personnel d'AOL. Le personnel d'AOL entrait souvent dans les salons pour rappeler aux utilisateurs de se comporter de manière convenable ou pour leur signaler des infractions aux conditions de service. (Ils apparaissaient à l'écran en surbrillance de manière à ce que les autres utilisateurs puissent les reconnaître.)

Les utilisateurs avaient confiance en cette manière de désigner le personnel. Ainsi, expliquait ce programme, on pouvait se servir de ce nouveau statut afin de recueillir des renseignements concernant d'autres utilisateurs. En gros, on faisait en sorte qu'une personne nous transmette des renseignements, comme son code d'utilisateur et son mot de passe. C'était un stratagème d'ingénierie sociale par lequel on informait un utilisateur qu'une panne de courant dans une installation d'AOL nous obligeait à lui demander les renseignements sur son compte. Ça semblait ridiculement facile. J'essayai quelques fois et, à ma grande surprise, je réussis à ma quatrième tentative. Je fus stupéfait quand je me connectai grâce au compte de l'utilisateur que j'avais berné et que son mot de passe fonctionna réellement. Je vis à quel point ces utilisateurs étaient crédules, alors je décidai d'aller chercher les informations concernant quelques autres comptes au cas où je me ferais éjecter de nouveau. Soudainement, le fait que mon père accepte ou non de me payer un abonnement ne semblait plus avoir autant d'importance. Je m'en étais occupé moi-même.

Il avait été si facile pour un enfant de neuf ans comme moi d'accéder à Internet que j'en déduisis qu'un tas d'autres personnes connaissant peu ou pas l'informatique ou Internet adhéraient aussi à AOL. Au poker, un jeu que j'adore, on appelle « poisson » quelqu'un qui possède une bonne somme d'argent et qui perd. Dans le monde des internautes, le fait d'aller à la pêche aux renseignements confidentiels s'appelle « hameçonnage ». Je me suis rendu compte qu'AOL regorgeait de poissons, alors je suis parti à la pêche.

C'est alors qu'a réellement débuté ma chasse aux outils de piratage sur AOL. Une fois trouvée cette première application, j'en découvris de plus en plus. Chacune, à sa manière subversive, était brillamment conçue. Je suis tombé sur un site qui affichait une liste presque interminable d'applications. Je décidai de les télécharger toutes et d'explorer leurs diverses fonctions. Avec ces outils en main, je commençai à éprouver le sentiment que c'était moi qui contrôlais Internet, et non l'inverse. Le sentiment de puissance et les possibilités infinies qui s'ouvraient à moi étaient grisants.

Un des meilleurs outils disponibles s'appelait AOHell. C'était une sorte d'application universelle qui servait à semer la pagaille sur AOL. Elle permettait de créer de faux comptes à partir desquels on pouvait harceler d'autres utilisateurs, ou encore de fabriquer une « bombe électronique » déclenchée par courriel qui pouvait générer quelques milliers de messages électroniques et les expédier à un malheureux utilisateur. Comme tout le monde était branché au moyen d'une ligne téléphonique, télécharger ces messages pouvait prendre des heures. (Je ne me suis pas tellement servi de cette application parce qu'il fallait environ 20 minutes pour générer ces messages et lancer l'attaque. J'étais incapable de me concentrer suffisamment longtemps. Je n'étais qu'un gamin de neuf ans, après tout...)

AOHell permettait aussi d'aller chercher les mots de passe des gens et d'accéder gratuitement à des zones payantes d'AOL. C'était un guichet unique d'où perturber AOL et ses clients.

« Si vous êtes un anarchiste ou si, simplement, vous détestez AOL et que vous souhaitez leur nuire sérieusement, ou si vous voulez seulement utiliser les accessoires pratiques mentionnés plus haut, c'est l'outil qu'il vous faut ! *Rage Against The Machine*[6] », pouvait-on lire dans la documentation de AOHell 3.0.

---

6. « Fureur contre la machine »; allusion au nom d'un groupe rock américain. (N.D.T.)

On ne peut pas dire que j'étais motivé par la colère. À mes yeux, il s'agissait davantage de tester mes limites et de causer assez de problèmes pour pouvoir en rire tout seul devant mon clavier. Dans mon esprit, c'était un peu comme si je lançais des boulettes de données sur un tableau virtuel. Je ne songeais pas du tout à la loi ; il ne me venait pas à l'esprit que je puisse commettre une quelconque infraction. Bien sûr, c'en était une.

J'utilisais aussi un autre outil, un polluposteur ASCII. ASCII est une norme qu'on utilise sur les ordinateurs pour les caractères imprimés (les nombres et les lettres de base). Le polluposteur ASCII était en fait une méthode qui permettait d'utiliser des lettres et des chiffres pour inonder un forum de discussion afin que personne ne puisse plus se parler. Le programme permettait aussi aux utilisateurs de générer des images à l'aide de caractères ASCII. Je pouvais entrer dans un salon et, tout à coup, les gens voyaient un énorme doigt d'honneur remplacer leurs conversations. C'était ridicule et enfantin, mais ça m'amusait énormément.

Pourtant, la méthode que je préférais entre toutes était celle de l'éjection. J'adorais éjecter les gens qui me tapaient sur les nerfs. L'idée d'utiliser un flot de données pour éjecter les gens d'Internet avait pour moi un étrange attrait. Ma fascination précoce pour l'éjection allait entrer de nouveau en jeu des années plus tard, quand je commencerais à travailler avec un camarade pirate à la construction d'une arme qui, je l'espérais, sèmerait la panique chez les groupes rivaux.

Mais à cette époque, je n'étais rien d'autre qu'un « kiddie », un aspirant pirate qui utilisait les applications d'autres personnes pour semer le chaos. Les *kiddies*, que l'on appelle aussi « *newbies* » ou « *noobs* », ne sont pas des pirates parce qu'ils ne peuvent pas créer leur propre code. Bien souvent, ils connaissent très peu de choses aux ordinateurs. Pour un enfant de neuf ans, je connaissais assez bien la façon dont mon ordinateur fonctionnait, mais j'ignorais comment créer des codes. J'en apprenais de plus en plus concernant Internet et les réseaux, mais, malgré ce fait, mes compétences générales demeuraient rudimentaires. Je me servais des programmes d'autrui pour faire du grabuge en ligne.

À cette époque, je ne savais pas ce qu'était un pirate, et je comprenais encore moins que j'étais un *kiddie*, le dernier des derniers. Mais en utilisant les applications d'autres personnes, j'appris petit à petit comment les choses fonctionnaient. J'en vins à pouvoir modifier les applications de manière à les adapter à mes besoins. C'est de cette façon que les *kiddies* deviennent des pirates informatiques. Tout le monde doit commencer quelque part. On ne peut jamais tout savoir d'emblée.

Plus je me servais de ces outils et plus j'apprenais leur fonctionnement, plus je développais une fixation sur les gens qui les créaient. Sur AOL, il y avait des tas de *kiddies* qui faisaient les mêmes choses que moi, mais je n'avais aucune interaction avec les gens qui écrivaient réellement ces programmes.

Ils étaient comme les meilleurs joueurs à un jeu d'ordinateur, ceux qui connaissent tous les trucs et tous les secrets. Ceux qui contrôlent tous les autres. Après avoir passé des années à m'efforcer de tout apprendre sur le fonctionnement de mon ordinateur et après avoir apprécié chaque moment où j'apprenais les commandes de DOS et autres informations techniques, je sentais qu'une étrange complicité me liait à ces programmeurs et à ces rebelles en ligne anonymes. Comment créaient-ils ces programmes ? Combien pouvait-il y en avoir dans cet univers ? Comment pouvais-je apprendre à créer des programmes à mon tour ? À mes yeux, ils étaient les jeunes les plus cool de tout le cyberespace. Je voulais me joindre à eux.

Je voulais devenir un pirate informatique.

Chapitre 6

Une brève histoire du piratage informatique

À la fin des années 1950, les étudiants qui pénétraient dans le pavillon 20 du campus du Massachusetts Institute of Technology (MIT) étaient souvent étonnés de découvrir, dans une des salles, une immense installation de trains miniatures. Ce gigantesque univers miniaturisé avait été construit et était entretenu par les étudiants du Tech Model Railroad Club (TMRC). L'installation dominait la pièce et comprenait «une petite ville, une petite zone industrielle, un minuscule convoyeur qui fonctionnait réellement, une montagne en papier mâché et, bien sûr, un grand nombre de trains et de voies ferrées», d'après la description qu'en a faite Stephen Levy dans son livre intitulé *Hackers*.

Même si les trains et leur environnement étaient sans aucun doute impressionnants, tout le génie de cet assemblage était concentré en une section que la plupart des gens ne voyaient jamais. Sous l'installation ferroviaire se trouvait un assortiment de fils et d'interrupteurs grâce auxquels les trains circulaient selon un horaire précis. Le tout était entretenu par le Signals Power Subcommittee du club, et les ingénieurs amateurs passaient à cet endroit d'innombrables heures à effectuer des manipulations pour perfectionner le système, dont les diverses pièces avaient été données par une compagnie de téléphone. Grâce aux brillants étudiants qui avaient modifié les interrupteurs, les relais et d'autres pièces à partir des systèmes téléphoniques, le système de base s'était développé de manière exponentielle.

Les membres du TMRC prenaient très au sérieux leurs trains jouets. Ils avaient aussi élaboré leur propre langage pour en parler. Le livre de Levy, publié en 1984, soulignait que l'équipement « perdait » s'il ne fonctionnait pas correctement. Si un appareil était complètement inutile, il était *munged*. Les données erronées étaient désignées par le terme *ruft*. Et quiconque consacrait du temps aux travaux de session était, bien sûr, un « instrument ». Un mot en particulier devint populaire : « *hack* ». D'après Levy, ce terme faisait référence à un « projet entrepris ou à un produit créé non seulement dans un but constructif quelconque, mais dont la simple réalisation s'accompagnait d'un plaisir fou ».

Pendant de nombreuses années, sur le campus du MIT, le terme « *hack* » désignait un mauvais tour. Le mot prit une nouvelle signification à l'intérieur du pavillon 20. Accomplir un *hack*, c'était avoir réalisé quelque chose de brillant et de novateur avec les outils à sa disposition. Les meilleurs parmi les membres du Signals Power étaient renommés et respectés pour leurs nombreux *hacks*. Ils acquéraient un statut particulier au sein du groupe : le droit de porter le titre de « *hackers* ».

Grâce, en partie, à la proximité, le mot fit le saut dans le monde de l'informatique. Il y avait, au premier étage du pavillon 26 du MIT, une pièce qu'allaient bientôt connaître les pirates informatiques du TMRC. À l'intérieur se trouvait un immense ordinateur IBM 704, un appareil qui valait plusieurs millions de dollars. Une équipe d'opérateurs était affectée exclusivement à cet ordinateur. Les membres de cette équipe surveillaient l'ordinateur, l'entretenaient et faisaient tout leur possible pour garder à l'écart les étudiants de première ou de deuxième année qui salivaient à l'idée de s'en servir.

Plusieurs membres du TMRC devinrent obsédés par l'immense machine IBM et par le TX-0, un autre ordinateur récemment acquis par l'institution. Incidemment, en 1959, le MIT offrit pour la première fois un cours de premier cycle en programmation informatique. Mais nombre de pirates du TMRC avaient déjà commencé à trouver par eux-mêmes des façons d'utiliser ces machines nouvelles et extraordinaires. Leur savoir surpassait depuis longtemps les notions qu'on enseignait dans le cours d'introduction. Le piratage les avait menés à la connaissance.

Les pirates, tout en continuant de travailler à leur chemin de fer, se mirent bientôt à passer leurs nuits à tourner autour du TX-0, plus facile d'accès que le IBM 704. Le piratage commença à passer du chemin de fer à ce qui deviendrait un jour la super autoroute de l'information : les ordinateurs et Internet.

***

Même si, malheureusement, l'expression « pirate informatique » a aujourd'hui une connotation négative, elle a connu des débuts honorables. De nos jours, certaines personnes utilisent l'expression « chapeau blanc » pour décrire une personne qui s'adonne au piratage pour une bonne cause. Un « chapeau noir » ou « braqueur informatique », c'est quelqu'un qui se livre au piratage avec de mauvaises intentions.

Les premiers pirates étaient renommés pour atteindre des niveaux élevés de maîtrise des ordinateurs, que ce soit pour rédiger des programmes (des logiciels) ou manipuler les pièces (l'équipement). Il n'y avait ni Internet, ni commerce électronique, ni courrier électronique… aucune de ces choses qui ont mis Internet, et le concept de piratage, à la disposition de la population.

« Même si certaines personnes du domaine utilisaient le terme "pirate" par dérision, laissant entendre que les pirates étaient soit de brillants marginaux ou des programmeurs "amateurs" qui rédigeaient des codes malveillants et hors norme, je les trouvai fort différents, écrivait Levy dans *Hackers*. Derrière leur façade souvent timide, c'étaient des aventuriers, des visionnaires, des personnes audacieuses, des artistes… et les gens qui percevaient le plus clairement les raisons pour lesquelles l'ordinateur constituait un outil vraiment révolutionnaire. »

Pendant les années 1960 et 1970, les ordinateurs devinrent petit à petit plus populaires et Internet naquit. Les pirates – ingénieurs, programmeurs, bons à rien, entrepreneurs – amenèrent la technologie vers de nouveaux sommets. Les premiers pirates étaient en avance sur leur temps. Ils voyaient que ces ordinateurs, bien qu'ils fussent énormes, lents et peu pratiques, avaient la possibilité de susciter un changement à une très vaste échelle. Au fur et à mesure que les ordinateurs s'intégraient au commerce et à la société, les pirates créèrent leurs propres modèles et améliorèrent des fonctions qu'avaient ignorées les fabricants d'ordinateurs.

Au début des années 1960, alors que les pirates du chemin de fer miniature poursuivaient leur travail au MIT, les entreprises téléphoniques américaines commencèrent à utiliser des ordinateurs afin de commuter les appels. Pour brancher les appels sur les premiers réseaux téléphoniques, on devait avoir recours à des téléphonistes. Les nouveaux systèmes informatiques, qui fonctionnaient au moyen de sons produits à des fréquences fixes, les remplacèrent. Ces fréquences sonores indiquaient au système central comment diriger les appels. C'était un langage fondé sur les sons que ne pouvaient décoder que les ingénieurs des entreprises téléphoniques. Toutefois, un petit groupe de gens apprirent également à s'en servir. C'était une nouvelle génération de pirates connus sous le nom de « pirates téléphoniques ». Le plus célèbre d'entre eux s'appelait John Draper.

En 1970, Denny Teresi, un aveugle, invita Draper, qui était une de ses connaissances, à observer la façon dont lui et d'autres manipulaient le réseau téléphonique. C'est dans une pièce sombre que Draper, qui avait une formation d'ingénieur, fit son entrée dans le monde du piratage téléphonique. En reproduisant précisément les tonalités utilisées pour commuter et brancher les appels au sein du réseau téléphonique, Teresi et ses collègues pirates pouvaient faire des appels partout dans le monde. Draper devint rapidement accro.

On le surnomma bientôt « Capitaine Crunch » parce qu'il se servait d'un sifflet provenant d'une boîte de céréales pour obtenir les fréquences qui lui permettaient de faire des appels téléphoniques et de manipuler le réseau. Dans le documentaire intitulé *The Secret History of Hacking*, Draper raconte qu'il lui arrivait souvent, comme à d'autres, de passer devant une série de cabines téléphoniques et de donner un coup de sifflet. Les gens qui conversaient découvraient tout à coup que leur appel avait été débranché. En passant du temps près d'une cabine téléphonique (la règle d'or était de ne jamais faire de piratage à partir de chez soi parce que la compagnie de téléphone pouvait retracer l'appel), Draper, Teresi et les autres apprirent à naviguer dans le réseau téléphonique. Ils en vinrent à savoir quelle fréquence manipuler pour arriver à un résultat précis. Ils piratèrent ainsi le réseau.

Les pirates devinrent également suffisamment habiles en ingénierie sociale pour amener les employés des compagnies de téléphone à leur obéir. Dans le film, Draper décrit l'ingénierie sociale comme l'aptitude à convaincre un employé d'une entreprise téléphonique que vous travaillez pour celle-ci. Ceci permettait de déverrouiller l'accès à d'autres parties du système, ou même les portes de la compagnie elle-même. Des années plus tard, des pirates comme Kevin Mitnick allaient tirer parti de l'ingénierie sociale pour accéder aux immeubles des compagnies, notamment à ceux qui appartenaient aux entreprises téléphoniques.

Draper devint célèbre en utilisant à la fois son sifflet de boîte de céréales et la Blue Box, un instrument permettant de générer des tonalités qui pouvaient facilement et efficacement donner accès au réseau téléphonique. Avec le sifflet et la Blue Box, « il était possible de prendre le contrôle interne de l'équipement de communications interurbaines de Bell », écrivait Draper dans un essai intitulé *The Origins of Captain Crunch*, publié sur son propre site Internet.

Les pirates demeurèrent relativement peu nombreux jusqu'à la publication du numéro d'octobre 1971 de la revue *Esquire*. Dans ce numéro, on pouvait lire un article intitulé « Secrets of the Little Blue Box », qui commençait ainsi :

« Je me trouve dans le luxueux salon d'Al Gilbertson (ceci est un nom d'emprunt), le créateur de la « Blue Box ». Gilbertson tient dans la paume de sa main une de ses « Blue Box », en indiquant du doigt les 13 petits boutons rouges sur la console. Il fait danser ses doigts sur les boutons, émettant des bips électroniques discordants. Il essaie de m'expliquer comment sa petite « Blue Box » lui permet de mettre gratuitement à la disposition de son propriétaire le réseau téléphonique du monde entier, les satellites, les câbles et tout. »

Vers la fin de son article, l'auteur racontait l'histoire d'un pirate qu'une compagnie de téléphonie avait appréhendé et traduit en justice, pour le voir ensuite être embauché comme réparateur par une autre entreprise téléphonique.

« C'est le genre de boulot dont je rêvais, aurait déclaré l'homme. Ils ont appris mon existence grâce à la publicité entourant le procès. Peut-être Bell m'a-t-elle rendu service en me faisant arrêter. Je vais avoir des téléphones dans les mains à longueur de journée. »

Ce pirate s'appelait Joe Engressia. C'était un aveugle qui avait réalisé que son oreille absolue lui permettait de siffler des tonalités précises dans un combiné téléphonique et, ainsi, de s'infiltrer dans le système. Son histoire était à l'époque exceptionnelle, mais, des décennies plus tard, il est devenu presque courant de voir des pirates être embauchés par des entreprises qu'ils avaient infiltrées.

Aux États-Unis, l'article de l'*Esquire* déclencha une petite vague de folie contre le piratage. Bientôt, quiconque possédait une Blue Box se retrouva passible de deux ans d'emprisonnement. À un certain moment, Draper fut accusé de fraude informatique et passa un certain temps derrière les barreaux. Le Capitaine Crunch devint une idole aux yeux de nombreux pirates en herbe; deux d'entre eux décidèrent de produire et de vendre eux-mêmes des Blue Box.

Ces deux types, Steve Wozniak et Steve Jobs, allaient devenir les cofondateurs de l'entreprise connue aujourd'hui sous le nom de Apple Inc. Tous deux idolâtraient le Capitaine Crunch, et ils parvinrent à le convaincre de leur rendre visite à leur résidence universitaire en Californie. Draper leur enseigna ce qu'il fallait savoir sur la Blue Box, et Wozniak réussit à loger un appel au Vatican. (Malheureusement, le pape n'était pas libre.)

Wozniak allait finir par être considéré comme l'un des meilleurs parmi les véritables pirates. Jobs, bien sûr, est devenu un pionnier du secteur de l'informatique.

Au milieu des années 1970, le premier ordinateur personnel du monde, l'Altair 8800, fut mis en vente. Il fallait le construire soi-même. Son apparition mena à la création de petits clubs d'utilisateurs informatiques un peu partout dans le monde. L'un d'eux, situé en Californie, s'appelait le Homebrew Computer Club. Jobs et Wozniak en étaient membres. Ces clubs devinrent des terrains fertiles pour le piratage. Leurs membres étaient constamment en quête de nouvelles façons d'utiliser l'Altair. Plusieurs parmi eux créèrent leur propre système.

L'avènement de l'ordinateur personnel donna finalement aux aspirants pirates la possibilité de s'adonner au piratage sur leur propre système, dans leur propre maison. Les membres partageaient librement ce qu'ils apprenaient sur l'Altair, échangeant des conseils à propos des cartes de circuits imprimés et autres détails techniques. Ils n'étaient plus obligés d'accéder aux systèmes d'entreprises ou d'établissements scolaires, même si plusieurs le faisaient encore. Ainsi, les pirates du Homebrew Club formaient une communauté de gens obnubilés par les ordinateurs et par le libre-échange des informations. Cet idéal devint un élément-clé de ce que certains en vinrent à appeler la « déontologie du pirate informatique ». L'information devait être gratuite et les connaissances devaient être mises en commun.

Les compagnies et les gouvernements n'étaient pas tout à fait du même avis. Les ordinateurs étaient encore très dispendieux. Leur fonctionnement et les secrets d'entreprise qu'ils contenaient étaient très protégés. Ces systèmes puissants et secrets demeureraient à jamais une fixation pour les pirates et, en conséquence, plusieurs, parmi ces derniers, se retrouveraient en prison.

***

Au fur et à mesure que les ordinateurs personnels envahissaient lentement les foyers et que de plus en plus d'entreprises se dotaient de systèmes informatisés, le projet qui était en quelque sorte l'ancêtre d'Internet progressait. Lancé en 1969, on l'appelait l'ARPANET, un acronyme pour « Advanced Research Projects Agency Network ». À l'origine, ce système devait permettre aux militaires américains de garder le contrôle sur les événements en cas d'attaque nucléaire. Il s'agissait de développer et d'installer un réseau qui permettrait d'échanger des messages électroniques, même si certaines parties de ce réseau étaient désactivées. La technologie appelée « commutation par paquets » représentait une des principales innovations de l'ARPANET. Les données échangées entre les ordinateurs étaient réparties en petits paquets et expédiées le long des fils reliant entre eux les éléments du réseau. Grâce à la commutation par paquets, ces petits ensembles de données pouvaient atteindre leur destination par diverses routes, même si certains nœuds (ordinateurs), le long du parcours (réseau), n'étaient pas accessibles. Avant cette percée, la perte d'un seul nœud aurait entraîné l'effondrement du réseau tout entier.

Au début, l'ARPANET relia quatre universités : celles de Californie à Los Angeles (UCLA), de Stanford, de Californie à Santa Barbara et de l'Utah. Un ordinateur en Utah pouvait désormais se connecter à un ordinateur de la UCLA, et tous deux pouvaient imprimer ou partager des fichiers. Le premier programme de courrier électronique fut écrit en 1971, et les forums de discussion par courrier électronique suivirent bientôt. Cette année-là, grâce à l'intérêt suscité auprès d'autres universités, l'ARPANET s'agrandit jusqu'à atteindre 64 nœuds. L'ARPANET allait poursuivre son expansion et se joindre à d'autres réseaux semblables, qui étaient apparus entre-temps. En 1983, tous ces réseaux commencèrent à fonctionner en se fondant sur les mêmes protocoles de réseautique, créant véritablement Internet, un nom tiré du nouveau protocole à la mode, Transmission Control Protocol/Internet Protocol (TCP/IP). Finalement, le réseau militaire qui avait constitué l'objectif original de l'ARPANET fut séparé du réseau « public », Internet.

À ce moment, la technologie de l'ordinateur personnel avait fait d'immenses progrès. Les ventes d'ordinateurs Apple atteignirent 2 milliards de dollars en 1983, et les membres du Homebrew Computer Club de Californie avaient fondé 23 entreprises de technologie informatique. Toutefois, il était désormais impossible pour les anciens pirates de continuer à échanger des conseils et des codes ; un trop grand nombre d'entre eux devaient protéger des secrets d'entreprise. Le Homebrew Club fut finalement dissous en 1986.

À partir de ce moment, les gens purent facilement se brancher à Internet au moyen de modems reliés à leurs ordinateurs. Ils échangèrent des adresses électroniques et s'inscrivirent sur des listes de distribution. Nombre de gens se mirent également à utiliser les systèmes de babillards électroniques (*bulletin board systems* – BBS). Les BBS permettaient aux utilisateurs de composer le numéro d'un serveur en particulier, puis d'aller lire les messages d'autres personnes ou en afficher eux-mêmes. Les pirates informatiques pouvaient échanger des renseignements et des logiciels sans avoir à se rencontrer. Cette nouvelle possibilité de connexion favorisa la création de groupes de pirates informatiques comme la Legion of Doom aux États-Unis et le Chaos Computer Club en Allemagne. Les pirates de la nouvelle génération se rencontraient sur les BBS et formaient de petits groupes. Plusieurs bricolaient encore le matériel, mais la plupart des autres mirent l'accent sur les logiciels. Ils s'affairaient à pirater de nouveaux codes et programmes et, grâce à Internet, il était relativement facile pour eux de mettre leurs créations en commun. Les pirates de différentes parties du monde se connectaient les uns aux autres.

Les premiers pirates avaient contribué à faire démarrer et croître le secteur informatique et Internet. Peu à peu, ces pirates et leurs inventions formèrent un groupe distinct. Pourtant, au cours des années 1980, les nouveaux pirates partageaient avec leurs prédécesseurs une fixation : le réseau téléphonique. Ils savaient que cette voie pouvait donner accès à de grandes sociétés et à des organismes gouvernementaux. Ils s'inspirèrent d'abord des pirates de réseaux téléphoniques des années 1970, puis ils allèrent encore plus loin, cherchant un accès aux ordinateurs et aux réseaux les plus puissants qui pourraient leur en apprendre davantage. Mais l'environnement social et juridique avait changé. Comme d'autres segments de la société, les forces policières étaient maintenant conscientes de l'existence des pirates et du piratage, et elles étaient à l'affût. Et Hollywood était en partie responsable de cette situation.

En 1983, le film à succès intitulé *War Games* racontait l'histoire d'un jeune pirate qui, sans s'en rendre compte, pénétrait le système informatique du Pentagone et passait près de déclencher la Troisième Guerre mondiale. Les pirates de réseaux informatiques avaient attiré leur juste part d'attention médiatique et d'enquêtes policières au cours des années 1970, mais *Jeux de guerre* conscientisa la société nord-américaine quant aux conséquences soi-disant catastrophiques que pouvait entraîner le piratage. Jusqu'alors héros méconnus de l'ère de l'ordinateur, les pirates commencèrent à être décrits comme de dangereux vandales. L'image du jeune pirate boutonneux qui provoque l'effondrement de la société tout entière est née en bonne partie grâce à *Jeux de guerre*. Cette image prit une nouvelle dimension lorsqu'on découvrit qu'un groupe d'adolescents avaient réussi à pénétrer le système informatique du Los Alamos National Laboratory, un centre de recherche nucléaire, de même qu'une cinquantaine d'autres ordinateurs.

En 1986, le Congrès américain adopta le *Computer Fraud and Abuse Act*, rendant criminel le fait de pénétrer illégalement dans des systèmes informatiques. La nouvelle loi ne découragea pas les pirates, qui continuèrent à s'aventurer dans des zones interdites; des pirates d'Allemagne de l'Ouest s'introduisirent dans des ordinateurs des États-Unis, un étudiant de premier cycle à l'université Cornell libéra dans l'ARPANET un ver qui infecta des milliers d'ordinateurs. Pendant ce temps, Internet connaissait une croissance fulgurante. En 1989, plus de 80 000 ordinateurs étaient reliés entre eux.

Vers la fin de la décennie, un homme du nom de Kevin Mitnick devint célèbre après s'être vu imposer une sentence d'une année de prison pour fraude informatique. En ayant recours à l'ingénierie sociale, Mitnick avait réussi à se faufiler devant un garde à la MCI, une entreprise téléphonique, et à voler des manuels d'instructions lui révélant les secrets du système. Il fut également accusé d'avoir dérobé des logiciels de la Digital Equipment Corporation. La perception du pirate en tant que criminel s'installait fermement dans l'esprit du public et des forces policières, qui commençaient à se demander jusqu'où pouvaient aller ces brillants voyous.

Aux yeux de plusieurs, la réponse à cette question sembla venir le 15 janvier 1990; c'est ce jour-là que le réseau téléphonique complet d'AT&T s'effondra. Il demeura hors service pendant neuf heures. Presque immédiatement, l'entreprise et la police présumèrent qu'il s'agissait de l'œuvre de pirates. Une initiative policière basée près de la frontière de l'Arizona et surnommée « Opération Sundevil » s'affaira bientôt à cibler l'univers souterrain des pirates. Même les Services secrets y participèrent. On cite souvent l'opération Sundevil comme étant une enquête sur l'effondrement du réseau d'AT&T. Toutefois, les agents qui la composaient ciblaient également des voleurs de cartes de crédit qui travaillaient en ligne. Cette escouade faisait partie d'une initiative plus vaste ayant pour but de sévir contre les « activités illégales de piratage informatique » qui se produisaient dans différentes régions des États-Unis. Au début de mai 1990, on procéda à des arrestations dans 14 villes américaines. Une vaste gamme de gens, considérés par les Services secrets et par d'autres organismes comme des pirates criminels, avaient été ciblés dans le cadre de cette rafle. Il pouvait s'agir aussi bien de gens soupçonnés d'être impliqués dans des vols de cartes de crédit et de s'être introduits illégalement dans des réseaux informatiques que de gens qui exploitaient des BBS ou même des publications en ligne.

Le FBI déclara fièrement que les pirates ne pouvaient plus se cacher derrière «l'anonymat relatif de leurs terminaux d'ordinateurs». Pourtant, en fin de compte, pratiquement aucune accusation ne fut portée. En ce qui concerne le réseau d'AT&T, un bogue dans le logiciel même de la compagnie avait entraîné l'effondrement du système. Cependant, malgré les conclusions auxquelles les avait conduits la rafle, le FBI et d'autres organismes s'étaient mis à faire une fixation sur les dangers que représentaient les pirates. La conséquence en fut la répression de 1990. Les limites étaient fixées. Les pirates n'étaient plus les bienvenus au sein de la société respectable.

Les années 1990 connurent de nombreux autres incidents de piratage plus célèbres. Kevin Poulsen, aujourd'hui un écrivain respecté sur les questions de sécurité informatique, était un prodige du piratage au début de la décennie. Sous le pseudonyme «Dark Dante», il atteignit la renommée en triturant les lignes téléphoniques pour s'assurer de gagner un concours à Los Angeles. Le prix à remporter était une Porsche.

Après s'être réfugié dans l'anonymat pour se cacher du FBI, il finit par plaider coupable à sept chefs d'accusation, notamment celui de fraude par courrier électronique, de fraudes électroniques, de blanchiment d'argent et d'entrave à la justice. Poulsen fut condamné à purger 51 mois de prison et dut payer 56 000 dollars en dédommagement. La même année où il plaida coupable, un pirate âgé de 16 ans, Richard Pryce, dont le surnom était «Datastream Cowboy», fut arrêté pour s'être introduit dans les ordinateurs du Korean Atomic Research Institute, de la base des forces aériennes de Griffiths et de la NASA. Poulsen et d'autres jouirent alors d'une certaine notoriété. Mais le FBI était sur le point de capturer celui qui allait devenir le plus célèbre pirate informatique de tous les temps.

À l'aube du 15 février 1995, des agents du FBI entraient dans un immeuble d'habitations en Caroline du Nord et frappaient à une porte en exigeant qu'on les laissât entrer. Dans l'appartement se trouvait Kevin Mitnick, âgé de 32 ans à cette époque. Après avoir purgé sa sentence précédente, il avait repris ses vieilles habitudes. Mitnick avait amorcé sa carrière en se livrant au piratage à partir d'ordinateurs situés dans des magasins Radio Shack. Désormais, il était recherché par le FBI. Son arrestation ferait de lui le premier pirate informatique à grande échelle à connaître la célébrité.

« Un criminel informatique déjà condamné que les représentants du FBI recherchaient depuis novembre 1992, M. Mitnick, avait profité au fil des années de ses aptitudes extraordinaires pour s'introduire dans de nombreux réseaux téléphoniques et cellulaires, et avait vandalisé des systèmes informatiques gouvernementaux, commerciaux et universitaires, pouvait-on lire dans un article du *New York Times* publié le jour de son arrestation. Plus récemment, il faisait l'objet de soupçons dans le cadre d'une série d'entrées par effraction sur le réseau informatique mondial, Internet. »

Mitnick devint célèbre pendant qu'il était en cavale. En fin de compte, il allait séjourner quatre ans derrière les barreaux pour ses crimes, même si plusieurs des accusations portées contre lui par la police allaient se révéler fausses. (Parmi celles-ci, les allégations selon lesquelles il aurait volé 20 000 numéros de cartes de crédit et se serait introduit dans le système du NORAD[7].)

Outre la capture fortement médiatisée de Mitnick, l'année 1995 vit aussi l'avènement d'une nouvelle technologie Internet remarquable, le World Wide Web. Ce système permettait à Internet d'héberger des « sites Web », des images et des vidéos – ces éléments que la plupart des gens associent aujourd'hui à Internet.

Dans le contexte des arrestations et des progrès réalisés en 1995, Hollywood consacra de nouveau un film aux pirates et au piratage. Celui-ci s'intitulait simplement *Hackers*[8]. Le film fit

---

7. North American Aerospace Defense Command (Commandement de la défense aérospatiale de l'Amérique du Nord). (N.D.T.)
8. Le titre de la version française est *Les pirates du cyberespace*. (N.D.T.)

découvrir à de nombreux jeunes aspirants pirates comme moi toutes les possibilités qu'offraient l'ordinateur et Internet. Plus précisément, il me confirma que les ordinateurs et le piratage ne demeureraient pas qu'un passe-temps pour moi, mais qu'ils deviendraient le centre de ma vie.

« C'est presque biologique, affirmait Steven Levy dans *The Secret History of Hacking*. Les gens sont destinés à devenir pirates ou ne le sont pas. On peut le voir chez les jeunes. Certains commencent à s'intéresser aux ordinateurs en disant : "Oh mon Dieu, c'est de cette façon que je vais finalement exprimer cette partie de moi-même." » C'était tout moi. Je croyais être né pour pirater.

Chapitre 7

La naissance de l'archange Michael

Je mourais d'impatience en attendant la fin du téléchargement.

J'avais finalement trouvé *Hackers – Les pirates du cyberespace*, ce film que je devais voir à tout prix. Maintenant, je fixais mon écran d'ordinateur pendant qu'il téléchargeait lentement le fichier par ma connexion Internet téléphonique. J'aurais pu aller voir le film au cinéma, mais je voulais mettre à l'épreuve mes talents de chercheur de *warez* et obtenir gratuitement mon propre exemplaire. Je me disais que c'était de cette façon qu'un vrai pirate informatique aurait procédé.

Quand le fichier aboutit enfin dans mon ordinateur, je m'empressai de l'ouvrir, puis m'assis confortablement pour me laisser pénétrer par la façon qu'avait Hollywood de percevoir les pirates. Je peux probablement encore citer par cœur les dialogues de ce film. Mon passage préféré entre tous, c'est celui où Dave, alias « Crash Override » alias « Zero Cool », s'empare des ondes d'une station de télé en se servant de ses talents à l'ordinateur et de l'ingénierie sociale.

À un certain moment, Dave lève les yeux de son écran d'ordinateur et saisit le téléphone. Il compose le numéro d'une station de télévision et se fait passer pour un employé qui doit accéder au réseau informatique afin d'y prendre un fichier. Le pauvre gardien de sécurité en service l'aide à déchiffrer le numéro de téléphone sur un modem. En quelques secondes, Dave s'insinue dans le réseau de la station et remplace l'émission en cours par un épisode de la série *Au-delà du réel*.

J'étais emballé à l'idée de voir un film hollywoodien consacré aux pirates et au piratage. (Le fait qu'il mettait en vedette Angelina Jolie attisa également mon intérêt.) Les pirates informatiques étaient devenus des héros du grand écran ! J'avais l'impression que tout mon temps passé en ligne se trouvait ainsi justifié. Les gens réalisaient soudainement l'influence des pirates dans ce nouveau monde d'interconnexions.

J'avais 11 ans au moment de la sortie de *Hackers*, et l'univers du piratage m'obsédait déjà. Ce film, de même que mes relations avec les gens en ligne, m'incitaient à me dépasser, à tenter de devenir un vrai pirate informatique.

Je voyais désormais AOL, qui avait auparavant été le terrain de jeu sur lequel essayer mes outils et mes attaques, comme un jardin d'enfants. Aucun pirate vraiment sérieux n'utilisait AOL. Dans le monde des pirates informatiques, on ridiculisait ce réseau tant il était rudimentaire. En fait, il ne s'agissait pas réellement d'Internet. On vous servait du contenu AOL, et on vous gardait dans les forums de discussion d'AOL. C'était comme une pataugeoire, tandis qu'Internet faisait figure d'océan. AOL était aseptisé et, la plupart du temps, calme. Internet, pour sa part, était grand ouvert et parfois turbulent. J'étais attiré vers les recoins les plus sombres du Net. En regardant le personnage de Dave s'emparer d'une station de télévision, je réalisais de quoi étaient capables les meilleurs pirates. Jouer comme un gamin sur AOL n'était tout simplement plus à la hauteur de mes ambitions.

J'avais identifié ce qu'il me manquait sur AOL en découvrant l'univers des BBS. Fondamentalement, il s'agit d'un endroit où on peut clavarder avec d'autres utilisateurs, envoyer et recevoir des logiciels et autres fichiers, et lire les nouvelles. Mais les BBS rassemblaient des utilisateurs beaucoup plus futés et étaient bien souvent exploités par des fournisseurs de services Internet ou par des établissements d'enseignement. Il y avait des BBS à profusion, chacun comptant ses propres adeptes et son propre groupe d'utilisateurs.

Quand j'ai commencé à me servir des BBS, j'y ai trouvé des jeux et des applications vendus en magasins qui avaient été décodés et que tous pouvaient maintenant utiliser gratuitement. Je voulais en recueillir autant que possible, mais plusieurs BBS fonctionnaient au moyen d'un système de crédit. Il fallait envoyer des données et des applications afin d'accumuler suffisamment de crédits pour télécharger des fichiers d'autres personnes. Normalement, on vous accordait trois kilo-octets de téléchargement en aval pour chaque kilo-octet de téléchargement en amont. (Un kilo-octet représente un millième de mégaoctet.) Il fallait avoir quelque chose à offrir pour tirer parti des données disponibles. Il existait cependant une autre façon d'y avoir accès: faire connaissance avec l'opérateur de système, qui pouvait vous accorder un compte de crédit élevé. Malheureusement, aucune de ces options ne m'était ouverte à ce moment.

Même si je tenais à m'éloigner d'AOL, je réussis à y trouver un canal me permettant d'échanger des renseignements sur les BBS. Les gens offraient des comptes BBS sans limite de téléchargement ou disposant d'un crédit élevé, mais personne ne voulait me donner quoi que ce soit parce que je n'avais rien à offrir en contrepartie. Je devais télécharger en amont des logiciels et des jeux décodés pour pouvoir en télécharger en aval. Mais comment pouvais-je mettre la main sur ce matériel si je ne pouvais d'abord le télécharger?

C'est à ce moment que je réalisai, grâce à une personne sur le canal, qu'il existait un réseau de conversation en ligne appelé l'IRC (Internet Relay Chat). Les nombreuses couches d'Internet se révélaient lentement à moi. Plusieurs utilisateurs sérieux d'Internet connaissaient les BBS et l'IRC, mais je n'étais encore qu'un gamin cheminant à l'aveuglette. J'étais donc extrêmement emballé chaque fois que je découvrais un autre de ces réseaux.

Je trouvai bientôt mIRC, une application qui me permettait de me brancher à l'IRC, et je me mis aussitôt à la recherche de sources de *warez*. Je devais acquérir des choses que je pourrais télécharger en amont sur un BBS. Les résultats furent renversants. Je découvris un univers d'utilisateurs qui cherchaient la même chose que moi, à savoir des logiciels piratés. Des canaux distribuaient des applications, des jeux, de la musique et de la pornographie. Mais, une fois de plus, il y avait un obstacle.

En raison de la forte demande pour les logiciels piratés et d'une largeur de bande limitée, de longues files d'utilisateurs attendaient leur tour pour mettre la main sur la même chose. Je devais dépasser tous les autres dans la queue. Je décidai de me lier d'amitié avec les propriétaires de canaux et de converser avec eux régulièrement. Il fallait que je me fasse une réputation auprès d'eux de manière à pouvoir éviter les files. Mais après avoir passé un certain temps à essayer de me faire valoir, je réalisai que ça ne fonctionnait pas.

Je finis par trouver un autre réseau à l'intérieur de l'IRC, l'EFnet. Ce réseau comportait au-delà d'une cinquantaine de canaux de conversation en ligne consacrés au piratage de logiciels et à d'autres activités illégales. Je persistai à chercher, mais me retrouvai devant le même problème, celui des files d'attente. L'obstacle était évident : je ne connaissais vraiment personne en ligne.

Tout se fondait sur les relations et sur la réputation. Je devais trouver un groupe d'utilisateurs auprès desquels je pourrais acquérir ces deux éléments. Un moyen d'y parvenir consistait à conserver une même identité en ligne. Les gens avaient besoin de savoir qu'ils conversaient avec la même personne jour après jour. Mais une foule de gens avaient des surnoms similaires, alors je devais trouver un pseudonyme original et, surtout, cool.

Je devins Archangel sur l'EFnet, et aussi parfois Arkangel si quelqu'un d'autre s'était déjà approprié le premier. Mon prénom, Michael, vient de celui de saint Michel Archange[9] dans la Bible. Ma famille n'est pas très religieuse, mais j'ai fait ma première communion et ma confirmation. J'aimais le nom parce qu'il me représentait, mais en un peu plus sérieux.

Mon objectif était de trouver un canal dont je pourrais devenir un membre en bonne et due forme. Un endroit où passer le temps et mettre la main sur des *warez*. Je remarquai quelques canaux où l'on cherchait de nouveaux membres. J'en choisis un qui s'appelait «#WarezIWC» et découvris bientôt qu'on y recrutait des pirates afin de pénétrer des réseaux informatiques. Une fois qu'un réseau était infiltré, le groupe y entreposait ses *warez*.

En passant un peu de temps sur #WarezIWC, j'appris un fait important à propos d'Internet : les endroits qui possédaient les plus vastes réseaux et la plus grande largeur de bande étaient des établissements d'enseignement, comme les universités, et

---

9. Archangel Michael, en anglais. (N.D.T.)

les grandes entreprises. Les universités représentaient des cibles de choix parce que, contrairement aux grandes sociétés, elles ne disposaient pas des ressources nécessaires pour surveiller et protéger convenablement leurs réseaux. Une seule personne possédant une connexion téléphonique lente ne pouvait servir de point de téléchargement pour des *warez*. Il faudrait trop de temps pour que les gens obtiennent leurs logiciels piratés. Afin de cacher les *warez*, il fallait dénicher un de ces grands centres à larges bandes. Alors, on pouvait révéler à ses collègues où se trouvait la cachette et tous pouvaient télécharger à volonté, en amont et en aval.

On dit que lorsqu'on demanda au légendaire voleur de banque Willie Sutton pourquoi il dévalisait des banques, il répondit : « Parce que c'est là que l'argent se trouve. » Les pirates s'infiltraient dans les réseaux universitaires et commerciaux parce que c'était là que se trouvaient les bandes les plus larges. Sur Internet, la largeur de bande représente la monnaie. Et aussi le pouvoir.

Je voulais à tout prix adhérer à IWC et apprendre à infiltrer des réseaux. Ça semblait amusant. Et j'avais aussi l'impression que les gens qui s'y retrouvaient étaient le genre de personnes que je cherchais à contacter depuis la première fois que j'avais été éjecté d'AOL. IWC, en fait, était une bande de pirates. Ils étaient loyaux les uns envers les autres et œuvraient ensemble. Je travaillais en solitaire depuis plus de deux ans et j'étais déçu par la lenteur de mes progrès. Je voulais trouver un endroit où je me sentirais chez moi. Mais, encore une fois, je n'avais rien à offrir à IWC. Je n'étais qu'un jeunot qui avait utilisé de simples outils de piratage pour fomenter des problèmes sur AOL. Je n'avais aucune compétence, et je ne disposais d'aucun *warez*. Je ne leur servais à rien. Mais cela n'allait pas m'arrêter.

J'expédiai un message au propriétaire du canal, qui avait pour surnom Drakus, afin de lui dire que je voulais faire partie du groupe. Je lui demandai de me montrer comment accéder à des ordinateurs sans autorisation. Il me répondit qu'il cherchait des gens qui savaient *déjà* comment faire ça. Il n'avait que faire des marmots.

Plutôt que de prendre ce rejet au sérieux, je décidai d'être persistant et de montrer à Drakus à quel point j'étais déterminé. Je lui expédiai message sur message, lui disant que j'étais résolu, que j'apprenais vite et que j'étais passionné. Il céda finalement et décida de commencer à m'enseigner des éléments de base pour voir si je pouvais réellement apprendre rapidement. Selon les résultats, dit-il, je pourrais devenir membre. J'avais finalement l'occasion de faire mes preuves.

Drakus m'invita dans un forum de discussion privé bondé de membres d'IWC et de quelques autres recrues. Je reçus de lui un message personnel m'expliquant en quoi consistait le réseau, à quels canaux il fallait éviter de causer des ennuis et de qui il fallait se méfier. Au début, je n'avais aucune idée de quoi il parlait. J'étais là pour apprendre, alors pourquoi me servait-il autant de mises en garde? Était-ce vraiment dangereux à ce point?

Je croyais que l'IRC était un réseau de conversation en ligne comprenant une certaine part de piratage anonyme. Rien de bien terrible, en somme. J'étais tout à fait naïf. Drakus me démontra qu'il y avait en ligne des gens qui avaient le pouvoir d'éteindre des ordinateurs, d'effacer des données, de créer des outils malveillants, de voler des renseignements personnels, de modifier des cotes de solvabilité, et bien davantage. Tout cela de derrière un écran d'ordinateur! Malgré tout, un autre voile venait d'être soulevé, et j'étais plus emballé qu'effrayé. AOHell me semblait soudain si loin, si simple et si stupide. J'étais chez les pros. Les vrais pirates, le vrai danger. Le vrai pouvoir.

Drakus m'indiqua que si je voulais progresser plus rapidement, je devais installer Linux, un système d'exploitation ouvert, sur mon ordinateur. Il me mettait à l'épreuve; il voulait savoir si je pouvais me débrouiller avec un système d'exploitation plus complexe. Mon expérience avec DOS m'aida à naviguer entre les obstacles et, bientôt, Linux était installé sur mon ordinateur et fonctionnait à merveille. Maintenant, je devais prouver que j'étais capable d'exécuter quelques attaques simples.

Je me sentais un peu plus près de réaliser mon rêve: devenir un véritable pirate.

***

Comme chaque utilisateur d'ordinateur le sait, tous les logiciels commerciaux comportent des bogues. Ce sont des lacunes ou des défauts présents dans le code du logiciel, et qui

La naissance de l'archange Michael

peuvent engendrer des problèmes tels que le célèbre «écran bleu de la mort[10]» de Windows. Aux yeux des pirates, les bogues sont terriblement importants. En découvrant des lacunes et des bogues dans les applications logicielles populaires, les pirates conçoivent des façons de les exploiter afin de s'infiltrer dans les ordinateurs qui font fonctionner ces logiciels. Les entreprises informatiques cherchent constamment à combler les lacunes et à réparer les bogues avant que les pirates puissent mettre au point des moyens d'en tirer profit. C'est un combat sans fin. Souvent, les pirates ont une longueur d'avance et exploitent les lacunes à fond avant que les compagnies et les administrateurs réseau aient pu les combler.

Drakus m'informa que ma prochaine épreuve allait consister à faire fonctionner ces outils d'exploitation pour infiltrer des réseaux à très large bande. Il s'agissait d'accéder au segment racine, le passe-partout, en quelque sorte, donnant accès à un ordinateur en particulier sur un réseau, ou même au réseau tout entier. On pouvait lancer un outil d'exploitation, qui consistait à un segment de code ou à une application, pour attaquer un point vulnérable précis. Ensuite, si tout allait comme prévu, on pouvait accéder au segment racine.

On me donna le programme d'exploitation et je commençai à chercher sur le Net des réseaux vulnérables. En un sens, je traversais des arrière-cours avec un pied-de-biche pour voir si je ne trouverais pas des portes ou des fenêtres entrouvertes. (D'habitude, un outil d'exploitation est un peu plus élégant qu'un pied-de-biche, mais le résultat est le même : il permet de forcer l'entrée.) Je découvris bientôt d'autres programmes plus petits que je pouvais utiliser pour dépister rapidement les réseaux vulnérables. J'épargnais de cette façon beaucoup de temps.

Quand je trouvais une bonne cible, j'amorçais un balayage de réseau, puis démarrais l'outil d'exploitation. Quand tout allait bien, je m'emparais du segment racine, le Saint-Graal. Si le serveur que j'infiltrais était lié à un réseau possédant une très large bande passante, j'avais accompli un bon coup pour

---

10. Selon Wikipédia, l'écran bleu de la mort se réfère à l'écran affiché par le système d'exploitation Microsoft Windows lorsqu'il ne peut plus récupérer d'une erreur de système ou lorsqu'il a atteint un point critique d'erreur fatale. (N.D.T.)

le groupe. Je me consacrais à cette activité le plus souvent possible, passant la plupart de mes soirées à balayer les réseaux et à mettre en route des programmes d'exploitation. Je démontrai à Drakus que j'étais passionné et que je pouvais réellement passer ces tests de base. Je ne codifiais encore rien ni ne concevais de nouvelles attaques, mais j'avais déjà appris bien davantage que tout ce que je savais auparavant sur le fonctionnement d'Internet – et sur ses lacunes.

Je fis rapidement des progrès tout en gagnant le respect des autres membres d'IWC, dont je devins membre à part entière une semaine seulement après avoir été recruté. Ayant acquis ce statut, je consacrai encore plus de temps au groupe. Je considérais cette activité comme un travail sérieux et, en conséquence, je commençai à laisser de côté mes travaux scolaires et à me préoccuper de moins en moins de l'école. Chaque matin, je faisais mes devoirs à la hâte pendant le trajet en autobus. Mes notes chutèrent quelque peu, mais pas suffisamment pour sonner l'alerte. Je ne me souciais pas autant des arts, des sciences ou de l'histoire – ce qui m'importait, c'était l'avenir. En ce qui me concernait, cet avenir, c'était Internet.

À ma cinquième année du primaire, il y avait aussi un ordinateur chez ma mère, mais je n'avais pas la permission de m'en servir. Après plusieurs longues journées passées à tenter de convaincre ma mère et mon beau-père, ils décidèrent m'en laisser l'accès, mais avec certaines restrictions. Un soir très tard, ils découvrirent que j'étais encore à l'ordinateur. Ce fut la goutte qui fit déborder le vase. Ils virent à quel point je pouvais facilement passer une journée entière à l'ordinateur et ils jugeaient que c'était malsain. Ils ne me laissèrent donc l'utiliser que de temps en temps, ce qui était extrêmement contrariant.

Même avec un accès restreint à un ordinateur, je mis peu de temps à grimper dans la hiérarchie d'IWC. J'étais fermement résolu à devenir un pirate informatique respecté. J'adorais avoir des défis à relever. Je réalisai bientôt que je devais acquérir des compétences en matière de programmation pour progresser afin de devenir un vrai pirate. Je me mis à lire des livres sur la programmation C, sur la programmation Pearl, sur la mise en réseau d'ordinateurs, sur tous les sujets que je pouvais trouver. Avec ces connaissances, je commençai à concevoir des applications simples qui fonctionneraient sur mon ordinateur. Il s'agissait de tests pour voir si je pourrais rédiger un programme qui fonctionnerait réellement. Je conçus un logiciel me permettant de tenir à jour ma collection de cartes de hockey, un outil simple grâce auquel je pouvais classer mes cartes par année et par compagnie. Le programme fonctionna. J'étais au septième ciel. Je venais de franchir une autre étape.

Entre-temps, je m'efforçai de me lier d'amitié avec d'autres pirates et de faire d'Archangel un nom connu sur l'IRC. Il me fallut du temps. La plupart des pirates ne voulaient rien savoir des gens qu'ils ne connaissaient pas. Au fur et à mesure que je gagnais la confiance d'autres pirates, j'obtins de plus en plus de codes et d'applications, ce qui contribua à me rendre plus menaçant. J'étais également invité, désormais, à prendre part à des discussions sur des canaux privés.

Si je désirais tant être respecté et reconnu, ce n'était pas parce que je manquais d'attention à la maison ou à l'école. J'avais une famille aimante et des tas d'amis. Souvent, les gens se représentent les jeunes pirates comme des solitaires ayant peu d'entregent, mais ce n'était pas mon cas. J'étais même allé jusqu'à changer d'école pour pouvoir participer à plus d'activités parascolaires.

Jusqu'à l'âge de 11 ans, je n'avais fréquenté qu'une école privée. Mais après avoir déploré l'absence d'activités non académiques à l'école, ma mère accepta de m'inscrire à Sunnydale, une école publique, dès le début de ma sixième année. Fréquenter cette école représentait un énorme changement pour moi. J'étais excité à l'idée de me retrouver parmi un plus grand nombre de jeunes et d'avoir accès à toute une gamme de sports et d'activités d'équipe. Je croyais que l'école publique m'ouvrirait les portes d'un monde nouveau.

Ma mère me conduisit à l'école par une magnifique journée ensoleillée de septembre.

– Amuse-toi bien, c'est ta première journée d'école, me dit-elle après avoir remarqué à quel point j'étais à la fois nerveux et emballé.

Je l'embrassai sur la joue et me frayai un chemin jusqu'à la cour de récréation. Les enfants couraient dans tous les sens. J'eus d'abord l'impression que l'école publique était un lieu de liberté. Il n'y avait pas de code vestimentaire, et personne ne nous demandait de nous comporter comme si nous n'étions pas des enfants. Je demeurai quelques minutes à l'entrée de la cour en cherchant une façon de m'intégrer aux autres élèves, mais je ne connaissais personne. J'entrai dans l'école à la recherche de ma salle de classe, espérant y trouver de nouveaux amis. J'avais en tête de choisir mon pupitre et de voir qui s'assoirait près de moi, mais la pièce était déjà presque pleine. Je dus prendre un des derniers pupitres libres et espérer que les choses se passent le mieux possible. Aussitôt assis, le jeune qui occupait le pupitre voisin me regarda avec un sourire aux dents cerclées de broches orthodontiques.

– Salut, je m'appelle Nick, dit-il. Je ne t'ai jamais vu avant. Es-tu nouveau ici ?

– Oui, répondis-je. C'est ma première journée. Je m'appelle Michael.

L'enseignante annonça qu'elle allait accorder à la classe une demi-heure pour bavarder et s'échanger des nouvelles avant le début du cours. Nick commença à me poser des questions sur les sports, puis je sentis un tapotement sur mon épaule et me tournai pour voir un jeune Noir maigrelet qui affichait un grand sourire.

– Joues-tu au football ? me demanda-t-il.

– Ouais, je pratique tous les sports.

Il me dit qu'il s'appelait Brian et qu'il jouait au football avec un groupe de jeunes à l'heure du dîner. C'était exactement ce que je voulais entendre. J'étais passé à l'école publique pour pouvoir pratiquer plus de sports et me débarrasser de mon étouffant uniforme d'école privée. À ma première journée, je m'étais apparemment fait deux nouveaux amis, Nick et Brian. J'avais déjà l'impression d'avoir pris une excellente décision en changeant d'établissement.

Au cours de l'année, Nick, Brian et moi sommes devenus les meilleurs amis du monde. Nous vivions à cinq minutes de distance à bicyclette les uns des autres et passions presque toutes nos journées ensemble. Je n'étais pas un quelconque solitaire qui restait cloîtré à l'intérieur. Tous les trois, nous partions à bicyclette dans les bois et jouions au football et au basket-ball. Je découvris bientôt que Nick et moi avions une passion commune : les ordinateurs.

À peu près tous les jeunes s'adonnaient aux jeux vidéo, mais nous partagions une passion pour tout ce qui touchait les ordinateurs. Nick était le seul de mes amis qui les comprenait. Quand nous n'étions pas en train de pratiquer des sports ou de nous promener à bicyclette, Nick et moi nous accroupissions devant le premier ordinateur que nous trouvions. Nous nous entendions également bien parce que nous avions tous deux des frères plus âgés, que nous idolâtrions. J'avais Lorenzo, et le frère de Nick s'appelait Phil. Nous étions convaincus que nos frères étaient les jeunes les plus cool du monde et nous nous efforcions d'agir et de nous vêtir comme eux.

Ma maison était séparée de celle de Nick par un petit boisé. Nous avions pris l'habitude de nous rencontrer au milieu de ce boisé, puis de nous rendre chez lui ou chez moi. Chez Nick, sa mère nous offrait constamment de la nourriture et des boissons. C'était une des personnes les plus gentilles que j'ai jamais rencontrées. Son père, un dentiste, travaillait la plupart du temps, mais il était tout aussi sympathique et accueillant que sa femme. La famille de Nick était toujours heureuse de me voir, et mes parents éprouvaient le même sentiment à son égard. C'était un garçon poli et amical.

À part les membres de ma famille, Nick et Brian étaient les personnes les plus importantes de ma vie.

En septième année, en raison de notre passion pour les ordinateurs, Nick et moi choisîmes le seul cours d'informatique à notre disposition : le cours de dactylographie. C'était ennuyeux et facile, mais tout ce qui nous importait, c'était d'avoir accès à des ordinateurs. Nick était aussi fasciné que moi par ceux-ci. La dactylographie était le seul moyen pour nous d'obtenir notre « dose d'ordinateur » à l'école. Nous étions impatients de prendre des cours d'informatique ensemble à mesure que progressait le cours secondaire. Nous constations aussi à quel point nos frères aînés régnaient sur l'école, et Nick et moi parlions du jour où ce serait notre tour.

Même si nous partagions beaucoup d'informations sur les ordinateurs, Nick ne sut jamais exactement ce que je faisais quand je passais mes week-ends chez mon père. Le temps que je passais seul à l'ordinateur était sacré à mes yeux. J'alimentais mon obsession en soutirant des secrets à tout un chacun, y compris à Nick. Quand j'avais découvert AOL, Internet ne représentait qu'une partie de ma vie. Mais, lentement, il prenait le dessus sur tout le reste.

Comme tous les jeunes qui veulent paraître cool à l'école, je souhaitais acquérir la même réputation en ligne. J'étais ambitieux : j'avais pour but de m'assurer que mon nom se perpétuerait à tout jamais dans la communauté du piratage. Je voulais que mon pseudonyme soit mentionné au cours des discussions concernant les meilleurs pirates de l'IRC. Je savais que ce but serait difficile à atteindre, mais je n'avais jamais autant souhaité quelque chose de toute ma vie.

Souvent, il me paraissait impossible d'acquérir les connaissances et le statut des pirates d'élite. Pourtant, je n'y ai jamais renoncé. Jour et nuit, le piratage occupait mon esprit. Même éloigné de mon ordinateur, je ne pensais qu'à ça. Il m'arrivait souvent de rêvasser en classe et de me demander avec angoisse si je reviendrais à la maison pour découvrir que tous mes réseaux sur l'IRC avaient été infiltrés et que j'avais été chassé de mon groupe de piratage. Chaque seconde que je passais loin de mon ordinateur représentait du temps que je ne consacrais pas à apprendre ou à me protéger des attaques d'autres pirates.

Un tas de gens étaient meilleurs que moi et ils auraient pu gâcher tout le travail que j'avais réalisé jusque-là. Ils pouvaient attaquer mon ordinateur et en effacer complètement les données, ou encore découvrir mon véritable nom et me causer des ennuis dans le monde réel. Ils pouvaient trouver les réseaux que j'avais infiltrés et m'en interdire l'accès. Je faisais des progrès, mais je n'étais pas ce qu'on aurait pu appeler un pirate d'« élite ».

Ma vie loin de l'ordinateur était encore suffisamment importante pour que je ne sois pas prêt à la sacrifier afin de concrétiser mes objectifs en tant que pirate informatique. Mais tout cela était sur le point de changer.

Chapitre 8

Aveuglement

Melissa, une amie de l'école, était à l'autre bout du fil, mais je ne comprenais pas ce qu'elle disait. Je pressai le combiné contre mon oreille pour mieux entendre. Ses paroles étaient entremêlées de sanglots et il était pratiquement impossible de les entendre clairement, mais je pouvais saisir un mot qui revenait sans arrêt.

— Nick... Nick... Nick... Oh, Nick...
— Calme-toi, Melissa, dis-je. Calme-toi. Qu'est-ce qui s'est passé?

Elle mit quelques secondes à se ressaisir.
— Nick est mort, dit-elle.
— C'est une mauvaise blague ou quoi?! répliquai-je en hurlant. Parce que, vraiment, je ne trouve pas ça drôle.
— Non, Michael, ce n'est pas une blague. Il a été renversé par une auto, dit-elle avant de se remettre à sangloter.

Je me laissai tomber à la renverse sur mon lit. J'avais le téléphone à l'oreille, mais je n'entendais plus Melissa. C'était le vide absolu. Puis une profonde tristesse prit possession de mon corps tout entier. À mesure qu'elle m'envahissait, j'essayai de la repousser en me convainquant que tout cela n'était qu'une blague.

Puis, j'entendis un double bip. Un appel en attente. J'espérai que quelqu'un d'autre m'appelait pour me dire de ne pas croire Melissa. Je passai à l'autre ligne.

— Hé, mon vieux, as-tu entendu la foutue nouvelle?!

C'était la voix de Brian. Il était surexcité. Melissa pouvait à peine émettre des mots, mais Brian me criait pratiquement dans les oreilles. Il semblait avoir perdu la raison.

C'est à ce moment que je compris vraiment qu'il ne s'agissait ni d'une blague ni d'un mauvais tour au téléphone. Je nous branchai en conférence téléphonique, et Brian et Melissa commencèrent à me raconter ce qui s'était passé.

Nick se trouvait chez son voisin. Ils jouaient dans une allée entourée de la neige qui s'y était accumulée pendant une tempête récente. Les chasse-neige avaient déblayé les rues, laissant des bancs de neige sur le bas-côté. Il y avait des angles morts partout. À un moment donné, Nick a couru vers l'extrémité de l'allée et une voiture est arrivée au moment exact où il mettait le pied dans la rue. Le conducteur n'avait aucune idée qu'il se trouvait quelqu'un derrière le banc de neige. Il n'a jamais vu venir Nick.

J'avais 12 ans, et mon meilleur ami venait de mourir. C'était la première fois qu'une telle chose m'arrivait. Je ne parvenais pas à comprendre comment Nick pouvait avoir soudainement disparu alors que tous les autres étaient encore là. J'appris la nouvelle à ma mère qui en fut bouleversée. Elle adorait Nick. Tout le monde adorait Nick. Ce soir-là, on confirma la nouvelle au bulletin régional. Nick était vraiment mort.

Le lendemain, tous, à Sunnydale, savaient ce qui était arrivé. J'entretenais encore le vague espoir qu'il s'agissait d'une tragique erreur. J'essayais de me convaincre que Nick allait faire son entrée dans la classe d'une seconde à l'autre. Comme nous étions ses meilleurs amis, les gens n'arrêtaient pas de venir vers Brian et moi pour parler de Nick. Ils voulaient le retrouver à travers nous, mais j'avais l'impression de n'avoir rien à leur dire.

L'école organisa une rencontre avec un psychologue pour que les amis de Nick puissent encaisser le choc de sa mort. Brian et moi y allâmes; la pièce était bondée. Je ne comprenais pas comment chacune de ces personnes pouvait avoir été touchée par sa mort. Je me disais que tous ces gens faisaient semblant d'être tristes seulement pour manquer les cours. Je parcourus la pièce des yeux pour voir qui avait réellement connu Nick, qui se souciait vraiment de sa disparition. Je décidai que la plupart de ces jeunes n'avaient rien à faire là. J'étais perclus de chagrin, mais la colère l'emporta quand je dus m'asseoir et écouter les gens qui ne connaissaient pas Nick raconter à quel point c'était dur pour eux. Brian et moi, ses meilleurs amis, demeurions silencieux pendant que ces jeunes n'en finissaient plus d'exprimer leur souffrance. J'aurais voulu leur crier : « Allez vous faire foutre ! Personne d'entre vous n'était même de ses amis ! Foutez le camp d'ici ! »

Toute cette situation m'enrageait. À mes yeux, ces gens n'avaient pas le droit d'être en deuil. Seulement une poignée d'entre nous connaissions vraiment Nick et avions de l'affection pour lui. Les autres n'avaient aucune idée de ce que nous avions perdu. J'avais cessé de nier sa mort et, maintenant, j'avais sombré complètement dans la colère suscitée par la peine. Toute cette mise en scène m'écœurait. Tandis qu'ils parlaient, je refoulai mes émotions et me concentrai sur le fait que Nick n'allait jamais revenir, ce qui ne fit qu'augmenter mon amertume.

Après l'école, je me rendis chez Nick. Je voulais absolument voir sa famille, même si je redoutais le moment où j'allais me retrouver devant sa mère. C'était une des personnes les plus gentilles que j'ai connues. Comment était-il possible qu'elle perde son plus jeune enfant ? Il me semblait que toutes les émotions que j'avais refoulées à l'école étaient sur le point de jaillir. Je ne voulais pas accabler la mère de Nick de mes propres sentiments.

Elle m'ouvrit la porte. Les larmes dévalaient sur ses joues. Elle réussit à me sourire en m'invitant à entrer. Même si son garçon de 12 ans venait d'être tué, elle continuait d'agir comme une mère ; elle ne voulait pas que je sois triste. Nous nous assîmes et elle m'expliqua les circonstances de l'accident, mais bientôt nous nous mîmes tous deux à pleurer tandis qu'elle me racontait à quel point elle aimait Nick. Je l'aimais aussi, lui dis-je.

On nous demanda, à Brian et à moi, de porter le cercueil de Nick. Après la cérémonie à la synagogue, nous le portâmes jusqu'à un corbillard et suivîmes tout le monde au cimetière. Je n'avais jamais assisté à des funérailles juives auparavant, et j'ignorais que, selon la tradition, les gens jetaient tour à tour une pelletée de terre pour remplir la fosse dans laquelle on avait descendu le cercueil. Le bruit du sable et des cailloux frappant le couvercle était assourdissant. Jamais rien ne m'avait semblé plus bruyant. Nick disparaissait littéralement sous mes yeux. Il n'allait jamais revenir.

Je me sentais brisé. Non seulement mon cœur, mais chaque partie de mon corps et de mon esprit. Je ne pouvais croire que ma vie, ni même le monde autour de moi allaient demeurer les mêmes. Chaque soir, je priais pour obtenir de l'aide, pour que Nick revienne, pour que je me sente à nouveau normal. J'avais le sentiment d'être inutile. Rien n'allait changer quoi que ce soit à ce qui s'était produit.

Nick fera toujours partie de moi. Encore aujourd'hui, Brian et moi nous rendons à sa tombe le jour de l'anniversaire de sa mort. J'y suis parfois allé à d'autres moments et j'y ai rencontré sa mère. Je m'assurais toujours de lui dire que Brian et moi n'oublierions jamais Nick. Chaque fois que je la croise, je suis conscient du fait que j'ai vieilli, ce que Nick n'a jamais pu faire. La seule chose pour laquelle je prie maintenant, c'est avoir la chance de le revoir quand je mourrai.

***

Nick étant décédé, je n'avais plus d'ami intime avec qui partager ma fascination pour les ordinateurs. En conséquence, ma vie en ligne se dissocia encore davantage de celle qui se déroulait dans le monde réel. L'école non plus n'était plus la même sans Nick, et je commençai à moins me soucier de mes cours et de mes notes. Les ordinateurs et Internet devinrent mon refuge, l'endroit où j'allais pour oublier la perte de Nick. Mon ambition de devenir un pirate informatique tourna alors à l'obsession. Je m'éloignai de l'école et de mes amis et m'enfonçai encore plus profondément dans l'univers du piratage.

La colère et la peine que j'éprouvais à la suite de la mort de Nick m'avaient laissé dans un état d'aveuglement; je ne me rendais pas compte que j'essayais de me perdre dans le monde virtuel. C'est pourquoi, plus je progressais dans le monde des ordinateurs et d'Internet, plus ma situation empirait dans le monde réel.

Mes notes commencèrent à baisser et j'acquis la réputation d'un fauteur de troubles. J'avais toujours obtenu d'excellents résultats en mathématiques, mais les autres disciplines m'ennuyaient. Je ne voyais pas leur utilité. Je commençai à répliquer aux enseignants, à lancer des gommes à effacer en classe, bref, à faire n'importe quoi pour passer le temps, pour repousser l'ennui. Je ne le réalisais pas à l'époque, mais c'est de cette façon que j'exprimais la colère qu'avait suscitée en moi la mort de Nick. Nous nous étions rencontrés à l'école et nous y étions devenus amis. Sans lui, l'école dégringola sur la liste de mes priorités. J'avais l'impression d'avoir trouvé une nouvelle bande d'amis en ligne, à savoir Drakus et les autres membres d'IWC et de l'IRC. Brian et moi demeurâmes des amis proches, mais je savais que je m'éloignais de ce que je percevais désormais comme mon ancienne vie insouciante.

Maintenant, j'étais convaincu que mon foyer était l'IRC. C'était aussi un endroit où je pouvais exprimer une partie de ma colère. Quand je répliquais à un prof à l'école, il me punissait. Si les choses allaient vraiment mal, on prévenait mes parents. Même si j'étais conscient des dangers sur l'IRC, je n'avais pas à respecter autant de règles ni à me préoccuper de ce que mes parents me feraient. Je me laissai aller à dire en ligne tout ce que je ressentais, et je commençai à élaborer de plus en plus d'attaques. Je représentais le cas classique d'un adolescent qui extériorise ses émotions après avoir subi une perte grave. La différence, c'était que je le faisais surtout en ligne.

L'archange faisait un retour en force.

Chapitre 9

Appelez-moi Mafiaboy

Un jour, en huitième année, je rentrai à la maison pour découvrir qu'une de mes plus grandes craintes s'était réalisée.

Je me branchai sur le canal d'IWC avec l'intention de rencontrer Drakus et les autres, mais je ne le trouvai nulle part. Plusieurs jours passèrent sans que Drakus se manifeste. Les autres membres d'IWC et moi commençâmes à nous inquiéter. Qu'était-il arrivé à Drakus, notre leader? Dans ces circonstances, la nature virtuelle d'Internet devient irritante. Je n'avais ni son numéro de téléphone ni son adresse. Je ne connaissais même pas son vrai nom. Nous avions passé tant de temps ensemble en ligne! Tout à coup, il avait disparu. Je n'avais aucun moyen de découvrir ce qui lui était arrivé. Personne sur IWC ne savait quoi faire. Au bout de quelques semaines, nous décidâmes qu'il valait mieux nous saborder; notre groupe avait perdu son leader. Et si quelqu'un pouvait éjecter Drakus d'Internet, il était sans doute préférable que nous continuions chacun de son côté et que nous coupions tout lien avec lui.

C'est ce jour-là que je devins une sorte de mercenaire. Je travaillais en solitaire. Je n'avais aucune protection, je ne faisais partie d'aucun groupe. La perte de Drakus et d'IWC était loin d'être aussi dévastatrice que la mort de Nick, mais elle renforçait ma détermination nouvelle à toujours m'occuper de moi-même. Les gens que j'affectionnais ne seraient pas toujours là, alors je devais résoudre mes propres problèmes. La mort de Nick m'avait entraîné plus loin sur la voie du piratage, et la disparition de Drakus eut le même effet.

Il ne suffisait pas, pour mettre fin à l'ambition d'un pirate, d'appuyer sur un bouton. J'avais encore beaucoup à apprendre, et je n'allais pas laisser cette déception faire dérailler mes efforts. Je voulais être le meilleur, et je pris la résolution que rien n'allait m'en empêcher.

Je passai les mois suivants à étudier davantage la programmation et la réseautique, et à m'emparer de plus de réseaux. Je réalisai bientôt qu'il était stupide de s'adonner seul au piratage parce qu'on restreignait ainsi ses ressources et sa base de connaissances. J'avais perdu les partenaires de confiance à qui j'envoyais auparavant des messages et demandais des commentaires ou des conseils. Il fallait que je trouve un autre groupe.

La seule manière d'être recruté au sein de groupes d'élite était de me bâtir une solide réputation. Je ne connaissais qu'une seule façon d'y parvenir : la guerre. J'allais me servir de mes réseaux les plus puissants pour attaquer les pirates et les groupes les plus connus. Ainsi, j'obtiendrais leur respect. Je n'avais jamais lancé une attaque d'envergure auparavant, et le fait que cette attaque ciblait des gens compétents était effrayant. Si j'échouais et que je perdais les réseaux qui se trouvaient sous mon contrôle, c'en serait fini d'Archangel. Tout le monde saurait qu'on m'avait «eu». L'entreprise comportait des risques, mais j'avais néanmoins l'impression que je devenais un véritable pirate, que j'étais capable de m'attaquer seul à des groupes plus importants. C'était un moment critique pour moi. Ou bien je réussirais et trouverais une place au sein d'une équipe plus talentueuse, ou bien j'échouerais et reviendrais à la case départ.

Je décidai de viser haut dès le début et lançai une attaque pour m'emparer de #exceed, le plus important canal de l'EFnet. Il comptait environ 3000 membres réguliers. L'entretien du canal était depuis longtemps assuré par un groupe de pirates connu sous le nom de Madcrew.

Il pouvait être facile de s'emparer d'un canal, mais cela dépendait de la rapidité et de la puissance de l'attaque. Cela dépendait aussi de la prudence des propriétaires (ou opérateurs). Sur tous les canaux, on peut voir qui sont ces derniers parce qu'il y a un «@» devant leur nom. La plupart du temps, les pseudonymes comportant un @ sont en réalité des ordinateurs de différents réseaux qui ont été infiltrés, puis modifiés pour agir à titre d'opérateurs. On les appelle « robots ». Personne n'est assis devant ces ordinateurs à leur dire quoi faire. Ils ont été piratés et on y a installé un code de réseau de robots qui les fait automatiquement agir en tant qu'opérateurs sur le canal.

Pour m'emparer d'#exceed, je passai en revue tous les opérateurs pour voir si un des ordinateurs présentait une faiblesse que je pourrais exploiter. Quand j'en eus trouvé au moins un, je lançai un programme que j'avais déniché, appelé Hunter, pour m'emparer de la connexion de cet ordinateur. Puis je lui commandai d'accorder un statut d'opérateur à mon réseau personnel de robots, un ensemble de serveurs appartenant d'habitude à une université que j'avais infiltrée. Une fois mes propres robots installés en tant qu'opérateurs sur le canal, je m'empressai de retirer le rôle d'opérateur aux robots des propriétaires précédents. Mon réseau de robots était suffisamment vaste pour que je puisse éjecter du canal tous les membres de Madcrew. C'était une attaque rapide. J'eus les mains moites pendant toute l'opération. Y aurait-il une contre-attaque que je n'avais pas prévue ? quelque chose que j'ignorais ? Je fus rongé par l'anxiété jusqu'à ce que soit éjecté le dernier opérateur de Madcrew. En quelques minutes à peine, tout fut terminé.

Après m'être emparé d'#exceed, je modifiai le message thématique du canal de conversation en ligne pour faire savoir à tous que je venais d'acquérir Madcrew. Le canal m'appartenait. Archangel avait frappé. Cette prise de contrôle provoqua un tollé chez les gens de l'IRC, mais je réussis à tenir le coup pendant un certain temps, démontrant ainsi mon pouvoir.

J'éprouvais une telle fierté que je continuai à guerroyer avec d'autres groupes de pirates connus. La seule manière de grimper dans la hiérarchie et d'être reconnu était d'éjecter les gens. Je m'y consacrai entièrement et j'eus bientôt le sentiment de posséder un réel talent pour construire des « réseaux de zombies » et m'emparer de canaux. Mais toutes mes attaques n'étaient pas couronnées de succès. Je subis des dommages. Certains de mes réseaux de zombies furent temporairement fermés quand des gens lancèrent des attaques de déni de service pour m'éjecter.

Une attaque de déni de service se produit lorsqu'on bombarde quelqu'un d'une multitude de demandes de services jusqu'à ce qu'il doive fermer son réseau. C'est comme si vous envoyiez une foule de gens se précipiter dans un petit immeuble d'où personne ne peut sortir. Après un moment, plus personne ne peut bouger. Quand cela se produit, un réseau se trouve effectivement fermé. Je constatai l'efficacité de cette attaque. J'en avais entendu parler auparavant – c'était comme procéder à des éjections en étant bourré de stéroïdes, alors c'était attrayant à mes yeux – et je résolus d'en apprendre davantage sur le sujet. Il fallait que j'ajoute les dénis de service à mon répertoire.

À la fin de ce que je considérais comme ma croisade personnelle, je m'étais emparé de 12 canaux et avais infiltré 3 bandes de pirates différentes. J'étais content des résultats. Mais quelqu'un quelque part m'avait-il remarqué ? Allais-je demeurer seul pour toujours ?

Finalement, un des groupes les plus importants, connu sous le nom d'Alpha, communiqua avec moi. Ils avaient entendu parler de moi, et mon travail les avait impressionnés. Ils m'invitèrent à me joindre à eux et j'acceptai. Je devins officiellement membre d'Alpha. J'avais de nouveau une équipe. Mieux encore, j'étais parvenu seul à m'y faire une place.

Alpha avait des assises bien plus solides qu'IWC. Le groupe comportait 14 membres et contrôlait 6 canaux importants. C'était exactement ce dont j'avais besoin, et je démontrai rapidement ma valeur en m'emparant de groupes rivaux qui représentaient une menace pour ma nouvelle équipe. Les autres membres m'aidaient aussi à parfaire mes compétences. Ils m'apprirent de nouvelles notions concernant les ordinateurs, la réseautique et le piratage, et me laissèrent me servir de leurs propres outils d'exploitation. Je possédais davantage de connaissances et de matériel qu'auparavant. Et j'avais aussi acquis un statut.

J'étais maintenant âgé de 13 ans et, au cours des sept années précédentes, d'enfant de six ans apprenant à tâtons les commandes DOS tout en se divertissant, j'étais devenu un pirate reconnu, un membre d'un des meilleurs groupes sur l'IRC. C'était la plus grande réalisation de ma jeune vie, et je n'hésitais pas à m'en glorifier en ligne.

Je me joignais à des canaux peuplés de pirates bavardant en ligne et, immédiatement, quelqu'un disait : « C'est un membre d'Alpha. » Dès cet instant, tous savaient qui j'étais. C'était comme porter les couleurs d'un gang. Les gens s'écartaient de mon chemin. Ils me traitaient avec respect. Ils me craignaient.

Je me baladais en ligne avec une toute nouvelle attitude. Mon enfance était bien révolue. C'était pour moi une énorme transition, et je décidai qu'il était temps d'envoyer Archangel au paradis. Ce surnom m'avait bien servi pendant des années, mais il était lié à mon enfance. Je ne voulais pas que cette étiquette me colle à la peau. Je commençai à songer à de nouveaux pseudonymes, mais aucun ne m'accrochait.

Un jour, je démarrai mon ordinateur et commençai à surfer. Sans m'en rendre compte, je fonctionnais sous un autre pseudonyme. Mon frère utilisait mon ordinateur pour télécharger de la musique et il avait choisi un surnom pour exercer ses activités : « Mafiaboy ». Je l'ai aimé aussitôt que je l'ai vu. *Mafiaboy*. Je me souviens d'avoir fixé les lettres. À ce moment, je décidai que ce serait ma nouvelle identité. J'adorais les films de gangsters et trouvais que Mafiaboy était un surnom qui sonnait bien et qui était intimidant, le genre de nom qu'un membre de gang porterait. Il exprimait une irrévérence semblable à celle qui s'emparait de moi, parfois, depuis la mort de Nick. J'étais résolu à prendre un nouveau départ avec Mafiaboy. Comme Lorenzo avait déjà créé un compte avec une adresse électronique chez un fournisseur d'accès Internet de Montréal, je créai une autre adresse électronique avec le nom d'un autre fournisseur.

Il ne me restait qu'une chose à faire pour bien faire connaître mon nouveau nom. Je me connectai et j'avertis mon équipe : « Appelez-moi Mafiaboy. »

Archangel était mort. Vive Mafiaboy.

Chapitre 10

Je suis TNT

« Tu seras toujours un bon à rien. »
Je me souviens avoir été assis dans le bureau du directeur, en neuvième année, quand il a prononcé ces mots. À ce moment, j'ai réalisé que l'école n'était pas faite pour moi. Depuis la mort de Nick en septième année, mes notes et mon comportement n'avaient cessé de se détériorer, mais en entendant tout mon avenir défini de cette façon, je baissai les bras. Ma vie scolaire se désintégrait.

Les profs et le directeur avaient pris leur décision à mon sujet, et je leur avais fourni mille raisons de le faire. Je résolus d'accepter le fait que personne n'attendait rien de bon de ma part. Je représente un problème ? On me qualifie de fauteur de troubles ? D'accord, alors pourquoi ne pas agir comme tel ?

La neuvième année était une année décisive. Je me souciais de moins en moins de ce que pensaient de moi les gens à l'école. Il était plus facile de continuer de sombrer que de faire l'effort de changer les choses. Tout ce qui concernait l'école me semblait inutile. J'étais convaincu que j'allais me bâtir une réputation avec les ordinateurs et le piratage, et je me fichais bien de trucs sans importance comme le nom de la capitale du Portugal. Je laissais tout cela aux autres. Je savais déjà ce que je voulais être. Je savais qu'un jour j'allais montrer à tous de quoi j'étais vraiment capable.

Tout au long de l'année, je fus suspendu plusieurs fois de l'école pour mauvaise conduite, et j'obtins des résultats médiocres dans tous les cours, sauf en maths. On me demanda finalement de quitter Sunnydale à la fin de l'année scolaire.

Le directeur ne voulait pas que je revienne en dixième année, alors il m'a expulsé la dernière journée d'école. Je me chamaillais amicalement dans le corridor avec un autre élève quand un enseignant qui passait par là pensa à tort que nous nous bousculions réellement. Une fois que je fus dans le bureau du directeur, celui-ci m'annonça que j'avais bousillé ma dernière chance. « Va te trouver une autre école, fauteur de troubles. »

J'étais heureux de quitter cette école et je m'inscrivis à l'école secondaire Riverdale pour ma dixième année. À ce moment, ma mère ne savait plus que faire de moi. Elle accepta finalement de m'autoriser à aller vivre chez mon père. Mon frère Lorenzo y avait emménagé pour quelques mois et j'étais emballé à l'idée de le rejoindre. Je retournais auprès de mon frère dans un milieu plus permissif, et ce changement signifiait, de plus, que j'allais avoir un ordinateur à ma disposition en tout temps. Je pourrais réaliser ce que j'avais toujours voulu faire. Je passai l'été de 1999 à assimiler toutes les notions sur lesquelles j'avais pu mettre la main et à infiltrer autant d'ordinateurs et de réseaux que possible.

***

Au début de cet été-là, j'infiltrai le réseau appartenant à Outlawnet Inc., un fournisseur d'accès Internet de l'Oregon. À mes yeux, ce n'était qu'un autre réseau que j'avais réussi à infiltrer. En réalité, j'appris plus tard qu'Outlawnet était dirigé par des élèves de la Sisters High School. Ils avaient construit et entretenu leur fournisseur de services Internet dans le cadre d'un projet de groupe. Les jeunes consacraient du temps à s'occuper des serveurs, à traiter avec les clients et à approfondir leur connaissance d'Internet. C'était le type de projet auquel j'aurais adoré participer à l'école.

J'appris plus tard qu'en début d'après-midi du mardi 8 juin, les élèves tentèrent d'ouvrir une session sur un de leurs serveurs et découvrirent que l'accès leur en avait été interdit. Au départ, ils pensèrent que leur serveur était tout bonnement tombé en panne, mais ils réalisèrent bientôt qu'il ne s'agissait pas d'une panne ordinaire. Quelques-uns d'entre eux allèrent trouver Jon Renner, l'enseignant responsable du projet, qui constata par lui-même que le serveur principal était inaccessible et que des fichiers avaient été effacés.

Je m'étais infiltré dans leur réseau et m'étais emparé de leurs serveurs. Je me souviens bien de ce fournisseur parce que je l'avais utilisé sans arrêt cet été-là. Il était raisonnablement puissant et me permettait aussi de déguiser mon adresse de protocole Internet. Je pouvais me frayer un chemin à travers Outlawnet, puis pénétrer dans un forum de discussion sur l'IRC et faire en sorte que ma connexion semble provenir de fbi.gov ou d'une autre adresse. J'utilisais ce serveur pour brouiller les pistes, mais, à un certain moment, je m'aperçus qu'il contenait un journal de mes activités, que je m'empressai d'effacer pour me protéger. C'est probablement peu après que les élèves ont remarqué que les choses ne tournaient pas rond dans leur serveur. (Il m'arrivait rarement d'effacer le contenu d'un serveur que j'avais infiltré parce que ce geste pouvait en lui-même attirer l'attention.)

Le 14 juin, le FBI prit l'affaire en main. Renner lui transmit les journaux du serveur infiltré, et des agents s'attelèrent à la laborieuse besogne d'analyser le trafic entrant et sortant. C'était comme s'ils suivaient des empreintes dans la neige. En les suivant jusqu'à leur point d'origine, le FBI espérait trouver la source de l'attaque, la personne responsable.

C'était une tâche ardue qui exigeait énormément de temps. Je m'étais profondément infiltré dans le réseau d'Outlawnet par l'entremise d'une série d'ordinateurs. Le FBI avait de nombreuses pistes à suivre. Ce n'est qu'en décembre qu'ils découvriraient que l'attaque provenait du Canada. Ce même mois, le FBI communiqua avec le caporal Marc Gosselin de la Gendarmerie royale du Canada. Les représentants du FBI lui apprirent que leurs investigations les avaient conduits jusqu'au réseau appartenant à Sprint Canada. Mandat en main, le caporal Gosselin soutira des renseignements à Sprint Canada et suivit la piste jusqu'à un fournisseur d'accès Internet de Montréal, Delphi Supernet. Il découvrit que le compte auquel il s'intéressait avait été fermé des mois plus tôt à la suite de plusieurs actes de piratage. Bien que ce compte fût inactif, le caporal Gosselin put toutefois obtenir des renseignements sur son ancien propriétaire.

« Gosselin avait restreint la source de l'attaque à une maison de briques cossue de deux étages, d'un vert écume de mer, sur la rue du Golf... », mentionnait l'auteur Dan Verton dans son livre intitulé *The Hacker Diaries: Confessions of Teenage Hackers*, qui raconte en détail l'incident survenu à l'école secondaire Sisters et l'enquête, dont je faisais l'objet, qui s'ensuivit.

Cette piste conduisit le caporal Gosselin jusqu'à la maison de mon père. Par manque de preuves, il ne put mener à terme le dossier de la Sisters High School. Mais le lien entre la maison de mon père, le compte fermé et l'école Sisters fournit au FBI suffisamment de motifs pour appeler mon père et le mettre au courant des activités qui se déroulaient chez lui. Leur stratégie se révéla inefficace : mon père jugea ce coup de téléphone étrange et peu crédible. Il n'avait aucune idée de ce qu'était le piratage, et ne croyait pas que ses enfants puissent se rendre coupables d'une telle chose. Mon père connaît bien les affaires, mais il ne touche pas aux ordinateurs. Voici ce dont il se souvient de cette conversation de 1999 :

– Puis-je parler à monsieur Calce, s'il vous plaît ?

– Lui-même, répondit mon père.

– Je vous appelle au nom du gouvernement américain...

– Qu'est-ce que ça a à voir avec moi ?

– Je voudrais vous informer de certaines activités qui se déroulent chez vous.

– De quelles activités parlez-vous ?

– Nous avons des raisons de croire que des activités de piratage se produisent chez vous.

– De piratage ?

– Quelqu'un se sert d'un ordinateur pour obtenir un accès non autorisé à des réseaux stratégiques.

– Je suis désolé, mais je sais à peine me servir d'un ordinateur et il n'y a personne ici qui pourrait faire une chose pareille, dit mon père. Il doit s'agir d'une erreur.

– Une enquête est présentement en cours.

– Parfait, vous pouvez procéder à votre enquête. Il n'y a ici que deux jeunes garçons qui s'adonnent à des jeux électroniques, et moi-même, ajouta-t-il. Vous devez avoir commis une erreur. Merci et bonne journée.

Puis mon père raccrocha, quelque peu perplexe. Après réflexion, il décida qu'il était temps d'annuler l'abonnement téléphonique Internet de la maison. Sa décision me contraria, surtout parce qu'il ne m'expliqua pas vraiment les raisons de son geste. Mais j'avais déjà à ma disposition quelques comptes Internet volés, alors je me servis plutôt de ceux-là. Pour moi, la vie poursuivait son cours ; je n'avais aucune idée que la GRC et le FBI étaient venus si près de m'attraper.

À ce moment, l'enquête à l'école Sisters avait été classée. Le caporal Gosselin et ses homologues du FBI l'ignoraient alors, mais l'enquête concernant cet incident, baptisée Opération Claymore, allait, quelques mois plus tard, les lancer à la poursuite de Mafiaboy et les ramener à notre maison.

***

Mon arrivée à l'école secondaire Riverdale représentait un changement de lieu, mais les choses étaient les mêmes. Ma réputation m'y avait suivi, et mon comportement ne s'améliora pas. Je continuai d'être la terreur de la classe, sauf au cours d'informatique. Pendant que les autres jeunes apprenaient les langages de programmation de base, Pascal par exemple, je me tenais au tableau et écrivais des programmes en C, un langage plus sophistiqué. Le prof voyait à quel point je travaillais d'arrache-pied tout seul et m'encourageait à poursuivre sur cette voie. C'était le seul cours pour lequel je déployais des efforts. À l'extérieur de l'école, je jouais au basket-ball les week-ends, flânais avec des amis et continuais de travailler en ligne jusqu'aux petites heures du matin. À mes yeux, il s'agissait du parfait mélange entre une vie normale d'adolescent et mes activités dans le monde virtuel.

À 15 ans, j'avais déjà le sentiment d'avoir atteint plusieurs de mes objectifs sur Internet. Mafiaboy était renommé sur l'EFnet, j'avais infiltré des centaines sinon des milliers d'ordinateurs sur de grands réseaux, écrit plusieurs de mes propres applications et entretenu de nombreux canaux IRC.

J'étais heureux de mener deux vies distinctes. Le soi-disant monde réel demeurait important pour moi, mais Internet prenait de loin une plus grande place. Ce changement de priorités constituait mon secret. Sur Internet, je n'éprouvais pas le poids des règlements, des parents ou des considérations relatives à l'âge et aux aptitudes. J'avais œuvré seul pour établir la réputation de Mafiaboy, pour en faire une puissance sur l'IRC. Il était moi, mais il était aussi ma créature.

C'était comme si nous étions deux personnes différentes. Il y avait Michael Calce, le fils loyal, l'ami et le frère. Un jeune de 15 ans qui aimait le hockey et le basket-ball et qui flânait avec ses amis. Puis il y avait Mafiaboy, le pirate mystérieux et dangereux de l'EFnet qui possédait des canaux, infiltrait des réseaux et pouvait vous éjecter d'Internet en un clin d'œil. J'avais des fantasmes qui rappelaient la vie des héros de bandes dessinées ; je devais éviter que mon identité secrète soit découverte par les gens qui me connaissaient comme étant Michael Calce. S'il arrivait un jour qu'on fasse le lien entre ces deux individus, je savais que cela signifierait la fin de Mafiaboy. Je serais éjecté d'Internet – cette fois de manière permanente par mes parents. Ce serait une fin embarrassante et malheureuse pour l'audacieux pirate informatique connu sous le nom de Mafiaboy.

Entre-temps, j'avais une fois de plus réussi à grimper dans la hiérarchie de la communauté des pirates de l'EFnet. J'avais attiré l'attention d'un autre groupe de pirates, plus sophistiqué, et j'abandonnai Alpha. Je faisais maintenant partie de TNT/PHORCE, un des groupes les mieux connus sur l'IRC. C'était un groupe privé auquel on n'adhérait que sur invitation. Un des éléments qui avaient attiré TNT/PHORCE vers moi était ce que certains appellent le « *packet power* ». Les paquets sont de petites grappes d'informations ; les données sont ainsi réparties pour se déplacer sur Internet. J'avais à ma disposition un si grand nombre d'ordinateurs infiltrés sur le grand réseau que je disposais d'une importante largeur de bande. À tout moment, je pouvais me servir de ma largeur de bande pour attaquer un canal ou une personne.

Les gens de TNT me voulaient, et voulaient aussi mes réseaux. J'étais au comble de la joie. Sur l'IRC, cette invitation équivalait à être repêché par les Canadiens de Montréal ou par les Yankees de New York. Le groupe entretenait un « #shells », un canal IRC bien connu des pirates. La maîtrise de ce canal représentait un important symbole de reconnaissance. Il montrait que vous aviez du pouvoir.

Personne parmi les membres de TNT ne connaissait ma véritable identité. Par ailleurs, j'étais sans doute le plus jeune d'entre eux. Comme dans toute bonne organisation, chacun avait un rôle à jouer au sein de la structure de commandement. Parmi mes acolytes, des gens portaient des pseudonymes comme Phifli, Adpro, str69ger (alias str), Jedi, Mshadow et tabi. Certains étaient des spécialistes en programmation. Ils concevaient des applications et des outils d'exploitation et constituaient, en réalité, l'équipe de recherche et développement ou le service de renseignements du groupe. D'autres, comme moi, se spécialisaient dans l'infiltration de réseaux ainsi que dans la mise à l'essai et le raffinage des outils. Nous étions les soldats.

Un des préjugés les plus persistants qui furent entretenus à mon sujet jusqu'ici est que je ne savais pas comment rédiger un code. Je savais. J'avais même conçu des codes pour un ami de mon père qui possédait une compagnie de technologie. J'admets toutefois que ce n'était pas ma spécialité. D'autres personnes, comme str69ger, étaient bien meilleures que moi. Souvent, je prenais leurs codes et y apportais des modifications après les avoir testés. Mais je ne pouvais pas m'approprier aveuglément des logiciels et des outils d'exploitation et les améliorer sans d'abord comprendre leur fonctionnement.

En fait, le codage était le langage universel de TNT. Il le fallait, puisque 70 % de nos membres étaient Russes. L'anglais ne fonctionnait pas toujours. Quand nous nous retrouvions ensemble sur un canal, nous nous exprimions dans un mélange de terminologie de réseautique et d'Internet, de texto et de fragments de codes. Et, oui, de langage ordurier.

Il va sans dire qu'il y avait dans un pareil groupe quelques ego d'envergure. Les principaux canaux de l'IRC où se tenaient les pirates affichaient surtout des vantardises, des insultes et des vulgarités. Le vrai travail se faisait sur des canaux privés, avec des gens de confiance. Ces grands canaux servaient à échanger des banalités, et je dois avouer que j'en étais un important participant. Ma position au sein de TNT et le pouvoir inhérent qu'impliquait celle-ci me rendaient plus audacieux. Je savais qu'il existait d'autres groupes et d'autres pirates possédant de solides connaissances, mais j'avais le sentiment que nous étions les meilleurs – que j'étais l'un des meilleurs, et je n'hésitais pas à le faire savoir aux autres.

Avec le recul, je constate qu'en ligne j'étais assez prétentieux. C'était facile de se conduire ainsi, caché derrière un écran d'ordinateur, surtout que je bénéficiais d'une grande largeur de bande et qu'une équipe solide m'appuyait. TNT était semblable à une famille en ce sens que nous nous aidions les uns les autres. Mais notre structure était aussi militaire. Chacun devait respecter la hiérarchie et connaître son propre rôle.

***

L'équipe de TNT/PHORCE
Str69er (alias str) – Un des leaders de TNT. C'était un Russe qui écrivait dans un anglais approximatif et consacrait son temps à la programmation plutôt qu'aux attaques. Il était assez solitaire et ne parlait pas aux gens qu'il ne connaissait pas. Mais si l'un d'entre nous avait besoin d'aide en matière de programmation, c'était lui qu'il fallait consulter. Il n'hésitait pas à partager son code privé de «*botpack*». Il s'agissait du code qui permettait d'entretenir un réseau de robots. Str69er était également membre du canal «#!adm», un des groupes d'exploitation les plus féroces. Parmi les outils d'exploitation utilisés sur l'EFnet, beaucoup étaient créés par ce groupe. Cela signifiait que nous avions toujours à notre disposition les plus récents outils d'exploitation, dans la chasse aux nouveaux réseaux à infiltrer.

Dreamwalker – D'origine russe également, il parlait peu anglais. Même s'il était l'un des fondateurs de TNT, il en était un des membres les moins actifs. Il se manifestait parfois pour prendre des décisions, puis disparaissait. Dreamwalker parlait rarement à quiconque; il ne s'adressait qu'aux autres membres russes de l'équipe.

Adpro (alias proda) – L'un des leaders, et le directeur du groupe au quotidien. Il avait le pouvoir de recruter de nouveaux membres ou d'expulser des membres existants, même s'il avait rarement recours à cette dernière solution. Adpro était très détendu et diplomate. C'était également notre trésorier, mais plutôt que d'argent, il s'occupait des coquilles – les comptes piratés que nous nous étions appropriés sur divers réseaux. C'était souvent à Adpro que revenait la responsabilité de choisir les canaux ou les utilisateurs que nous allions attaquer sur l'EFnet. Il voyait dans l'attaque un dernier recours ; le plus souvent, il tentait plutôt de convaincre les opérateurs de céder leur canal pour éviter une guerre. Parfois, l'approche diplomatique fonctionnait. (Je préférais la situation contraire.)

Jedi – Un soldat qui ne respectait aucune règle ou limite, ce qui signifiait qu'il était souvent mon complice. Comme moi, Jedi était un fantassin qui possédait beaucoup de *packet power*. Il était moins grande gueule que moi, mais il se laissait atteindre facilement par des gens qui ne faisaient pas partie de TNT. Si quelqu'un disait ou faisait quoi que ce soit qui le mettait en colère, c'était parti. Il commençait à charger ses réseaux de zombies et déclenchait une attaque. Jedi ne craignait personne. Je pense qu'il habitait en Floride, mais je n'en ai jamais été certain.

Mshadow – Un des rares membres de TNT qui n'était pas un pirate. Il avait réussi à adhérer au groupe grâce à ses importantes relations sur l'EFnet. Pratiquement tous les groupes le connaissaient, de même que les principaux opérateurs de réseaux. Ainsi, il pouvait se rendre utile en utilisant ses contacts pour expulser des gens de l'IRC ou les bannir de certains réseaux. D'habitude, il était assez calme et froid, mais il posait constamment des questions d'ordre privé, une chose dont, personnellement, je me méfiais. C'est probablement de cette façon qu'il avait réussi à connaître tant de gens. Il connaissait Mafiaboy, mais tout ce qui concernait Michael ne le regardait pas.

Phifli (alias Mikey) – Un programmeur de talent. Phifli ne se préoccupait pas des batailles ; tout ce qui l'intéressait, c'était de rédiger des codes. Sur mon insistance, il allait rédiger Trinoo, un outil de déni de service qui m'inspira énormément quand je commençai à songer à ma série d'attaques majeures. Même s'il ne participait pas aux attaques, Phifli adorait s'emparer de canaux. Et il avait la gentillesse de laisser ses camarades de TNT mettre à l'épreuve les outils qu'il avait développés. Nous en tirions un énorme avantage.

Venial – Il n'était pas un membre officiel, mais il se tenait avec nous et nous aidait à réaliser des prises de contrôle. À mon avis, c'était un des meilleurs pirates sur l'EFnet en matière de guerre. Venial pouvait à lui seul lancer de vastes attaques de déni de service et s'emparer de groupes de pirates. Nous travaillions souvent ensemble à des prises de contrôle et nous nous entendions bien. Venial tolérait très mal les bavardages inutiles et sortait rapidement l'artillerie lourde si quelqu'un le froissait ou remettait en question ses aptitudes.

Atomic – Le seul membre de TNT dont je me souvienne qui ait été expulsé de l'équipe. D'après la rumeur, il avait laissé couler des renseignements à un autre groupe de pirates. Adpro s'en était rendu compte et l'avait banni de TNT. Son expulsion fit peu de bruit, même au sein de notre équipe, et personne ne posa vraiment de questions. Cette décision relevait d'Adpro.

Tabi – Un membre féminin qui n'était pas non plus un pirate. C'était la grande comédienne au sein de TNT. Tabi ne prenait aucunement part aux batailles qui faisaient rage, mais elle jouait un rôle important en s'occupant de l'entretien de phorce.net. Ce site représentait le CNN du piratage sur l'EFnet. Si on s'emparait d'un canal ou d'un autre utilisateur, l'information se retrouvait là. Les pirates adoraient faire la une de phorce.net. Tabi débordait d'énergie et elle insufflait de l'humour dans le groupe. Ses messages se terminaient toujours par un émoticon souriant, mais elle ne craignait pas de se vanter devant les autres groupes d'appartenir à TNT, ce qui donnait souvent lieu à des batailles. Il m'arrivait fréquemment de recevoir d'elle des messages comme : « Mafffia [sic], il y a des gars qui me harcèlent sur #vanity ☹ au secours svp. » Alors, je me rendais sur le canal en question et j'éjectais les gens, ou bien je prenais le contrôle du canal. J'étais souvent son protecteur, un rôle que j'aimais bien.

***

Il y avait sur l'EFnet une multitude d'équipes, petites et grandes. Un tas de pirates indépendants fréquentaient également le canal et y provoquaient des problèmes. Beaucoup de gens de la vieille école sur l'EFnet nous considéraient comme une bande de jeunots sans principes semant la pagaille. Mais les membres de TNT étaient d'âges très variés, et ils étaient loin d'être seuls lorsqu'il s'agissait d'engager des batailles et de dire des conneries. L'EFnet débordait de gens qui lançaient des attaques de déni de service, se dérobaient des pseudonymes et s'échangeaient des comptes d'utilisateur réseau ainsi que des *warez*. C'était là le groupe dont je faisais partie. Certaines personnes ne considèrent pas ce que nous faisions comme du vrai piratage. Tout le monde a droit à son opinion, mais je sais à quel point nous nous sommes échinés, moi et les autres, à apprendre la programmation et l'infiltration de systèmes.

Les pirates qui fréquentaient l'EFnet étaient très nombreux et certains d'entre eux faisaient des choses que, même moi, je trouvais choquantes. Ils infiltraient l'ordinateur et les réseaux d'un pirate rival et affichaient tous ses renseignements personnels sur phorce.net. Vous pouviez y trouver le véritable nom d'une personne, des renseignements sur sa famille ou sur son compte bancaire, et même les papiers d'immatriculation de son véhicule automobile. J'y ai vu des listes de contraventions de stationnement ainsi que des numéros d'assurance sociale. Quand vous faisiez l'objet d'une telle attaque, elle pouvait être dévastatrice – et elle se retrouvait à la vue de tous sur phorce.net. Même si les batailles et les argumentations avaient lieu en ligne, elles pouvaient avoir des conséquences dans le monde réel.

Je n'étais pas toujours aussi prudent que j'aurais dû l'être, mais il ne m'est jamais arrivé d'être humilié sur phorce.net, qui appartenait à un autre pirate. Toutefois, j'ai bénéficié d'une certaine reconnaissance sur phorce.net pour m'être emparé de canaux. J'en étais fier, mais cette reconnaissance me rendait aussi arrogant. Je commençai à me sentir invincible, comme si j'avais à portée de main tout un segment clandestin d'Internet. Il est dangereux de penser détenir un tel pouvoir, en particulier à un âge où on est loin d'être assez mature pour en saisir les vastes enjeux. La loi et ses conséquences ne m'ont jamais effleuré l'esprit. Je me trouvais sur une voie dangereuse.

J'étais totalement obsédé par les batailles qui faisaient rage entre différents groupes sur l'EFnet. J'avais à peine le temps de dormir. Si j'avais laissé mes canaux sans protection, si je n'avais pas demandé à un de mes camarades de TNT de les surveiller, il aurait été facile pour quiconque de s'en emparer. C'était un cauchemar que j'essayais constamment d'éviter. Je songeais souvent à ce qui était arrivé à Drakus, à la manière dont il avait disparu.

Les luttes permanentes entre les équipes de pirates sur l'EFnet amenaient les gens à s'acharner sans relâche à créer de nouveaux outils d'exploitation et d'attaque. Il leur fallait innover pour conserver leur position. Le déni de service représentait un des domaines d'innovation les plus courants et, au fil du temps, il devint ma méthode d'attaque favorite.

Les attaques de déni de service existaient depuis des années sous forme d'outils comme WinNuke, Teardrop et BMB. WinNuke était apparu en 1997 et permettait de prendre le contrôle d'un ordinateur ou d'un serveur roulant sous Windows 95, Windows NT ou toute version antérieure du système d'exploitation Windows. Votre cible se retrouvait avec le célèbre « écran bleu de la mort ». En somme, vous éteigniez son ordinateur et la forciez à réinitialiser l'appareil. C'était une version plus sophistiquée de l'éjection. Les premiers outils de déni de service avaient pour conséquence d'éjecter une personne d'Internet en la bombardant d'immenses quantités de données jusqu'à ce que son système soit paralysé.

Les applications simples comme WinNuke n'étaient efficaces que sur des cibles fonctionnant sous Windows, ce qui constituait une restriction. Les gens qui hantaient l'EFnet n'étaient pas que des utilisateurs ordinaires utilisant Windows 95. Ils fonctionnaient sous Linux ou sous d'autres systèmes fondés sur UNIX, qui étaient plus complexes et mieux protégés que Windows. C'était pour cette raison que, des années auparavant, Drakus avait commencé par m'enjoindre d'installer Linux sur mon ordinateur. Si je n'avais pas été en mesure de réussir cette installation, j'aurais dû abandonner tout bonnement l'idée de devenir pirate.

Vers la fin des années 1990, on avait l'impression qu'un nouvel outil de déni de service faisait son apparition chaque mois. Aussitôt qu'un tel outil voyait le jour, quelqu'un en créait un autre, plus sophistiqué et plus difficile à contrer. Des outils comme Smurf, Slice, Stream et d'autres programmes apparurent. Ils étaient plus raffinés et vous permettaient de vous emparer de cibles plus importantes qu'un simple ordinateur ou serveur.

Les pirates se servaient quotidiennement de ces outils pour se « fermer » les uns les autres et tenter de prouver qui avait davantage de pouvoir. C'est là qu'entrait en jeu mon *packet power*. J'avais suffisamment de largeur de bande et de serveurs sous la main pour que le risque de prise de contrôle soit minime. Il en était de même pour l'ensemble de TNT. Nous étions bien protégés, mais cela pouvait changer à n'importe quel moment. Si un programmeur avont mis au point une nouvelle attaque, nous aurions été cuits.

En réalité, il s'agissait d'une course aux armements. Nous essayions de voir quel missile pourrait aller plus loin, plus vite et transporter une charge plus destructrice. Plutôt que des ogives, nous utilisions des paquets. C'était à qui disposait de la plus grande largeur de bande et du plus grand nombre de serveurs, et à qui emploierait les meilleurs logiciels au cours des attaques.

Cette bataille dominait ma vie. Les enjeux me semblaient tellement plus élevés que ceux d'un examen d'histoire ou d'un match de basket-ball. Ces choses paraissaient de plus en plus triviales, mais il fallait que je préserve les apparences. Si mes parents découvraient la nature des activités auxquelles je me livrais en ligne, ils mettraient fin à mon accès à Internet.

Même si les outils de déni de service sont aisément accessibles à un tas de gens, il n'est pas si facile qu'il le paraît de lancer ce type d'attaque. Il faut tenir compte de nombreux facteurs, comme les routeurs, les filtres, les pare-feu, les ports, les largeurs de bande et autres éléments techniques. Pour préparer la meilleure attaque possible, il nous fallait nous concentrer sur la cible visée. On ne pouvait simplement charger une de ces applications et s'attendre à expulser quelqu'un comme par magie grâce à nos compétences et à nos réseaux. Cela nécessitait des connaissances, une planification et une exécution convenables. Je travaillais d'arrache-pied à tout cela, et chaque attaque que je lançais m'en apprenait un peu plus.

En 1999, Phifli, un autre membre de TNT, créa un nouvel outil de déni de service. Celui-ci s'appelait Trinoo, et c'était une bête féroce. Il était en mesure de modifier l'assise même du pouvoir sur l'IRC. J'avais encouragé Phifli à œuvrer sur un nouvel outil qui pourrait augmenter l'intensité d'une attaque de déni de service tout en rendant celle-ci plus facile à lancer et à contrôler.

Après que Phifli m'a refilé Trinoo, je le chargeai sur environ 150 réseaux et le mis à l'essai contre des groupes et des pirates rivaux. Les résultats furent plus qu'impressionnants. En quelques minutes seulement, je pus fermer 30 serveurs sur des réseaux à large bande passante. Grâce aux réseaux que je possédais déjà et à la manière dont j'adaptai Trinoo, j'acquis encore davantage de pouvoir. Je faisais fermer de puissants serveurs et piratais des canaux. Cela fit de moi une cible fort attrayante, et il en était de même pour TNT dans son ensemble. D'autres équipes s'efforcèrent d'utiliser Trinoo de la même façon. La course aux armements s'intensifia.

Maintenant, des groupes de pirates s'alliaient pour contrecarrer TNT et nous éliminer. À un certain moment, nous nous aperçûmes qu'une autre équipe importante, Core, était en train d'être décimée. À la fin des attaques, Core avait perdu tous ses canaux, et ses membres durent se disperser. Nous nous sommes alors empressés de recruter les meilleurs d'entre eux. L'un d'eux avait pour pseudonyme « T3 ». C'était un « *botmaster* » ou « *botherder* », c'est-à-dire un pirate doué pour maintenir des réseaux de robots. Adpro communiqua avec lui, et T3 se joignit à nous.

J'éprouvais quelques soupçons à l'endroit de T3, et ce n'était pas seulement parce qu'il provenait d'une équipe rivale. Il me posait souvent des questions qui, à mon avis, étaient trop personnelles. Il était aussi extrêmement arrogant, même à mes yeux. T3 était talentueux, mais il refusait d'entendre ce que les autres membres de TNT avaient à dire au sujet de la programmation ou de l'entretien des réseaux de robots. Plusieurs mois après son arrivée, j'allais prendre part, avec lui, Mshadow et une autre personne, à une discussion en ligne qui reviendrait plus tard me hanter. J'aurais dû demeurer soupçonneux et garder mes distances vis-à-vis de Mshadow et de T3, mais ma grande gueule fut plus forte que moi, comme d'habitude.

***

Alors que les batailles faisaient rage sur l'IRC, un type plus sophistiqué d'attaques de déni de service commença à apparaître. Cette façon de faire impliquait des paquets plus raffinés (appelés paquets SYN) qui rendaient l'origine de l'attaque encore plus difficile à retracer. Je ne me suis jamais vraiment préoccupé de ce qu'on retrouve ma trace après avoir déclenché une attaque de déni de service. En réalité, la plupart du temps, je souhaitais que les gens sachent de qui provenait l'attaque. C'était une façon d'envoyer un message aux équipes rivales. Désormais, on pouvait toutefois attaquer quelqu'un, puis se retirer dans l'ombre, ce qui rendit des gens imprudents, y compris moi, qui étais plus audacieux.

En raison des nouvelles attaques de déni de service, une escalade rapide se produisit. Nous avions recruté davantage de membres et continuions à prendre de l'expansion, mais d'autres groupes s'unissaient pour former des alliances contre nous. Il m'était devenu difficile de protéger mes réseaux et nos canaux tout en lançant mes attaques. C'est pourquoi je commençai à élaborer une stratégie visant à simplifier le déclenchement des attaques de déni de service. Cette stratégie avait également pour but d'aggraver les conséquences des attaques. Trinoo avait ouvert la voie aux dénis de service coordonnés (DDoS)[11] en donnant la possibilité de lancer une attaque conjointe à partir de divers réseaux. J'avais maintenant en tête l'idée de déni de service coordonné massif (MDDoS)[12]. Trinoo gonflé aux stéroïdes.

En termes simples, mon objectif était de relier entre eux tous les serveurs de mon vaste réseau de manière à pouvoir facilement lancer une attaque à grande échelle. Plutôt que d'avoir à déclencher une attaque distincte à partir de chaque serveur, je voulais pouvoir centraliser ceux-ci et les faire fonctionner de concert. Ainsi, j'augmenterais les répercussions de mes attaques et j'épargnerais beaucoup de temps. L'idée consistait à avoir un soi-disant maître et une multitude d'« esclaves ». (On appelle souvent « zombies » les ordinateurs et les serveurs qui font partie d'un réseau de robots.)

Je voulais créer l'outil de déni de service coordonné le plus puissant qu'on ait jamais vu. Je savais ce que je voulais construire, mais j'étais également conscient qu'il me fallait m'adjoindre les services de quelqu'un dont les talents en matière de programmation étaient supérieurs aux miens. L'évolution du projet s'en trouverait accélérée, et j'aurais l'occasion d'apprendre davantage des autres personnes. Tout à coup, c'était moi qui recrutais.

---

11. Qui signifie *Distributed Denial of Service Attacks*. (N.D.T.)
12. Qui signifie *Mass Distributed Denial of Service Attack*. (N.D.T.)

J'entrai en contact avec un type dont le pseudonyme était Sinkhole. C'était le meilleur programmeur d'outils de déni de service que je connaissais. Il avait conçu Slice, un outil de déni de service populaire, et je savais qu'il était l'homme qu'il me fallait pour ce travail. Nous bavardâmes en ligne et je lui exposai mon plan. Il accepta de m'aider en codifiant l'outil, mais insista sur le fait qu'il ne voulait jouer aucun rôle dans l'infiltration de réseaux informatiques. Il adorait le défi que représentait la création d'une nouvelle application, mais n'était aucunement intéressé à l'utiliser. Quant à moi, je voulais la construire *et* l'utiliser. Nous tombâmes d'accord pour garder nos plans secrets. Je n'en parlai même pas à mes camarades de TNT. Avec Sinkhole à bord, je croyais pouvoir obtenir rapidement le moyen de mettre fin à la course aux outils de déni de service.

Sinkhole créa un compte pour moi sur son ordinateur et, à l'aide d'un outil du nom de TTYSnoop, je pus le regarder travailler en temps réel. Il réalisa la plus grande partie de la programmation. Pour ma part, j'intervins en suggérant quelques modifications. À mesure que le programme prenait forme, je le mis à l'essai sur l'EFnet. J'attaquai donc des gens pour voir le nombre de serveurs que je pouvais paralyser en même temps. Mon nouveau jouet puissant ne passa pas inaperçu. Je commençai à recevoir des messages d'autres pirates qui me posaient des questions sur ce que je faisais et, surtout, qui voulaient obtenir le code.

Au moins une cinquantaine de pirates me supplièrent de leur révéler le code et de leur donner accès aux outils, ou tout au moins de paralyser certaines cibles en leur nom. Les demandes m'arrivaient constamment, mais je les refusais toutes. C'était notre projet secret. Je n'avais pas envie de m'en servir pour régler des conflits entre d'autres personnes.

Pendant que Sinkhole raffinait son code, je m'efforçais d'étendre mes réseaux d'ordinateurs infiltrés. Aussi impressionnant que l'outil ait pu sembler, il ne pouvait à lui seul modifier l'équilibre du pouvoir. Je devais construire le plus vaste réseau possible d'ordinateurs infiltrés. Plus large serait la bande passante dont je disposerais, plus grandes seraient les répercussions de mon attaque.

Je décidai de construire trois réseaux distincts. En ayant recours à différentes applications, je pourrais constater laquelle, une fois associée à celle de Sinkhole, serait la plus puissante. Un réseau fut édifié au moyen de Barbed Wire, un autre grâce à un outil du nom de tf2k, et le dernier était relié à un outil de ma création que j'avais nommé Zilch. En fin de compte, chacun de ces réseaux comporterait plus de 200 ordinateurs infiltrés. Je dus passer de nombreuses nuits blanches pour y parvenir.

J'eus bientôt l'impression que j'allais manquer de temps. La guerre sur l'EFnet devenait hors de contrôle. Les gens se battaient pendant des heures pour s'emparer de canaux. Il y avait tellement de paquets expédiés constamment ici et là qu'il semblait que personne ne sût plus qui attaquait qui. Même TNT commençait à flancher sous les coups des groupes rivaux. Mon projet secret prit alors une dimension encore plus urgente.

À la fin de 1999, je décidai de concentrer mes efforts sur des ordinateurs reliés à des universités américaines. Leur immense bande passante et leur faible niveau de sécurité en faisaient des cibles idéales. J'infiltrai entre autres des institutions comme Harvard, Duke, Purdue, Columbia, l'Université de Californie à Santa Barbara, l'Université de Miami, l'Université du Texas, Berkeley, et l'Université de Californie à Los Angeles (UCLA). Après avoir passé deux mois à construire mes réseaux, je décidai qu'il était temps de procéder à un essai pour voir lesquels fonctionneraient le mieux contre les rivaux de TNT sur l'IRC. Pour ce faire, je devais trouver une cible d'une tout autre catégorie. Quelque chose de gros et de bien protégé.

Grâce à mes essais antérieurs avec Trinoo, je savais que les petits réseaux commerciaux ou universitaires s'effondreraient immédiatement devant ma nouvelle attaque plus puissante. Ce n'était pas ce que je souhaitais. Je voulais m'attaquer à un très grand réseau pour voir à quel point chacun de mes trois réseaux était réellement puissant. Je pourrais ensuite me servir de cette information pour perfectionner mes attaques sur l'IRC.

Il s'agissait pour moi d'un nouveau territoire. Même si, pendant des années, j'avais infiltré des ordinateurs sur différents réseaux, je n'avais jamais déclenché d'attaque contre une cible d'envergure, réputée. Mais j'étais convaincu que la seule façon de mettre à l'épreuve mes outils et mon réseau était de viser haut. Autrement, je n'obtiendrais pas les résultats dont j'avais besoin. Après quelques tâtonnements, je remarquai que les moteurs de recherche constitueraient ma meilleure cible puisque la circulation y est immense. À l'époque, Yahoo! était le moteur de recherche le plus populaire.

Nous étions au début de février 2000. Je rassemblai près de la moitié de mes réseaux et les reliai entre eux pour procéder à un essai important. Je dormais peu, j'ignorais l'école et je gardais mes plans secrets. Sinkhole n'avait aucune idée de ce que je préparais, non plus que quiconque. Je décidai que mon projet secret devait avoir un nom. Comme il visait à semer le chaos sur l'IRC, je l'appelai Rivolta, ce qui signifie « rébellion » en italien.

Si mes essais portaient leurs fruits, cela confirmerait que je possédais la puissance nécessaire pour anéantir les équipes de pirates qui grugeaient lentement la position dominante de TNT. Ma rébellion deviendrait une révolution en bonne et due forme qui modifierait à jamais la hiérarchie de l'IRC.

Mais avant que cela ne se produise, je devais attaquer Yahoo!

Chapitre 11

Rivolta : les attaques

Le 7 février 2000 était un lundi. C'était jour de classe.
D'habitude, je détestais me lever pour aller à l'école parce que, la veille, j'avais travaillé sur Rivolta et clavardé sur l'IRC jusqu'à deux ou trois heures du matin. Mais ce jour-là, je m'étais levé tôt et je procédais aux derniers préparatifs de mon assaut contre Yahoo!

Je savais que cette attaque n'aurait rien à voir avec mes attaques habituelles contre d'autres pirates. Pour cette raison, je programmai l'assaut de façon à ce que le lancement s'effectue alors que je serais loin de l'ordinateur. Ainsi, pensai-je, je pourrais dire que je me trouvais à l'école si d'autres pirates – ou la police – me posaient des questions à ce sujet.

En vérité, je m'attendais à ce que mon attaque contre Yahoo! échoue. Au départ, je voulais voir comment Yahoo! se défendrait, pour ensuite adapter et améliorer mes plans. Je savais que j'avais créé un outil puissant, mais n'avais aucune idée de sa véritable force. Je prévoyais revenir à la maison, lire le journal d'exploitation pour voir ce qui s'était produit, puis effectuer les modifications pour que mes vraies cibles ne puissent pas repousser mon assaut.

Avec le recul, je réalise que je n'avais aucune idée des répercussions possibles de ce que j'étais en train de faire. À l'époque, Yahoo! possédait un des plus grands sites et un des plus grands réseaux sur le Net. C'était aussi une entreprise multimilliardaire et un des chefs de file dans le domaine technologique. L'explosion des sites « point-com » était toujours en cours, et Yahoo! représentait une des plus importantes réussites dans ce milieu. J'aurais dû prévoir que toute attaque contre Yahoo! ferait inévitablement la manchette, même si elle échouait. Mais je ne pensais à rien de tout cela. J'avais construit un outil remarquablement puissant et je voulais le mettre à l'essai. J'étais un gamin avec un nouveau jouet.

Je terminai mes préparatifs et partis pour l'école, réfléchissant déjà à ce que j'allais découvrir en revenant chez moi.

***

Lors de son témoignage au cours d'une audience devant le Congrès américain à Washington en juin 1991, le spécialiste en sécurité informatique et auteur Winn Schwartau déclarait: « Nos ordinateurs sont si mal protégés qu'on peut pratiquement affirmer qu'ils sont sans défense. Un Pearl Harbor électronique se prépare. »

À partir de ce moment, la menace d'une attaque informatique à grande échelle était devenue une obsession pour les spécialistes en matière de défense et de renseignements. Un article paru en juillet 1995 dans le *Washington Post* portait sur les terroristes et autres ennemis ayant recours à la cyberguerre pour attaquer l'infrastructure de l'information. Cet article avait pour titre « The Pentagon's New Nightmare: An Electronic Pearl Harbor » (« Le nouveau cauchemar du Pentagone: un Pearl Harbor électronique »).

Deux ans plus tard, le secrétaire adjoint à la défense, John Hamre, témoignait dans le cadre d'une audience du Congrès américain. « Nous sommes confrontés à l'éventualité d'un Pearl Harbor électronique, dit-il. Un jour ou l'autre, il va y avoir une attaque électronique contre ce pays. »

Ces avertissements concernaient surtout la défense nationale. Mais Internet avait connu une telle expansion qu'en 1999 il faisait partie intégrante de l'économie américaine. Une attaque contre les plus grandes entreprises de commerce électronique risquait d'avoir de graves répercussions sur l'économie.

Internet touchait tous les aspects de la vie en Amérique du Nord et partout ailleurs dans le monde. Les gens commençaient à mettre en ligne des renseignements personnels. Ils effectuaient des transactions bancaires en ligne, faisaient des affaires en ligne, vivaient leur vie en ligne. S'il se produisait un événement démontrant que quelques-unes des entreprises les plus grandes et les plus respectées sur Internet étaient vulnérables, alors les consommateurs pourraient perdre la confiance qu'ils avaient à l'endroit d'Internet et commencer à s'en retirer, ce qui aurait une incidence catastrophique pour l'économie.

Mais je n'avais rien de tout cela en tête quand je préparais Rivolta. Quel ado de 15 ans se soucie des intérêts économiques des États-Unis ? J'avais échafaudé une attaque novatrice que je voulais lancer sur l'IRC et je décidai naïvement de quitter l'abri que constituait cette partie d'Internet afin de mettre à l'épreuve mes aptitudes. Je n'avais aucunement l'intention de clamer que j'étais l'auteur de l'attaque contre Yahoo ! Je pensais que je pourrais procéder à mon essai, rassembler les données nécessaires sur ce qui avait fonctionné ou non et poursuivre mes projets. Si on venait me poser des questions, je dirais que j'étais à l'école pendant l'attaque. Cela me paraissait un plan raisonnable à l'époque.

Inutile de dire que j'avais tort.

***

Extrait de *The Hacker Diaries* de Dan Verton :

« Yahoo !, un des plus grands portails d'information et un des plus importants sites de commerce électronique sur le Net, a été complètement pris par surprise. Le premier flux de paquets de données a surchargé un des principaux routeurs de Yahoo ! à des vitesses dépassant un gigaoctet par seconde, soit l'équivalent de plus de 3,5 millions de messages électroniques à la minute…

« Il s'agissait d'une attaque largement distribuée utilisant une multitude d'ordinateurs comme des pions, mieux connus sous le nom de zombies, dans le cadre de l'attaque. D'après des spécialistes de Yahoo ! qui tentaient de réprimer l'attaque, le responsable était un pirate ou un groupe de pirates extrêmement compétents… "Apparemment, l'assaillant connaissait notre topologie et avait planifié cette attaque d'envergure, écrivait un administrateur de système de Yahoo ! quelques jours après que le premier flux de paquets eut bloqué le réseau. Il semble bien qu'il s'agisse d'une attaque de déni de service coordonné et que l'attaquant soit une personne brillante et possédant des compétences supérieures à la moyenne[13]." »

Comme prévu, j'étais à l'école à 10 h.

Les cours se succédaient pendant que mes pensées demeuraient centrées sur l'attaque. En fixant le moment de l'attaque à 10 h, j'avais aussi programmé une série de tests qui se dérouleraient en arrière-plan. Ces tests me permettraient de constater l'ampleur des répercussions sur Yahoo!, de voir comment le site se défendait et d'observer les résultats dans l'ensemble. Surtout, j'avais hâte de scruter les données et de me remettre à travailler sur mes projets plus grandioses.

Il ne m'est jamais venu à l'esprit que, alors que j'étais en classe, les administrateurs de système de Yahoo! tentaient frénétiquement de garder leurs sites et réseaux en ligne et accessibles aux millions de gens qui les visitaient chaque jour. N'ayant jamais prévu ces retombées, je passai, insouciant, la journée à l'école, pendant que le chaos s'emparait des bureaux de Yahoo!

Selon les médias, Yahoo! commença à éprouver de graves problèmes après 13 h (HNE). Quelque temps après, les activités sur le site commencèrent à ralentir, puis s'arrêtèrent. Les gens qui tapaient « yahoo.com » dans leur moteur de recherche ne pouvaient, la plupart du temps, accéder au site. D'autres étaient incapables d'accéder à leur compte gratuit de courrier électronique Yahoo! Tout comme j'en avais eu l'intention, Yahoo! était inondé de paquets de données en provenance d'une multitude d'endroits. C'était une attaque de déni de service coordonné à grande échelle qui méritait d'être qualifiée d'attaque de déni de service coordonné massive.

« Les événements malheureux de lundi ont de nouveau attiré l'attention sur les risques auxquels se trouve confronté le monde fragile du commerce électronique, où des pirates peuvent obliger les plus grands magasins en ligne à fermer », rapportait l'Associated Press (AP).

Selon ce que déclara à l'AP Elias Levy, informaticien en chef chez SecurityFocus.com, un site Internet respecté sur la sécurité, « ce qu'il [fallait] comprendre, fondamentalement, c'[était] que

---

13. Traduction libre.

personne n'[était] à l'abri si Yahoo! [avait] été obligé de fermer malgré toutes les ressources dont il [jouissait] ».

J'arrivai à la maison tout juste avant 16 h et constatai rapidement que Yahoo! n'était plus en ligne. En fait, il m'était encore impossible d'accéder à son site Internet. Il était toujours fermé! Assis devant mon écran d'ordinateur, j'étais en état de choc. Ce n'était pas du tout ce que j'avais prévu. Je m'attendais à échouer et à tirer profit de l'expérience. Mais apparemment, Yahoo!, un des géants d'Internet, s'était effondré à la suite de mon attaque.

Même s'il n'avait suffi à Yahoo! que de moins d'une heure pour se rétablir complètement, les résultats soulevèrent des questions dans mon esprit : Était-ce mon attaque qui était bonne ou les défenses de Yahoo! qui étaient mauvaises? Certains spécialistes croyaient cette dernière hypothèse.

« C'est un peu bête que ça ait pris tant de temps, déclara à l'AP James Atkinson, président et ingénieur en chef du cabinet-conseil en informatique Granite Island Group. Le fait que la chose se soit poursuivie pendant des heures met en lumière un problème de gestion et d'infrastructure qui n'a aucun lien avec la technologie. La fermeture n'aurait dû durer que de 15 à 20 minutes, 30 tout au plus. »

Pendant ce temps, le National Infrastructure Protection Center du FBI émettait une déclaration selon laquelle l'organisme était « extrêmement inquiet au sujet de l'ampleur et de la signification de ces rapports ».

Je ne lisais aucun des reportages des médias. D'habitude, je ne regardais pas les bulletins de nouvelles ni ne lisais les journaux. Les sources d'information qui m'intéressaient le plus étaient phorce.net et les gens qui peuplaient les canaux de piratage de l'IRC. Alors que la presse à grande diffusion et les spécialistes en sécurité informatique formulaient des hypothèses sur ce qui s'était produit, je me connectai à l'IRC pour voir ce que pensaient mes pairs.

Je ne fus pas étonné de constater qu'une attaque contre Yahoo! avait donné lieu à une multitude de conversations. Ce qui était drôle, c'était de voir que d'autres personnes affirmaient être responsables de l'attaque. Un gars avait même affirmé avec conviction dans le forum privé de discussion de TNT qu'il en était l'auteur. Je me dis alors que c'était une bonne chose; j'étais heureux pour l'instant de laisser d'autres personnes subir la pression. (Même si, plus tard, nombre de médias ont affirmé que je m'étais vanté d'avoir fait fermer Yahoo.com ce soir-là, je ne me souviens pas qu'une telle chose se soit produite.)

Ce qui était arrivé, ce que j'avais accompli me renversait. Je ne pouvais m'empêcher d'y voir une grande réalisation. J'avais l'impression que l'immense bande passante qui se trouvait à ma disposition coulait dans mes veines, comme si les réseaux que je contrôlais s'incarnaient en moi. Je demeurai relativement discret sur l'IRC ce soir-là et ne travaillai pas beaucoup sur Rivolta. Toute l'expérience avait été si épuisante que je mourais de fatigue. Je me mis au lit tôt pour la première fois depuis des mois.

***

Je m'éveillai au petit jour le lendemain matin et me rendis immédiatement à mon ordinateur. C'est à ce moment que je découvris que quelqu'un avait frappé Buy.com au moyen d'une attaque semblable à la mienne. Encore aujourd'hui, nombre de gens croient que j'étais responsable de cette attaque, mais il n'en est rien. C'est après qu'elle se soit produite que j'ai appris qu'elle avait eu lieu. L'attaque coïncidait avec l'entrée en Bourse de Buy.com et semblait avoir pour but de faire baisser le prix des actions en cette première journée. Je n'ai jamais souhaité infliger des dommages financiers, même si je reconnais que mes attaques, en fin de compte, ont conduit à ce résultat.

En apprenant l'attaque contre Buy.com, j'eus soudain l'impression qu'un autre pirate me défiait en laissant entendre que n'importe qui pouvait faire ce que j'avais fait à Yahoo! Je pris cette attaque comme un message personnel. Armé de mon réseau de zombies, que je savais désormais incroyablement puissant, et éprouvant encore l'intense satisfaction causée par le succès de mon attaque contre Yahoo!, je résolus de répliquer. Maintenant, la situation prenait l'allure d'un jeu, d'un concours. Mais plutôt que de guerroyer face à face avec un adversaire sur l'IRC, j'entrepris un combat dont le champ de bataille était carrément public. C'était comme si une bagarre de ruelle s'était déplacée dans un centre commercial, incitant les gens et les commerces à se précipiter pour se mettre à l'abri.

En relevant ce défi, je m'exposais aux foudres de la police et du public, et cela ne pouvait entraîner que davantage d'enquêtes et de problèmes pour moi. Plutôt que de prendre le temps de préparer mon prochain test comme je l'avais prévu, je me fixai immédiatement une nouvelle cible : eBay.

Je déclenchai l'attaque en fin d'après-midi, le 8 février. Cette fois, j'étais à l'ordinateur et regardais les événements se dérouler en temps réel. L'entreprise s'effondra plus rapidement que Yahoo! et les dégâts furent encore plus considérables. Il semblait qu'il n'avait fallu que quelques minutes avant que le site ne soit paralysé. Les gens qui cherchaient des objets à acheter ou faisaient des soumissions ne pouvaient plus accéder au site. Quand je vis avec quelle facilité eBay était tombé, je résolus de ne pas prolonger l'attaque. J'avais démontré mes capacités et, fait plus important encore, j'avais recueilli davantage de renseignements sur la puissance de mes réseaux.

Satisfait de ce que j'avais accompli, je me reconnectai au canal « #shells » pour lire ce qu'en disaient les pirates. Une partie de moi souhaitait demeurer silencieuse, mais je pensais également que le fait qu'un membre de TNT, en l'occurrence moi, avait paralysé Yahoo! et eBay pourrait peut-être effrayer certains groupes de pirates. Sans en prendre conscience, je m'étais éloigné de mon but initial qui consistait à tester mes réseaux. Mes plans se modifiaient : plutôt que de lancer une attaque directe contre des groupes rivaux, je pensai qu'il serait tout aussi efficace d'admettre que j'étais responsable de ces attaques et, ainsi, de démontrer que j'en étais capable. Peut-être allaient-ils reculer en constatant à quel point j'étais puissant.

Je décidai d'intervenir dans la discussion. Personne ne me croirait si j'écrivais tout simplement que j'étais responsable des attaques. Plein de gens faisaient ça. Alors, je demandai à tous quelle compagnie, d'après eux, possédait le plus puissant réseau. Qui était impossible à faire fermer ?

Beaucoup de gens sur le canal me connaissaient et savaient que j'étais en mesure de déclencher des attaques de déni de service coordonné, mais personne ne pensait que j'étais responsable des graves assauts des derniers jours. Une personne laissa entendre qu'il serait impossible de paralyser CNN en raison du degré de sophistication de ses réseaux, de la circulation énorme qui s'y déroulait et du fait qu'il abritait une multitude d'autres sites Internet.

« OK, pensai-je, ce sera CNN. »

J'entrepris de cibler CNN et lançai l'attaque. J'attendis jusqu'à ce que le site soit complètement paralysé et retournai sur le canal.

– Allez voir sur CNN, dis-je.

À partir de là, j'observai pendant que toute une série d'interventions entrelacées, ponctuées de jurons, submergeaient le canal. C'était la panique. J'avais l'impression d'avoir fait passer mon message : quiconque pensait s'attaquer à TNT ou à moi ferait mieux d'y renoncer. Je venais tout juste de paralyser CNN à quelques minutes d'avis. Le sentiment de puissance que j'éprouvais était renversant. Et il provoquait aussi l'accoutumance. Je ne voulais pas m'arrêter là – c'était ma Rivolta, le moment où je pouvais saisir l'occasion de faire résonner mon nom à tout jamais sur l'IRC.

***

Une personne fondamentalement bonne, ou à tout le moins bienveillante, perdant tout contrôle d'elle-même et tout sentiment d'identité en acquérant tout à coup un pouvoir énorme représentait un thème courant dans les films et les dessins animés dont je me régalais dans ma vie réelle, en dehors d'Internet. Dans les dessins animés, il peut littéralement s'agir d'un superpouvoir. Une personne qui avait l'habitude de déambuler parmi ses concitoyens apprend soudain à voler et devient progressivement ivre de pouvoir. Dans un film, un bon soldat devient souvent corrompu après avoir mis la main sur une nouvelle arme extraordinaire ou un renseignement d'une importance capitale. Le message, bien sûr, est que le pouvoir absolu corrompt de façon absolue. Nous sommes humains et fragiles ; nous pouvons être manipulés et leurrés par une promesse de gloire ou de fortune.

Depuis le premier jour où, des années auparavant, j'avais expulsé pour la première fois un utilisateur d'AOL, je m'étais donné pour mission d'acquérir connaissances et pouvoir en ligne. En paralysant CNN et en dévoilant sur l'IRC que j'étais l'auteur de cette attaque, j'avais orchestré à la perfection le moment dont je rêvais depuis des années. Ce n'était pas un coup de chance; j'avais travaillé dur pendant longtemps pour y parvenir. J'étais comme le docteur Frankenstein qui s'écria: «Il vit!» C'était mon moment de triomphe.

Enivré par mon nouveau sentiment de puissance, je tombai dans le piège et me crus invincible. Pour atteindre le but que je m'étais fixé, j'ai perdu une partie de mon identité et toute notion de bien et de mal. Je n'avais qu'une idée en tête: faire de Mafiaboy une légende éternelle sur l'IRC.

Après que les gens sur l'IRC eurent constaté que CNN était paralysé, je poussai les choses un peu plus loin. «Mettez-moi à l'épreuve. Laissez-moi vous montrer de quoi je suis capable.» Je souhaitais éperdument qu'on me connaisse et qu'on m'adule, mais aussi qu'on me craigne. Même si j'avais l'impression de maîtriser complètement mes capacités, j'avais en réalité perdu tout contrôle.

Ma cible suivante était Amazon.com. Avec Yahoo!, l'attaque s'était mieux déroulée que je ne l'avais imaginé, mais il avait fallu du temps pour paralyser le réseau. CNN et eBay étaient tombés assez facilement. Amazon.com? C'était une farce en comparaison.

Ce jour-là, j'avais prolongé pendant près de deux heures l'attaque contre CNN, mais Amazon.com s'est effondré si rapidement que j'en éprouvai de la pitié. C'était comme si un hamster courant dans sa roue faisait fonctionner leur réseau. Je gardai le site paralysé pendant près d'une heure, puis cessai l'attaque. Je me sentais comme un rottweiler mettant en pièces un bichon maltais.

On m'avait mis au défi de fermer CNN.com et Amazon.com, et il ne m'avait suffi que de quelques minutes pour démontrer que j'en étais capable. Il se faisait tard et, comme la veille, l'adrénaline et le travail m'avaient épuisé. Les centaines de serveurs de réseaux que j'avais utilisés dans tous les États-Unis et ailleurs dans le monde devaient aussi être à bout de forces. Pendant des heures, ils avaient balancé des paquets de données à un rythme infernal. Je décidai de laisser reposer mes réseaux et de me détendre.

Je m'étendis sur mon lit, mais ne pus trouver le sommeil. Étais-je vraiment allé si loin? J'étais passé de l'hameçonnage et de l'expulsion sur AOL au lancement d'attaques massives de déni de service qui avaient paralysé quelques-uns des plus gros sites sur Internet. Je n'étais âgé que de 15 ans et j'avais accompli tout ça à partir de ma chambre à coucher, pendant que le reste de ma famille s'affairait dans les autres pièces en ignorant complètement ce que je faisais. En songeant aux attaques, je commençai à me demander ce qui se passait sur les canaux de l'IRC. Comment pouvais-je dormir alors qu'il s'agissait du plus grand jour de ma vie ?

Je me reconnectai à l'IRC pour constater que les bavardages allaient toujours bon train. Diverses personnes étaient en ligne, et j'avais reçu quelque 80 messages personnels dont certains provenaient de gens que je ne connaissais pas. Ceux-ci me demandaient si c'était vraiment moi qui avais fait ça. Certains d'entre eux avaient entendu d'autres personnes dire que j'étais responsable des attaques. Je ne pris pas la peine de leur répondre ; j'en avais déjà fourni la preuve aux pirates de l'IRC. La pensée que le FBI et d'autres allaient bientôt se servir de cette même preuve pour me pourchasser ne m'effleura même pas l'esprit.

Je demeurai en ligne la majeure partie de la nuit à regarder défiler les conversations sur mon écran. Mes réseaux de robots avaient fonctionné bien au-delà de mes espérances, mais je n'avais pas encore déployé toutes mes ressources. Il me restait encore un réseau à mettre à l'épreuve. À demi endormi et l'ego gonflé à bloc, je décidai de déclencher une autre attaque. J'étais déjà allé si loin qu'un pas de plus me semblait dérisoire. Le mal avait été fait, alors pourquoi ne pas terminer mon dernier test ?

Ma cible était E*TRADE. Je donnai l'ordre à mon troisième réseau de frapper le site et j'attendis pour voir si j'allais obtenir les mêmes résultats. Mon attaque handicapa gravement E*TRADE. Je maintins la pression sur le site pendant plus d'une heure avant de me traîner jusqu'à mon lit. Il approchait 7 h, et je devrais bientôt me lever pour aller à l'école.

***

« Le mystère s'épaissit alors que les pirates s'attaquent à des sites Internet plus prestigieux, affirmait l'Associated Press le 9 février 2000. Les pirates informatiques ont déclenché un assaut de trois jours contre certains des sites Internet les plus fréquentés, incommodant des millions d'internautes et épaississant le mystère entourant l'identité des agresseurs. La campagne apparemment orchestrée s'est étendue à E*TRADE, ZDNet et d'autres sites pilotes.»

L'anxiété croissante concernant la vulnérabilité d'Internet a contribué à une volumineuse vente d'actions à Wall Street et a même incité les représentants fédéraux à rassurer les Américains sur le fait que les autorités compétentes faisaient tout en leur pouvoir pour lutter contre le vandalisme en ligne.

« Nous sommes déterminés à trouver coûte que coûte les responsables », a déclaré la ministre de la Justice Janet Reno au cours d'une conférence de presse à Washington.»

De retour de l'école le 9 février, je découvris qu'un autre pirate avait frappé de la même façon le site de nouvelles technologiques ZDNet et un autre site de commerce électronique, Datek.com. Comme dans le cas de Buy.com, je n'avais rien à voir avec ces attaques. À ce moment, toutefois, nombre de gens croyaient que ces sites avaient été la cible du même groupe de pirates. Je dois avouer qu'encore aujourd'hui, je n'ai aucune idée de l'identité de ceux qui s'en sont pris à Buy.com, à ZDNet. com et à Datek.com.

Au point où j'en étais, je me souciais bien peu de ces attaques. J'avais atteint mon objectif principal qui consistait à tester mes réseaux. Je réussis également à susciter une certaine crainte parmi les groupes rivaux sur l'IRC. Mais je n'étais pas satisfait. L'élan de puissance que j'avais éprouvé la nuit précédente était toujours présent, et ces groupes rivaux n'avaient pas été anéantis. Le véritable but de Rivolta n'avait pas été atteint. Je devais aller encore plus loin.

Je connaissais maintenant le pouvoir que j'avais entre les mains, et les ennemis de TNT allaient en subir les conséquences. Au cours des jours qui suivirent, je lançai une attaque après l'autre sur l'IRC, paralysant une multitude de cibles à la fois, m'emparant d'importants canaux et expulsant nos ennemis sur Internet. Au beau milieu de mes assauts sur l'IRC, je reçus un message d'Adpro, un des leaders de TNT. Il savait que j'étais l'auteur des attaques contre CNN.com et Yahoo.com. Il avait quelque chose à me demander.

— Fais capituler Dell, dit-il.

C'était Adpro qui m'avait recruté au sein de TNT. Il était aussi ce qu'on pourrait appeler un des généraux du groupe. Il était un leader, mais pas un belliciste. Adpro représentait souvent la voix de la raison dans le groupe. Si quelqu'un voulait déclencher une guerre contre un autre groupe ou s'emparer d'un canal en particulier, c'était lui qui intervenait pour calmer les esprits. Il recherchait des solutions plutôt que la destruction. Peut-être que Dell avait tardé à lui livrer un ordinateur, ou encore Adpro avait-il vécu une mauvaise expérience avec son équipe de soutien technique et voulait se venger. Je l'ignorais et il me semblait que je n'étais pas en droit de poser des questions.

— Sans problème, lui répondis-je.

Le 12 février, j'attaquai Dell.com. Encore une fois, le site commença immédiatement à éprouver des difficultés. Je maintins la pression pendant quelques heures, puis mis fin à l'attaque. Adpro était heureux et me remercia pour le travail effectué. Fait intéressant, Dell ne reconnut pas publiquement qu'elle avait subi une attaque jusqu'à ce que le FBI communique avec l'entreprise.

À ce moment, j'avais résolu de mettre fin aux attaques sur l'IRC. Les attaques contre des sites comme Dell.com n'étaient pas prioritaires à mes yeux; je ne l'avais fait que pour aider un ami. Je retournai sur l'IRC et entrepris de planter partout le drapeau de Mafiaboy et celui de TNT. C'était mon dernier assaut, ce que je considérais comme mon véritable triomphe. J'allais encore évoquer ce que j'avais fait à CNN, E*TRADE, Amazon et Yahoo! sur les canaux de l'IRC, mais c'était la guerre sur l'IRC qui m'avait passionné le plus.

J'avais maintenant l'impression de m'être fait connaître à jamais sur l'IRC. Que les gens croient ou non que j'avais orchestré ces attaques n'avait pas d'importance. Ils savaient ce que j'avais fait sur l'IRC. Cela avait été mon objectif depuis le début. En réalité, j'avais mis environ une semaine à faire les tests et à exécuter les programmes qui m'avaient permis d'y parvenir.

Je pensais que le nom de Mafiaboy allait retentir pour toujours. D'une certaine façon – imprévue –, j'avais raison.

Chapitre 12

Recherché : Mafiaboy

Moi et ma grande gueule !

Quand j'examine les raisons pour lesquelles le FBI et la GRC m'ont soupçonné d'avoir mené les attaques, je ne peux m'empêcher de penser à ma grande gueule. Depuis la septième année, elle n'avait cessé de se faire aller, en classe, en ligne, partout ; de dire à un professeur de se taire ou de provoquer des disputes sur l'IRC par le biais de provocations sur un forum de discussion. Ma grande gueule constituait depuis longtemps une des régions les plus actives de mon corps. Au bout du compte, c'est en partie à cause d'elle que j'ai été tenu responsable de mes actes.

En ligne, je laissais souvent mes réseaux et mes actions parler pour moi. Ce fut le cas après l'attaque contre Yahoo.com, ainsi qu'après les attaques ultérieures. Malgré tout, mes actes ont été suivis de fanfaronnades sur « #shells ».

En plus d'éprouver une fierté démesurée, ce qui m'incitait à maintenir les attaques, j'adorais les fanfaronnades. Personne ne savait que j'étais un gringalet de 15 ans, dissimulé derrière son ordinateur, qui s'adonnait au piratage à partir de la maison paternelle. Je projetais l'image d'un type mesurant trois mètres de hauteur, l'image d'une menace, d'un dur à cuire. Votre pire cauchemar en ligne. C'est en agissant, mais aussi en parlant que j'avais créé cette image. En acceptant de relever le défi que consistait l'assaut contre CNN, puis celui visant E*TRADE, j'avais établi un lien direct entre mes vantardises sur un canal virtuel et mes gestes concrets dans le monde réel. J'avais impliqué Mafiaboy dans ces attaques et, par extension, je l'avais relié à celles menées contre Yahoo ! et eBay.

J'étais bien naïf ; je ne pensais pas que mes déclarations sur l'IRC puissent être dangereuses. Tout le monde frimait sur l'IRC. Pour ma part, je fanfaronnais, mais, l'instant d'après, j'appuyais mes paroles par des attaques dévastatrices contre des géants du commerce électronique. Non seulement il y avait des témoins, mais une transcription de mes paroles subsistait. N'importe qui aurait pu sauvegarder ces conversations et les refiler aux autorités.

En fin de compte, ce ne fut pas nécessaire. Il y avait déjà sur l'IRC un agent du FBI qui se faisait passer pour un pirate. Assis devant son ordinateur, il lisait les conversations à propos de CNN à mesure qu'elles défilaient à l'écran.

Moi et ma grande gueule.

***

En 1999, le Pentagone envoya William « Bill » Swallow, alors enquêteur auprès du département de la Défense, travailler à Los Angeles avec une équipe chargée de lutter contre les intrusions informatiques. Au début de sa carrière, Swallow avait surtout été affecté à des travaux d'enquête traditionnels, mais ses aptitudes à l'ordinateur contribuèrent à faire de lui l'un des principaux spécialistes en sécurité informatique du Pentagone. Peu après son entrée en fonction au FBI, Swallow et d'autres agents furent chargés de se joindre à la chasse aux pirates internationaux qui avaient lancé des attaques contre les systèmes d'information de l'OTAN[14] à la fin de mai 1999.

Dans la foulée des campagnes de bombardement de l'OTAN contre les positions serbes au Kosovo, des pirates serbes, chinois, russes et même américains attaquèrent des serveurs de l'OTAN à Bruxelles. Les attaques, lancées en guise de représailles à une bombe de l'OTAN qui frappa l'ambassade chinoise au Kosovo, réussirent à expulser d'Internet les serveurs de l'OTAN. Ainsi, l'organisme éprouva des difficultés à communiquer avec le monde par le biais de son site Internet. Fait plus important encore, les attaques firent prendre conscience au monde que les conflits internationaux, désormais, se dérouleraient aussi en ligne.

---

14. Organisation du traité de l'Atlantique Nord, aussi appelée l'Alliance atlantique. (N.D.T.)

« Dans le cadre d'une attaque électronique contre la présence de l'OTAN dans le cyberespace, des internautes serbes ont réussi à mettre temporairement hors circuit le site de l'Alliance sur le World Wide Web le week-end dernier et à causer des pannes intermittentes ces derniers jours », rapportait le *New York Times* le 11 avril 1999. « Paul Magis, le webmaître, a affirmé que les pirates informatiques avaient bombardé le site dans le cadre de ce qu'ils appellent un "programme ping", lequel déforme un protocole qu'utilisent les ordinateurs sur Internet pour se regrouper et produire une arme qui surcharge un serveur en lui expédiant davantage de demandes qu'il ne peut en traiter simultanément. »

Les attaques en ligne contre l'OTAN se poursuivirent au cours des semaines suivantes, tout comme d'autres attaques visant à infiltrer le réseau de sécurité du Pentagone et de la Maison-Blanche. À la fin d'avril, le FBI avait vu se dérouler suffisamment d'attaques en provenance de Chine contre l'infrastructure d'information des États-Unis pour émettre un avis public. Un article paru dans le *Times* du 28 avril, intitulé « Le FBI avertit que les Chinois pourraient perturber les sites Internet américains », annonçait que « des pirates avaient déjà illégalement modifié de nombreux sites Internet américains en remplaçant leur contenu par une rhétorique prochinoise ou anti-américaine ».

Swallow était un membre-clé de l'équipe du FBI à Los Angeles, qui avait été formée pour faire enquête sur les cyber-attaques contre les systèmes d'information du gouvernement américain et pour y mettre un terme. Charles Neal, le chef du bureau de Los Angeles, dirigeait l'équipe. C'était lui qui avait mené l'enquête sur le légendaire pirate Kevin Mitnick. En faisait également partie Jill Knesek, programmeuse et enquêteuse qui avait œuvré au Naval Satellite Operations Center. Elle avait elle aussi contribué à l'enquête dans le cadre de l'affaire Mitnick. Il s'agissait donc d'une équipe étoile de la sécurité informatique du FBI.

Leur travail avait été grandement facilité par les contacts qu'avait Swallow parmi les pirates serbes. « L'une d'entre eux était un pirate basé aux États-Unis qui entretenait des liens étroits avec les pirates serbes clandestins, de même qu'avec des membres de sa famille qui se trouvaient toujours en Serbie, selon ce qu'en dit Dan Verton dans *The Hacker Diaries*. L'autre informateur se trouvait au Kosovo ; il s'agissait d'un ancien héros de guerre qui avait travaillé avec l'armée serbe dans le cadre de sa campagne d'information agressive contre l'OTAN. »

Après avoir confirmé l'identité des pirates et s'être assurés de la crédibilité des renseignements qu'ils leur fournissaient, Swallow et Knesek utilisaient les informateurs pour aider le FBI à protéger l'infrastructure américaine de l'information pendant la campagne de l'OTAN au Kosovo. Ces personnes-ressources leur donnèrent accès au monde clandestin des pirates. Knesek et Swallow avaient maintenant établi des liens. En fait, ils avaient tous deux travaillé clandestinement en se faisant passer pour des pirates. Utilisant un pseudonyme, Swallow s'était lentement fait connaître jusqu'à devenir un personnage important aux yeux des équipes de pirates. Ils lui faisaient maintenant confiance. Il avait acquis un statut enviable.

Quand les principales opérations de l'OTAN au Kosovo se terminèrent, à la fin de 1999, il devint évident que le travail de l'équipe permettrait au FBI d'infiltrer davantage l'ensemble de la communauté des pirates. Les agents avaient trouvé une porte d'entrée. Neal incita le FBI et le département de la Justice à les autoriser à poursuivre leur travail, mais avec un nouvel objectif. « Ainsi est née la première opération clandestine officielle visant à pénétrer la communauté des pirates informatiques américains », écrivait Verton, qui révéla l'existence de l'opération dans un article du magazine *Computerworld* en 2001. Avant l'article de Verton, l'opération était demeurée secrète.

« Grâce à une opération clandestine de 18 mois lancée au plus fort de la campagne de bombardement de l'armée américaine au Kosovo en 1999, le FBI a réussi à mettre un pied dans l'univers clandestin des pirates informatiques, soulignait l'article de 2001. Ce qui avait débuté comme une opération du département de la Défense visant à faire sortir de leur tanière les pirates pro-Serbie responsables des attaques de déni de service d'avril 1999 contre des sites du gouvernement américain et de l'OTAN est devenu la première opération clandestine coordonnée ayant pour cible les pirates américains. »

En 2000, Swallow s'employa à consolider sa réputation de pirate au sein de la communauté. Dans le but de renforcer sa position, on l'autorisa plus d'une douzaine de fois à modifier des sites Internet du gouvernement et à s'en accorder le crédit.

« Il a fallu environ six mois avant que les pirates se sentent assez à l'aise pour transmettre des renseignements, raconta Swallow à la revue *Computerworld* en 2001, après avoir quitté le FBI pour aller travailler dans le monde de la sécurité des entreprises. Je leur demandais de me refiler des cartes de crédit volées et je leur demandais de l'aide pour perpétrer des actes de piratage. »

Les pirates avec qui Swallow s'entretenait régulièrement sur l'IRC croyaient qu'il faisait partie de leur groupe. Souvent, il se contentait de se connecter à des canaux IRC sous son pseudonyme et d'observer la scène tandis que d'autres pirates bavardaient à propos d'attaques, de nouveaux exploits ou de crimes qu'ils avaient commis.

***

Le 7 février, la journée de l'attaque contre Yahoo!, Swallow se brancha comme d'habitude sur quelques-uns des canaux IRC que fréquentaient les pirates. Le sujet de conversation du jour portait sur l'individu qui avait attaqué Yahoo!

Si l'on en croit *The Hacker Diaries*, Swallow m'avait déjà rencontré sur l'IRC et me décrivait comme un « jeune programmeur fanfaron ». Swallow affirme que cette nuit-là je suis allé sur le canal où il se trouvait et que je me suis vanté d'avoir réussi un acte de piratage d'envergure.

Contrairement à la plupart des soirs, je ne me souviens pas de m'être vanté ce soir-là. J'étais encore en état de choc à cause de ce qui était arrivé à Yahoo! plus tôt dans la journée. La mise à l'essai de ma nouvelle attaque avait mieux fonctionné que je n'aurais jamais pu l'imaginer. Je me souviens que plusieurs personnes revendiquaient la responsabilité de l'attaque cette soirée-là, mais je ne me rappelle pas en avoir été.

Toutefois, le lendemain soir, je me laissai aller hardiment. Swallow était assis tranquillement à regarder son écran tandis que je croisais verbalement le fer avec les gens qui doutaient de mes aptitudes. Ce soir-là, j'étais imbu de mon pouvoir. De plus, un quelconque voyou avait essayé de me voler la vedette en paralysant Buy.com.

Bientôt, le défi fut lancé : personne ne pourrait paralyser CNN. Quelques minutes plus tard, le site de CNN dut fermer et j'étais de retour sur le canal, prêt à recevoir ma part de félicitations pour ce que je venais d'accomplir. Pendant ce temps, Swallow, qui avait tout vu, prenait des notes.

Mais il n'était pas le seul. Michael Lyle, alors technicien en chef chez Recourse Technologies Inc., une entreprise de sécurité californienne, en faisait autant quand les attaques sont survenues. Lyle était un « génie de l'informatique » autoproclamé au début de la vingtaine. Il avait auparavant fait partie de l'équipe de sécurité d'Exodus, une grande entreprise californienne d'hébergement de sites Internet dont les clients avaient fait les frais de mes attaques. (Après que le FBI, par l'entremise de Neal, eut communiqué avec Exodus, l'entreprise lui remit tous les renseignements pertinents contenus dans ses serveurs. Cette preuve fut extrêmement utile au FBI quand vint le moment de me localiser.)

Pendant que Swallow naviguait en ligne dans les cercles de pirates, Neal et Knesek du FBI travaillaient également sur l'affaire. L'équipe, qui avait été si efficace au cours des attaques contre l'OTAN, donnait maintenant son plein rendement.

De même, Lyle, qui travaillait indépendamment, était sur ma piste. Il commença à apparaître sur les canaux de l'IRC en essayant d'engager la conversation avec quiconque affichait le pseudonyme de Mafiaboy. Lyle a sans doute été la première personne à croire que j'étais l'auteur des attaques. La plupart, y compris Swallow, pensèrent d'abord que mes aptitudes étaient trop rudimentaires. Ils cherchaient ailleurs.

En fin de compte, Lyle rendit publics ses soupçons. Dans un article du *Washington Post* du 15 février, il écrivait : « Nous avons engagé plusieurs conversations avec Mafiaboy et l'avons vu demander des suggestions concernant les sites à attaquer et, après que quelqu'un eut proposé un site, ce dernier se trouvait paralysé. »

Le travail de Lyle, même s'il finit par être reconnu, fut à l'époque ridiculisé par la communauté des pirates. Plusieurs pensaient qu'il détenait peu de preuves pouvant étayer ses affirmations. Ils pensaient aussi qu'il essayait de se faire de la publicité et de promouvoir sa compagnie. *2600.com*, un magazine destiné aux pirates, allait plus tard publier la transcription d'une conversation qui avait eu lieu en ligne entre Lyle et un de ses rédacteurs, conversation au cours de laquelle ce dernier se faisait passer pour Mafiaboy. Après que Lyle eut parlé aux médias et qu'il eut affirmé que Mafiaboy faisait partie des suspects, *2600.com* se connecta sur l'IRC sous mon pseudonyme et engagea une conversation avec Lyle pour démontrer que « tout ce dont quelqu'un [avait] besoin afin d'être considéré comme un suspect, c'[était] de changer de pseudonyme sur l'IRC. Nous n'avions absolument AUCUNE preuve à fournir permettant de rendre cette personne fictive responsable d'une façon ou d'une autre des attaques. »

Cette conversation, qui eut lieu le 10 février, cinq jours avant que le FBI ne désigne officiellement Mafiaboy comme suspect, allait se révéler incroyablement prémonitoire. L'employé de *2600.com* qui se servait du surnom de Mafiaboy sur l'IRC décida de laisser tomber quelques mots de français dans la conversation pour contribuer à faire croire à Lyle qu'il discutait avec un Québécois. « Nous avons été renversés quand la responsabilité fut réellement attribuée à quelqu'un de Montréal », put-on lire plus tard, lorsque la revue publia la transcription des conversations en ligne. Il s'agissait d'une pure coïncidence.

Dans la conversation qui suit, Lyle s'est connecté sous le nom de icee, et Mafiaboy est l'employé de *2600.com* qui se fait passer pour moi.

ICEE: D'après les RUMEURS qui circulent, tout ce qui t'empêche d'être en prison en ce moment, ce sont des questions géopolitiques et le fait qu'ils ne croient pas que tu sois responsable de toutes les attaques.

ICEE: Je pense que leur idée générale, c'est de surgir sans avertissement, de te mettre sous garde et, quand tu ne pourras plus parler à personne ni faire quoi que ce soit, de tout te faire avouer.

ICEE: Alors, je te soumets quelques recommandations selon la voie que tu souhaites prendre.

ICEE: 1) Prends un avocat, constitue-toi prisonnier et essaie de négocier un plaidoyer de culpabilité.

ICEE: ou 2) Fais une déclaration publique.

ICEE : Parce que si tu ne fais rien maintenant, tu n'auras pratiquement plus jamais la possibilité de parler au reste du monde.

ICEE : S'ils ont l'impression que tu n'avais aucune idée de ce que tu faisais, la situation peut s'améliorer beaucoup en fin de compte.

ICEE : Et je détiens des renseignements dont je ne peux certainement pas parler au téléphone, mais qui pourraient beaucoup intéresser tes avocats.

MAFIABOY : Et que vas-tu en retirer ?

ICEE : Qu'est-ce que je vais en retirer ?

ICEE : Si tu prends l'option n° 1, rien.

ICEE : Si tu choisis l'option n° 2, j'aimerais être la personne qui te guidera.

ICEE : Mais ça dépend aussi de toi.

MAFIABOY : Et puis, ensuite, tu écris un livre.

ICEE : Je ne veux pas écrire un livre.

ICEE : Je veux vendre des logiciels.

Tandis que Lyle, de son côté, continuait à rechercher Mafiaboy, le FBI m'ignorait – même si Swallow, apparemment, avait été témoin des conversations qui eurent lieu tandis que je paralysais CNN.com. Lui et ses collègues étaient inondés d'indices et avaient le sentiment qu'il était trop tôt pour se concentrer sur un suspect en particulier. À ce moment, les canaux de l'IRC étaient remplis de gens qui affirmaient avoir lancé les attaques.

Après avoir paralysé Dell.com le 12 février, je me connectai une fois de plus à l'IRC pour bavarder avec mes camarades de TNT. Je fus exceptionnellement volubile ce soir-là. Cependant, j'étais suffisamment intelligent pour m'abstenir d'utiliser le pseudonyme de Mafiaboy. Je me connectai au canal « #!tnt » sous celui de Anon, qui signifiait « anonyme ».Je pensais naïvement pouvoir m'exprimer sans crainte, puisque je me trouvais dans un forum de discussion privé de TNT et que, de toute façon, je ne m'y affichais pas sous mon pseudonyme habituel. Mais cette séance de clavardage allait plus tard devenir une preuve accablante contre moi.

T3 : Mafiaboy, qui est ta prochaine victime après Dell ?
MSHADOW : Attends qu'ils en parlent sur msnbc[15] !
SWINGER : Microsoft devrait être la prochaine, et fais tomber leur serveur de clavardage.
ANON : T3, ce soir, je jette mon ordi au feu.
SWINGER : Heh.
MSHADOW : Haha.
ANON : Je ne blague pas.
MSHADOW : Pourquoi tu ne te contentes pas d'enlever le disque dur, de le détruire et d'en remettre un neuf ?
ANON : Mshadow, je ne veux courir AUCUN risque.
MSHADOW : Vraiment. Et parler sur l'IRC, ce n'est pas courir un risque ?
ANON : Qu'est-ce que l'IRC peut prouver ?
T3 : Mafia.
ANON : Hum… Oublie ça, oublie le feu. Je pense plutôt à une masse.
T3 : C'est des conneries, ils ne peuvent pas t'attraper. Faut que je m'éloigne de toi avant de me faire arrêter comme complice ou quelque chose du genre.
ANON : T3 s'en fout.
MSHADOW : Haha.
T3 : Heh.
ANON : Ne prends pas de risques.
T3 : Est-ce que tu ne vas pas au moins faire un baroud d'honneur ?
ANON : Oui.
MSHADOW : Faire tomber quelque chose comme 10 routeurs centraux:\
ANON : Non.
T3 : Qu'est-ce que tu vas faire ?
ANON : Microsoft.
ANON : Microsoft va disparaître de la carte pendant quelques semaines.
T3 : HAHAHAHAHAHAHAHAHAHAHAHA
T3 : Tu es diabolique, mon vieux.
ANON : Peut-être. Je pense à quelque chose de gros, peut-être www.nasa.gov ou www.whitehouse.gov, et peut-être que je suis seulement en train de bluffer.

---

15. Chaîne de nouvelles télévisées aux États-Unis. (N.D.T.)

T3 : Faut que je m'éloigne de toi avant de me faire arrêter comme complice ou autre chose.
ANON : T3, « frapper le routeur ».
ANON : La liste complète du routeur.
ANON : Je sais ce que je fais.
ANON : Yahoo.com.
T3 : Haha.
T3 : Alors, Mafiaboy, c'est vraiment toi qui as frappé TOUS ces sites aux actualités, Buy.com, E*TRADE, eBay, toute cette merde ?
ANON : Tu n'as qu'à les épingler si brutalement qu'ils ne pourront même pas se relever tout de suite.
ANON : T3, peut-être. Qui sait. Je ne répondrai à ça que sous ssh2[16].
T3 : Haha.
ANON : Je pourrais programmer le disque dur et le réduire en miettes, puis le jeter dans un lac.
T3 : Ils disent que tu leur coûtes des millions.
ANON : Je suis surpris qu'ils n'aient pas déjà fait une descente chez moi, T3, ce sont des imbéciles.

Le FBI allait finalement recevoir la transcription de cette conversation par l'entremise de plusieurs informateurs. J'avais réussi à échapper à leur attention, même après qu'un agent m'eut surveillé alors qu'apparemment je paralysais le site Web de CNN. Mais cette séance de clavardage a amené les policiers à rediriger leur attention vers Mafiaboy. Je fis ce que j'avais évoqué au cours de la conversation ; peu après, je recouvris mon disque dur d'aimants, le réduisis en pièces et le jetai dans l'eau du haut d'un pont.

Pendant ce temps, le FBI s'occupait de ses propres préparatifs. Les agents commencèrent à chercher sur Internet des indices concernant mon identité et trouvèrent bientôt un compte au nom de Mafiaboy enregistré auprès d'un fournisseur de services Internet au Canada.

Plus tard, les administrateurs de réseau de l'Université de Californie à Santa Barbara allaient fournir un autre élément pour résoudre l'énigme. J'avais utilisé quelques-uns de leurs

---

16. Protocole de communication sécurisée. (N.D.T.)

serveurs pendant les attaques, et leur équipe avait conservé les journaux pertinents. Celle-ci avait aussi découvert un outil de piratage sur l'un des serveurs infiltrés. Il avait été inscrit sous un nom bien connu : Mafiaboy. Mes mauvaises habitudes de piratage, associées à ma grande gueule, commençaient à aider le FBI.

Ce dernier constata toutefois que je n'étais pas la seule personne à utiliser le pseudonyme de Mafiaboy en ligne. D'autres « Mafiaboy » étaient apparus aux États-Unis. Alors, lequel était le vrai ? Les agents du FBI discutèrent de la question, mais une personne avait déjà tranché.

« [Charles] Neal insistait sur le fait que le vrai coupable se trouvait de l'autre côté de la frontière, dans la région de Montréal », d'après *The Hacker Diaries*. Muni des preuves liées à mes comptes à Montréal, de mes séances de clavardage et des données provenant de Santa Barbara, le FBI était maintenant prêt à mener son enquête au-delà de la frontière.

***

Le 14 février, le FBI contactait la GRC pour lui demander de l'aider à retrouver la trace d'un pirate informatique canadien surnommé Mafiaboy. Peu après, le dossier fut transmis à un agent de la GRC de Montréal. Heureusement pour le FBI, cet agent possédait une solide expérience en matière de cybercriminalité. Pendant l'été de 1999, le FBI avait sollicité son aide ; l'agence enquêtait alors sur l'infiltration d'un fournisseur de services Internet du nom de Outlawnet. Le caporal Marc Gosselin de la GRC travaillait maintenant sur l'affaire.

Le 15 février, il exécutait des mandats de perquisition chez Delphi Supernet et TotalNet à Montréal, les deux fournisseurs qui avaient été liés respectivement à un compte de Mafiaboy et à l'attaque contre Dell.com. Il découvrit bientôt chez TotalNet des comptes de courrier électronique au nom de Mafiaboy. Alors qu'il examinait les renseignements relatifs à ces comptes, il lui sembla reconnaître un élément familier.

D'après *The Hacker Diaries*, « Gosselin parcourut ses vieux dossiers pour chercher une piste. Un des premiers dossiers qu'il examina fut celui concernant l'incident de piratage chez Outlawnet, le fournisseur de services Internet de l'Oregon.

L'adresse et le numéro de téléphone [liés au compte de TotalNet] correspondaient à ceux du suspect dans l'affaire du fournisseur d'Oregon.»

Le caporal Gosselin croyait maintenant avoir découvert le véritable Mafiaboy. Apparemment, le pirate vivait dans une maison ordinaire située rue du Golf. L'affaire Outlawnet avait abouti dans une impasse et avait été reléguée aux oubliettes. Mais maintenant, elle semblait fournir les éléments démontrant que Mafiaboy vivait à Montréal et qu'il avait des antécédents de piratage. D'après l'auteur Dan Verton, ce fut le moment de vérité pour le caporal Gosselin. (Ce dernier a refusé d'être interviewé pour ce livre.)

En l'espace d'un peu plus d'une semaine, mes bavardages, mes journaux de serveurs et mes frasques passées permirent à la GRC et au FBI de mettre la main sur d'importantes preuves. Leur enquête progressait rapidement, et tous les indices pointaient vers une grande maison située dans une rue tranquille du West Island, à Montréal.

Le moment choisi pour effectuer la descente était idéal. Le 15 février, le caporal Gosselin établit un rapport entre le dossier des attaques et l'affaire Outlawnet. Le même jour, le monde allait pour la première fois entendre parler de Mafiaboy. La Maison-Blanche et le département américain de la Justice s'en étaient assurés.

Chapitre 13

Papa..., c'était moi

« Le FBI s'apprête à interroger des pirates suspects ; des agents ont relié des noms à des pseudonymes », titrait le *Washington Post* du 15 février 2000 :

« Certains personnes proches de l'enquête affirmaient hier que des agents fédéraux, à la poursuite des pirates qui ont paralysé toute une série de sites Internet renommés, s'apprêtent à interroger plusieurs suspects dans cette affaire.

« D'après les informateurs, un de ces suspects, "Coolio", se trouve aux États-Unis... Un autre présumé suspect serait un adolescent canadien connu sous le pseudonyme de "Mafiaboy".

« Des représentants des forces policières de même que des cyberdétectives indépendants ont pu lier les pseudonymes sur Internet à de véritables noms et adresses, et les agents du FBI devraient commencer à interroger les suspects aujourd'hui même.

« Entre-temps, une rencontre entre les représentants de certaines des plus grandes entreprises de haute technologie se tiendra à la Maison-Blanche à 11 h. Les entreprises se sont entendues pour créer une coalition bénévole, dirigée par l'industrie, qui permettra de mettre en commun les renseignements sur les cyberattaques et sur la façon d'y réagir – un geste que les spécialistes en matière de sécurité ont jugé essentiel pour dissuader les pirates de perpétrer d'autres attaques dans l'avenir... »

À 11 h, le 15 février 2000, le président américain Bill Clinton convoquait à la Maison-Blanche un sommet sur la cybersécurité. Y assistaient des cadres de plusieurs entreprises, notamment America Online, Yahoo!, 3Com, Cisco Systems, Sun Microsystems, IBM, AT&T, Hewlett Packard, Intel et Microsoft. Il y avait aussi des universitaires, des représentants de la National Security Agency[17] et de nombreux spécialistes réputés en matière de sécurité informatique.

La veille, Clinton avait écrit une page d'histoire en devenant le premier président à accorder une entrevue en ligne. Il s'était adressé à CNN.com dans le but d'atténuer les craintes concernant la sécurité sur Internet et de démontrer que son administration s'intéressait de près à l'affaire. « De toute évidence, ces attaques de déni de service sont inquiétantes, dit-il, et je pense qu'il existe une façon pour nous de promouvoir clairement la sécurité. »

Le lendemain, un groupe de cadres, d'universitaires et de spécialistes se réunit dans la salle du Cabinet de la Maison-Blanche. Les médias avaient été invités à couvrir une partie de l'événement. CNN en diffusa des segments en direct.

« Nous savons que nous devons maintenir le cyberespace ouvert et libre, affirma Clinton. Parallèlement, nous devons faire en sorte que les réseaux informatiques soient mieux protégés et plus souples, et nous devons faire encore davantage pour protéger la vie privée et les libertés civiles. »

C'est le 15 février que Mafiaboy fut officiellement désigné comme suspect. En plus de cette information importante, le *Globe and Mail* mentionnait que la GRC participait désormais à l'enquête. Le même jour, le *Toronto Sun* révélait qu'un fournisseur de services Internet de Toronto s'était vu présenter un mandat de perquisition. La diffusion de ces détails, auxquels s'ajoutaient le dévoilement des pseudonymes des suspects ainsi que la nouvelle du sommet à la Maison-Blanche, avaient pour but de donner l'impression que les forces de l'ordre réalisaient des progrès considérables. Et c'était vrai, en particulier grâce aux efforts déployés par le caporal Gosselin à Montréal afin de confirmer mon identité.

---

17. Agence nationale de sécurité chargée, entre autres, d'assurer la sécurité des communications aux États-Unis. (N.D.T.)

Bob Woodruff, le correspondant de la chaîne ABC, résuma ce soir-là les efforts du FBI en déclarant : « La recherche des suspects rassemble maintenant quatre entreprises étrangères et les 56 locaux du FBI. »

Mais il fit également observer qu'une certaine impatience régnait parmi les représentants de la presse et le public. « Les agents insistent pour dire que la piste n'a pas abouti dans une impasse, malgré le fait qu'une semaine après la pire attaque de pirates dans l'histoire américaine il n'y ait pas eu une seule arrestation », affirma-t-il aux nouvelles télévisées du soir.

Les gens voulaient voir les responsables des attaques être traduits en justice aussitôt que possible. Le FBI, le président américain, la GRC et d'autres gouvernements et organismes déployaient tous les efforts nécessaires pour que cela se produise.

Quant à moi, je me trouvais à l'école quand éclata la nouvelle concernant mon affaire. J'ignorais totalement que mon pseudonyme avait été mentionné dans le *Washington Post* et dans d'autres médias ce matin-là, et qu'il avait fait la manchette de toutes les grandes agences de presse durant la journée. À mon insu, Mafiaboy faisait maintenant l'objet des grands titres. L'enquête de la police avait progressé suffisamment pour qu'elle juge nécessaire d'informer la presse de son intention d'interroger Coolio et moi-même. Un autre pirate, Nachoman, fut également ajouté à la liste.

Ce soir-là, j'étais chez mon ami Brian. Assis au salon, nous passions d'une chaîne télévisée à l'autre. Depuis le matin, je n'avais ni lu un journal ni écouté la radio. Nous tombâmes sur CNN et j'entendis pour la première fois mon pseudonyme en ligne être prononcé en ondes. Bien que je ne sois pas certain qu'il s'agisse du même reportage que celui que j'avais vu à l'époque, voici ce qu'un correspondant de CNN rapportait en soirée : « Certains informateurs affirment que des agents du FBI sont sur le point de frapper à la porte des pirates qui pourraient être liés aux attaques contre les grands sites Internet. Parmi eux se trouve un pirate du Midwest américain qui se fait appeler Coolio sur Internet. Il est soupçonné d'avoir modifié, la semaine dernière, le site Internet d'une entreprise de sécurité en se servant d'une signature électronique qui correspond à celle qui a été utilisée pendant les attaques à grande échelle de la semaine dernière. Et Mafiaboy, un adolescent canadien. Les enquêteurs affirment qu'il a récemment laissé entendre dans des forums de discussion sur Internet qu'il était intéressé à attaquer des sites Web. »

J'eus un haut-le-cœur en entendant mon pseudonyme cité en direct à la télévision. Les médias savaient même que j'étais Canadien, une chose que seuls mes amis sur l'IRC savaient avec certitude. Brian était assis près de moi, ignorant totalement qu'il partageait un divan avec Mafiaboy. Depuis si longtemps, je m'étais efforcé de séparer mon identité en ligne de ma vie normale. Maintenant, Mafiaboy m'avait suivi, du monde virtuel à la télé en direct. C'était comme si je m'étais retrouvé en face de ma propre création. Un journaliste de CNN me parlait, ainsi qu'à des dizaines de milliers de gens, de Mafiaboy. La scène avait quelque chose de surréaliste. On parlait de moi sur CNN! Ça signifiait que j'étais vraiment dans la merde.

Brian demeurait là, indifférent, écoutant distraitement le bulletin comme s'il y avait été question de n'importe quelle nouvelle. Je sentis un besoin urgent de me pencher vers lui et de lui dire : « C'est moi, mon vieux. » Tout à coup, c'en était trop pour moi; trop pour que je me taise. En fin de compte, je ne pus me retenir. Je révélai à Brian que j'étais Mafiaboy.

Quand il fut finalement convaincu, je me sentis soulagé de savoir que quelqu'un en qui j'avais confiance, quelqu'un qui me connaissait comme étant Michael, comprenait maintenant l'autre aspect de ma personne, celui que j'avais dissimulé durant ces dernières années. Mon soulagement fut de courte durée. Brian était à la fois sous le choc et extrêmement impressionné.

– C'est toi qui as fait ça, vieux?!... Comment t'as fait?!... T'as le FBI aux trousses!... Tu passes *à CNN*!

Il avait une tonne de questions à me poser, mais je n'avais pas envie de lui répondre. Je savais que, quelque part dans le West Island de Montréal, se trouvait un vieil Italien au tempérament bouillant qui devait absolument être la prochaine personne à qui j'annoncerais ce que j'avais fait! Et que, contrairement à Brian, il n'allait pas être épaté.

Comment allais-je donc expliquer cela à mon père?

***

En grandissant, on apprend beaucoup de choses au sujet de ses parents, souvent de manière brutale. En ce qui concerne mon père, il existait quelques règles importantes que j'avais déjà mises à l'épreuve.

Règle numéro un : Tu ne touches pas à mes cigares.
Mon père adore ses cigares. Quand il revient à la maison et qu'il s'assoit sur le porche avec un cigare à la bouche, c'est un des meilleurs moments de sa journée. C'est son instant de bonheur. Il est hors de question de le déranger quand il fume, ni d'oser déplacer ses cigares ou de lui en prendre un à son insu. Il saura. Tout au long de sa carrière, mon père a dû garder à l'esprit des horaires et des itinéraires programmés. Il y a également dans sa tête une section consacrée à ses cigares : les marques qu'il a consommées, où se trouvent ses cigares et combien il en reste. Quiconque touche à ses cigares rencontrera l'incarnation même du célèbre tempérament italien.

Règle numéro deux : Il est interdit d'interrompre les repas.
Cette règle est plus compliquée. Mon père aime la bonne chère et, idéalement, il aime pouvoir en profiter dans une atmosphère sereine et paisible. Mais contrairement à un cigare qu'on peut éteindre et garder pour plus tard s'il survient quelque chose qui empêche de l'apprécier, il vaut toujours mieux manger quand la nourriture est chaude. Alors, même si on ne doit pas déranger mon père pendant qu'il mange, le repas peut constituer un bon moment pour lui annoncer calmement une nouvelle. Parfois, son désir d'apprécier son repas l'emporte même sur les mauvaises nouvelles. Le mot-clé, c'est *parfois*. C'est une stratégie qui comporte des risques, mais qui peut être avantageuse.

Bien d'autres règles existent à la maison, et plusieurs d'entre elles ne recommandent en rien de se tenir éloigné de mon père. Ceux d'entre nous qui le connaissons bien savons que c'est un colosse au cœur d'or. Il adore sa famille, il se soucie des gens qui l'entourent et il donnerait sa chemise pour les aider. Ce pourrait être sa **règle numéro trois**. C'est pourquoi je savais que je devais tout lui raconter. J'avais besoin de son aide. J'étais un ado effrayé et complètement dépassé par les événements. C'est la règle numéro trois qui me vint à l'esprit en premier.

Puis, en songeant à la façon dont je m'y prendrais pour lui dire la vérité, la règle numéro deux me procura la réponse.

Les nouvelles concernant la poursuite de Mafiaboy avaient commencé à paraître un mardi. J'attendis quelques jours et réfléchis à la façon dont j'allais faire mes aveux à mon père. Bientôt, ce fut le week-end. Je n'en pouvais plus d'attendre. Il n'y avait que nous deux à la maison. Le moment semblait parfait pour lui parler, en particulier quand je le vis assis à la cuisine en train de manger un panini. Aux yeux de mon père, le panini représente l'équivalent alimentaire du cigare. Je réalisai que jamais ne se présenterait une meilleure occasion. J'éprouvai encore un haut-le-cœur tandis que je me dirigeais lentement vers la cuisine et m'assoyais à côté de lui à la table. Je sentais l'odeur du panini et je voyais qu'il le savourait. Je savais que j'étais sur le point de ruiner un excellent repas.

– Papa, j'ai quelque chose à te dire, commençai-je.

– D'accord. Quelque chose ne va pas? demanda-t-il.

– Je ne sais pas comment t'expliquer cela, mais as-tu vu ce qui se passait aux nouvelles?

– Qu'est-ce que tu veux dire?

– Les attaques contre Yahoo! et CNN, en as-tu entendu parler aux informations?

– Ouais, et puis?

À ce moment, il mangeait encore son panini. Il était plus étonné que préoccupé. Et peut-être un peu contrarié. « Pourquoi tu me parles de CNN? Je suis en train de manger un panini! »

– J'ignore comment te le dire, mais c'est moi qui suis responsable des attaques, dis-je.

Il leva les yeux vers moi, panini en main.

– Qu'est-ce que tu dis?

Je lui expliquai que c'était moi qui avais orchestré les attaques qui faisaient les manchettes de tous les bulletins de nouvelles. Que cet ado qu'on recherchait au Canada, c'était moi. Que j'étais Mafiaboy. Que j'avais vraiment fait une gaffe terrible. Il continua de manger son panini en absorbant tranquillement la nouvelle.

– Tu te rappelles de toutes ces fois où tu te demandais ce que je faisais à l'ordinateur pendant tant d'heures? dis-je. Eh bien, je pense que maintenant tu le sais.

Il tourna les yeux vers moi et attendit quelques secondes.

– Michael..., dis-moi, c'est une blague ?
– Non, ce n'est pas une blague.

Il commençait à comprendre. Avec chaque bouchée, il absorbait ce que je venais de lui dire. Il mâcha. Il avala. Il réfléchit un peu plus et prit une autre bouchée. Après quelques bouchées, il avait digéré la situation. Ce qui restait du panini se retrouva sur la table.

– D'accord, commença-t-il. Lundi matin, nous allons voir un avocat et lui expliquer ce que tu as fait. Il faut nous préparer pour ça.

– Papa, on ne m'a pas attrapé, dis-je. Pourquoi aller voir un avocat ?

Dans mon esprit, rencontrer un avocat, c'était comme se confesser. J'avais espéré pouvoir attendre que le problème disparaisse de lui-même avec le temps. Je voulais croire qu'il existait entre Mafiaboy et moi une distinction nette.

– Et si tu te fais attraper ? dit-il. Il vaut mieux se préparer plutôt que de se faire prendre les pantalons baissés.

***

Au début de la semaine suivante, mon père et moi nous rendîmes à l'Île-des-Sœurs, une banlieue aisée de Montréal, pour rencontrer un avocat que mon père connaissait depuis des années. Je me souviens avoir entendu mon père appeler son cabinet. Il dit à son adjointe qu'il s'agissait d'une question urgente et qu'il lui fallait le rencontrer le plus tôt possible. Nous obtînmes un rendez-vous le lendemain.

Je ne voulais pas rencontrer l'avocat. Ça signifiait que je devrais encore révéler à une autre personne qui était Mafiaboy. Mon secret me glissait entre les doigts. Toute cette situation me rendait nerveux. Ce sentiment nauséeux que je commençais à éprouver de plus en plus souvent fit de nouveau son apparition. Je me retrouvais dans des situations auxquelles je ne voulais pas prendre part, dans lesquelles je n'avais aucun pouvoir décisionnel. Mais je commençais petit à petit à réaliser que c'étaient là les conséquences de mes actes.

Nous prîmes l'ascenseur jusqu'au bureau de l'avocat. Là, on nous enjoignit d'attendre dans la salle de conférence. Par la fenêtre, je voyais au loin le centre-ville de Montréal. Je me calmai en regardant les immeubles que je connaissais. Assis tout en haut de cet édifice muni d'immenses fenêtres, je me sentais à l'écart de l'agitation de la ville. Ma nausée s'atténua. Puis la porte s'ouvrit d'un coup et un homme pénétra précipitamment dans la pièce. Il avait les cheveux et les yeux bruns et était de taille moyenne. Je remarquai immédiatement sa mâchoire proéminente et ses dents, incroyablement blanches et brillantes. Il affichait un large sourire, un sourire de requin. Il se déplaçait comme un requin aussi, avançant avec aplomb. « C'est là, pensai-je, un type qui sait comment prendre les choses en main. »

– Salut, John. Quoi de neuf?! s'exclama-t-il en tapotant le dos de mon père.

Il savait que nous nous trouvions là pour une raison grave et urgente, mais il était joyeux et calme. Il semblait prêt à tout. Lui et mon père discutèrent de ce qui était récemment arrivé à l'un et à l'autre. Je réussis à me détendre. Cet avocat me faisait bonne impression. Il avait tant de charisme que j'en oubliai presque la raison pour laquelle nous nous trouvions dans son bureau. Ils finirent de bavarder, et l'avocat tourna son attention vers moi pendant un moment avant de regarder de nouveau mon père.

– C'est le plus jeune ou le plus vieux? demanda-t-il en faisant référence à moi et à mon frère aîné Lorenzo.

– Le plus jeune, répondit mon père.

Je me levai pour lui serrer la main.

– Yan Romanowski, dit-il.

– Heureux de vous rencontrer. Je m'appelle Michael, dis-je, tentant de montrer à l'avocat que j'étais mature et professionnel.

Je souhaitais l'impressionner. Il me serra la main et se tourna vers mon père.

– Tu ne m'avais pas dit qu'il était plus beau que toi, John! lança-t-il.

Nous éclatâmes tous de rire, puis Yan et moi nous assîmes. Il me vint à l'esprit qu'il ignorait toujours pourquoi nous étions là. Il semblait apprécier la réunion. Qu'arriverait-il quand il apprendrait mon secret?

– Alors, qu'est-ce qui se passe, les gars? Qu'est-ce que je peux faire pour vous? demanda Yan.

Mon père me regarda et dit:

– Tu ferais mieux de le lui dire, parce que je ne suis pas encore assez sûr de comprendre ce que tu as fait.

Je commençai à expliquer la situation, et Yan déclara immédiatement qu'il avait lu l'histoire dans les journaux. Je racontai chaque détail qui semblait pertinent, lui disant quels sites j'avais attaqués et comment la chose s'était produite, et indiquant que le FBI m'avait désigné comme l'un des suspects. Quand j'eus terminé mon explication, je pus voir qu'il était étonné et peut-être même quelque peu impressionné. Je n'ai aucune idée de ce à quoi il s'était attendu, mais, de toute évidence, mes aveux venaient de me distinguer de sa clientèle ordinaire.

– Tabarnac[18] ! jura-t-il. C'est toi qui as fait ça ?!

Je hochai la tête en signe d'approbation.

– Maintenant vous comprenez pourquoi il fallait que je vous voie, lui dis-je.

Yan jeta un coup d'œil vers mon père et sourit.

– Dis donc, John, tu sais comment faire tout ça ?

– Es-tu fou ?! répliqua mon père en éclatant presque de rire. Je sais me servir d'un télécopieur, mais c'est à peu près tout.

Yan émit un gloussement et me regarda.

– Je peux à peine utiliser mon courrier électronique. Toi, tu dois être un génie pour connaître tout ça, dit-il.

À ce moment, j'étais en quelque sorte subjugué par Yan. Il avait réussi à me calmer et à nous faire rire, mon père et moi. Mais maintenant, il était temps de passer aux choses sérieuses. Son visage se durcit et il se redressa. En à peine quelques mouvements du corps, il se transforma en avocat criminaliste à la tête froide. Mon père et moi l'écoutâmes avec attention.

Yan voulut savoir quelles preuves j'avais laissées derrière moi et si je pensais être pris. Je lui expliquai qu'il y avait d'autres suspects, mais que je semblais être le plus important d'entre eux. En raison de l'ampleur des attaques et de la publicité qu'elles avaient suscitée, je lui indiquai qu'une importante équipe de spécialistes allait passer les journaux de serveurs au peigne fin et partir à ma recherche. La conversation avait tout à coup pris une tournure terriblement sérieuse et, dans mon esprit, terriblement sombre.

---

18. En français dans le texte. (N.D.T.)

— Pour l'instant, le mieux, c'est de rester discret et de ne rien faire, dit Yan.

Il s'interrompit et parut se demander quelle pièce il allait bouger ensuite sur l'échiquier.

— Qui sait, peut-être qu'ils ne te trouveront pas, dit-il. Qu'on regarde la chose d'une façon ou d'une autre, ils doivent commettre le premier geste. Le mieux que nous puissions faire, c'est de nous préparer au pire. S'ils finissent par découvrir ton identité, tu peux être assuré qu'ils débarqueront au moment où tu t'y attendras le moins.

Mon père et moi demeurâmes silencieux tandis que Yan finissait son évaluation.

— Pour autant que nous le sachions, tu pourrais déjà être sous surveillance, alors fais attention à qui tu parles, dit-il.

Cette dernière phrase nous frappa comme un boulet. Dieu du ciel, ils pouvaient fort bien avoir placé des micros chez nous ! C'était tout à fait logique, mais il ne m'était pas encore venu à l'esprit qu'ils puissent déjà connaître mon identité. J'entrepris d'énumérer mentalement, une à une, les possibilités qu'impliquait cette hypothèse. Avaient-ils laissé savoir qu'ils me recherchaient pour faire croire qu'ils ignoraient vraiment mon identité ? Peut-être étaient-ils stationnés à l'extérieur ? Peut-être ma chambre était-elle bourrée de minuscules micros ? M'avait-on suivi ?

Yan avait dépeint la situation d'une manière à la fois claire et inquiétante. Tout ce que je pouvais faire, c'était de suivre son conseil et de tout arrêter. Plus de conversations en ligne, plus de piratage, plus aucun ajout à la liste secrète de Mafiaboy.

— Le mieux que nous puissions faire pour le moment, c'est d'attendre, affirma Yan. Mais Michael, je ne veux pas que tu t'en fasses trop. S'ils viennent t'arrêter, je serai là en un rien de temps.

J'avalai ma salive et priai pour qu'il dise vrai.

Chapitre 14

Esprits soupçonneux

L'homme était, de toute évidence, nerveux.

Il pénétra sans prévenir dans les bureaux du *Mirror*, un journal hebdomadaire de Montréal, et il annonça qu'il avait une histoire à raconter. On mena l'homme au bureau de Philip Preville, le directeur de l'information du journal.

Preville le conduisit dans une pièce. Là, il exhorta le jeune homme à lui révéler ce qu'il avait à dire. L'informateur semblait âgé d'une vingtaine d'années. Il était agité et méfiant. « On avait pratiquement l'impression qu'il croyait être suivi », racontait Preville, aujourd'hui collaborateur à la revue *Toronto Life*, au cours d'une entrevue.

– À propos de cette histoire de Mafiaboy, dit le jeune homme, je suis au courant. Je le connais. Nous sommes parents.

Preville manifesta immédiatement de l'intérêt. La veille, le 15 février, il avait lu les reportages selon lesquels le FBI était à la poursuite de Mafiaboy, un jeune pirate informatique canadien, suite aux attaques en ligne des géants américains du commerce électronique. Se pouvait-il que ce Mafiaboy soit à Montréal ? Le type affirma que c'était le cas, et il semblait paniqué. Peut-être Mafiaboy était-il réellement lié à la Mafia…

« Je pensais que soit il me disait la vérité, soit c'était un comédien de talent, affirma Preville. Quand on travaille pour un journal hors norme, des gens arrivent [souvent à nos bureaux avec une nouvelle] et quand ils mentent, ils fanfaronnent. »

Il était inhabituel qu'une personne se présente à cet endroit en affirmant être en lien direct avec une nouvelle internationale tout en paraissant effrayée.

« Il n'agissait pas de manière effrontée, et j'attachai de l'importance à cet aspect de lui pendant que j'essayais de l'évaluer, dit Preville. On s'attend normalement à ce que les gens entrent et plastronnent, mais pas à ce qu'ils aient la trouille. »

Preville écouta l'homme lui expliquer qu'il était un cousin de celui qui se faisait appeler Mafiaboy. Il révéla qu'ils avaient fait un peu de piratage ensemble, tout en affirmant qu'il n'avait pas personnellement participé aux attaques d'envergure. « Le gars donnait tout à fait l'impression qu'il était régulièrement en contact avec Mafiaboy », dit Preville.

En fin de compte, Preville décida que son histoire était suffisamment crédible pour l'intégrer au prochain numéro. Il écrivit l'histoire et l'article parut sous le titre : « Sur la piste de "Mafiaboy" ».

« Mercredi dernier, le *Mirror* recevait la visite inattendue d'un homme affirmant être un proche parent de Mafiaboy, le pirate informatique recherché en ce moment par le FBI à propos des récentes fermetures des célèbres sites Internet CNN.com, Amazon.com, eBay et d'autres, pouvait-on lire dans l'article signé par Preville le 24 février. L'homme semblait réellement effrayé. »

« Je panique pour Mafiaboy, aurait-il dit. La police va bientôt frapper à sa porte. Ce n'est qu'une question de jours. »

D'après l'article, l'homme tenait également à souligner qu'« il [fallait] aussi pointer du doigt les géants du commerce électronique en raison de leurs mesures de sécurité négligentes qui [avaient] permis que le méfait soit accompli si facilement ».

« Il y a un autre aspect de cette histoire dont on ne parle pas », déclara-t-il.

L'informateur fit également une autre observation intéressante. « Mafiaboy n'a jamais déboursé une "cenne" pour avoir accès à Internet de toute sa vie », dit-il à Preville.

C'était vraiment près de la vérité. Évidemment, mon père déboursait pour obtenir l'accès Internet à la maison, mais j'avais aussi accès à différents comptes Internet piratés. Après que le FBI eut téléphoné en 1999 pour servir un avertissement énigmatique au sujet d'activités de piratage émanant de notre maison, mon père avait temporairement annulé l'abonnement à Internet. Mais j'ai toujours eu accès à des comptes piratés. Cette personne, qui affirmait me connaître, semblait au courant de ce fait. Était-ce seulement un coup de chance ? ou s'agissait-il vraiment d'un membre de ma parenté ? Je crois que seule une personne proche de moi et connaissant bien mes activités aurait pu être au courant de l'existence des comptes piratés.

Pour Preville, l'histoire se terminait là. Il n'entendit plus parler de l'homme, et personne ne répliqua à l'article.

« J'avais l'impression qu'il s'agissait d'une histoire aboutissant à une impasse et j'ignorais comment en faire le suivi à partir de là, dit-il. Mais c'était une bonne histoire, alors je l'ai publiée. »

Il se trouva que la source de Preville avait raison à propos de quelques éléments cruciaux, le plus important étant que j'habitais Montréal. Peu de gens le savaient à l'époque. Au cours des années suivantes, l'article a également acquis davantage de crédibilité pour une autre raison : à un certain moment de l'enquête, une personne très proche de moi est devenue informateur pour la GRC ou le FBI. Il est possible que l'homme agité qui se présenta dans les bureaux du *Mirror* en février 2000 soit la même personne qui collabora plus tard avec les policiers.

***

Ce n'est qu'en effectuant mes recherches pour ce livre que je suis tombé sur l'article du *Mirror*. J'ai alors commencé à réaliser l'importance qu'il avait pu avoir à l'époque de l'enquête. Après mon arrestation, j'appris par Yan que la GRC affirmait avoir un informateur, bien qu'on ne nous ait jamais parlé de cette personne. Plus tard, en 2002, la GRC et le FBI laissèrent tomber quelques bribes de renseignements sur l'informateur en question pour *The Hacker Diaries*.

D'après le livre, « même si les détails sont demeurés très secrets, le FBI et la GRC reconnaissent qu'un informateur a joué un rôle important quand il a été question d'identifier Mafiaboy et de prévenir les agents lorsqu'il était en ligne. Des questions demeurent sans réponse au sujet de l'identité de la source et de la façon dont elle aurait pu vérifier que Mafiaboy était en ligne. La GRC et le FBI restent muets. »

On évoqua brièvement ce même informateur au cours du procès, avant que je ne reçoive ma sentence. Pendant qu'il se trouvait à la barre des témoins, le caporal Gosselin a mentionné qu'il avait passé en revue « les preuves fournies par le FBI qui, lui-même, les avait reçues d'un informateur secret... »

Depuis toujours, je savais que la police disposait d'un autre moyen infaillible de me mettre la main au collet, et ceci me tracassait énormément avant mon arrestation. Qu'arriverait-il si un autre membre de TNT, ou une autre personne qui savait que Mafiaboy avait déclenché les attaques, décidait de me dénoncer? Qu'arriverait-il si le FBI avait déjà un informateur au sein de TNT?

L'opération du FBI qui consistait à infiltrer la communauté des pirates américains avait permis à l'agent Swallow de se trouver au bon endroit quand je m'étais vanté de mes exploits sur l'IRC, juste avant de frapper CNN.com. J'ignorais bien sûr tout cela à cette époque. Mais j'ai toujours entretenu des soupçons concernant quelques autres pirates sur l'IRC. Au sommet de la liste figuraient T3 et Mshadow, les deux membres de Core qui avaient été recrutés au sein de TNT après que leur groupe eut été démantelé.

Les questions personnelles que m'avait posées T3 m'avaient souvent préoccupé. Mshadow se trouvait aussi sur mon écran radar parce qu'il ne s'adonnait jamais au piratage. Il fréquentait assidûment l'IRC, comme le reste d'entre nous, mais ne participait pas aux batailles pour s'emparer d'autres canaux ou pour attaquer d'autres groupes. S'il y avait parmi eux un agent fédéral, je pensais que ce pouvait être lui.

La méfiance était une vertu nécessaire dans les groupes de pirates sur l'IRC. Tout le monde utilisait des pseudonymes et différentes techniques pour tenter de dissimuler sa véritable identité et sa vraie adresse IP. Il y avait également une règle tacite selon laquelle on ne devait pas divulguer quoi que ce soit qui puisse incriminer, même de loin, une personne qu'on ne connaissait pas. Mais T3 et Mshadow avaient reçu l'appui d'autres membres et avaient été invités au sein de TNT, alors j'avais l'impression de devoir les accepter jusqu'à un certain point. C'est pourquoi, malgré mes soupçons, j'avais engagé avec eux et Swinger cette conversation extrêmement compromettante quand j'étais en ligne sous le pseudonyme « Anon ».

Quand j'en relis la transcription aujourd'hui, je ne peux m'empêcher de constater combien ils me poussaient à parler en manipulant mon ego. J'étais comme un enfant essayant d'impressionner les garçons plus âgés à l'école, essayant de démontrer à quel point j'étais un dur à cuire, à quel point j'étais intelligent. En fait, c'est la chose la plus stupide que j'aie jamais faite en ligne – à l'exception des attaques, bien sûr. Mon désir d'être reconnu et admiré m'avait fait abaisser ma garde.

Peut-être T3, Swinger ou Mshadow était-il en fait l'agent Swallow. Je ne le saurai jamais. Encore aujourd'hui, j'ignore combien d'informateurs il y avait. Quelqu'un refilait au FBI les transcriptions des conversations sur l'IRC. Était-ce la même personne qui l'avertissait lorsque Mafiaboy était en ligne ? L'informateur dont on avait brièvement parlé au procès était-il le même que celui que mentionnait *The Hacker Diaries* ? Et qu'en était-il de l'homme dont parlait l'article du *Mirror*, mon soi-disant parent ? Qu'est-ce qu'il faisait dans le décor, s'il en faisait seulement partie ?

Il existe un lien entre l'article du *Mirror* et la description de l'informateur dans *The Hacker Diaries* : tous deux font référence à une personne proche de moi qui connaissait ma véritable identité. Cette personne savait où me trouver en ligne. J'ai des tas de cousins, et c'est ainsi que s'était décrit l'homme qui avait parlé au directeur de l'information du *Mirror*. Mais jamais aucun d'eux n'a travaillé à l'ordinateur avec moi. J'ai un frère de sang et un demi-frère qui connaissent un peu les ordinateurs, mais aucun d'eux non plus n'a fait de piratage avec moi.

Puis il y a mon ami qui administrait l'extension d'un serveur de l'IRC dans une grande université américaine. Il était mon informateur. Peu après les attaques, il communiqua avec moi en ligne et me confia que le FBI était entré en contact avec les administrateurs de l'IRC. Les agents cherchaient les journaux de conversations de certains canaux. Mon ami affirma aussi qu'ils avaient l'intention de suivre la trace de certaines personnes. « Surveille tes arrières », m'avait-il dit. C'est également en raison de cet avertissement que j'avais décidé de me débarrasser de mon disque dur. Évidemment, ç'aurait pu être lui qui fournissait des indices au FBI sur mes activités en ligne. C'est difficile de savoir à qui faire confiance quand tout le monde se sert de pseudonymes et d'identités inventées.

Si je donne l'impression de tourner en rond, eh bien, c'est que c'est exactement ce que je ressens. J'ai encore des soupçons, mais je n'ai jamais pu les confirmer. L'homme qui avait parlé au directeur de l'information du *Mirror* semble avoir été assez brillant pour donner quelques détails crédibles en prenant soin d'ajouter certains éléments prêtant à confusion dans le but d'éviter d'être identifié. Et, bien sûr, la GRC et le FBI évitent de parler de leurs informateurs. Surtout à moi.

En 2000, j'étais totalement inconscient de la possibilité que des gens de mon entourage s'empressent d'aider le FBI ou la GRC ou désirent raconter leur histoire à la presse. Avec le recul, tous ces éléments semblent mieux convenir à un roman d'espionnage qu'à la vie d'un ado de 15 ans qui s'adonne au piratage informatique dans une banlieue.

Pendant que je poursuivais ma vie, Bill Swallow se tenait tapi en ligne sur plusieurs des canaux que je fréquentais, un informateur renseignait les policiers sur mes activités et mon identité, et un soi-disant membre de ma famille éprouvait le besoin de révéler à un journal local que je me trouvais à Montréal.

Au FBI et à la GRC, cette abondance d'informations représentait déjà une bonne nouvelle. Mais les choses étaient sur le point de s'améliorer davantage pour eux…

Chapitre 15

Sous écoute électronique

Le 18 février, Jill Knesek du FBI descendit d'un avion à Montréal. La découverte de mon identité par le caporal Gosselin avait ouvert la voie à l'étape suivante de l'enquête. Madame Knesek allait devenir l'agent de liaison entre le FBI et la GRC. Si le véritable Mafiaboy se trouvait à Montréal, alors l'affaire relèverait de la GRC. Mais cela n'empêchait pas le FBI de vouloir participer à tous les aspects de l'enquête.

Même si le coupable était au Canada, le département de la Justice considérait qu'il s'agissait d'une affaire américaine. Le responsable, qui qu'il soit, avait infiltré les serveurs d'universités américaines afin d'attaquer d'importantes entreprises américaines. Il n'était pas question que le FBI se retire et laisse la GRC prendre le contrôle – ou s'approprier tout le crédit – de l'enquête.

D'après *The Hacker Diaries*, « le nombre de demandes de renseignements en provenance de Washington était époustouflant, et la GRC se méfiait de plus en plus des représentants à Washington. Elle devint réticente à échanger avec eux beaucoup d'informations. Après tout, il était clair que l'affaire était désormais de compétence canadienne. »

Le fait d'envoyer Knesek à Montréal permettait d'entretenir une solide relation de travail entre les deux agences et contribuait à tenir les autorités américaines au courant des développements de l'enquête. Madame Knesek et le caporal Gosselin réussirent à contourner les obstacles bureaucratiques et juridictionnels et à travailler ensemble. Le jour de l'arrivée de la représentante du FBI à Montréal, la GRC installait des enregistreurs de numéros dans notre maison de l'Île-Bizard. Contrairement à un dispositif d'écoute électronique, cet appareil numérique n'enregistre que les numéros composés à partir d'une ligne en particulier. Les agents pouvaient voir qui appelait qui, mais n'avaient aucune idée de ce qui se disait. L'enregistreur avait néanmoins son utilité puisqu'il pouvait identifier les numéros téléphoniques servant à se brancher à Internet. Ainsi, l'appareil pouvait indiquer aux policiers si plusieurs comptes Internet étaient utilisés à partir de la maison.

En fait, c'était le cas. Mais la question demeurait ; lesquels de ces comptes utilisait Mafiaboy ? La GRC connaissait les habitants de la maison, à savoir mon père et ma belle-mère, de même que mon frère aîné et les deux enfants de ma belle-mère. Mais elle ignorait totalement qui faisait quoi en ligne et lequel des enfants était Mafiaboy.

La situation changea le 25 février. La GRC et le FBI obtinrent une ordonnance de la Cour leur permettant de mettre notre maison sous écoute. Ils sauraient maintenant qui disait quoi à qui, et pourraient également recueillir des données sur les opérations précises qui se déroulaient en ligne. Le dispositif fut activé le 27 février. L'avertissement de Yan à propos de l'écoute électronique se concrétisait ainsi quelques jours seulement après notre rencontre.

Quant à moi, je m'efforçais, à la maison comme à l'école, de me comporter comme si rien n'avait changé. Je me livrais à mes activités habituelles – y compris semer la pagaille à l'école –, mais j'éprouvais de plus en plus un sentiment de fatalité à propos de mon arrestation. Yan avait dit qu'ils viendraient au moment où je m'y attendrais le moins. La question était de savoir quelles preuves ils détenaient. Je songeais souvent à mon vieux disque dur, au fond du lac. Cette précaution suffirait-elle à m'éviter la prison ?

Même si j'avais cessé mes attaques contre des sites de renom, je continuais à clavarder sur l'IRC avec les autres membres de TNT. J'essayais encore d'en apprendre davantage sur le piratage et la programmation. Pis encore, je me connectais toujours aux réseaux universitaires américains sur lesquels j'avais auparavant obtenu des comptes. Je contrevenais encore à la loi. Avec le recul, je constate que mon comportement était aussi imprudent que stupide. J'aurais dû me contenter d'envoyer des courriers électroniques et de naviguer sur la Toile, mais j'étais devenu accro. Je ne pouvais pas rester à l'écart de l'IRC et ne voulais pas disparaître de TNT. Je souhaitais acquérir encore davantage de connaissances et de compétences. Comme allait l'expliquer en 2001 l'agent Swallow du FBI dans un article de la revue *Information Security*, ce comportement est courant chez les pirates.

« Je pense qu'une foule de pirates deviennent simplement dépendants. Ayant moi-même côtoyé ces gens pendant un an, je peux vous assurer qu'il s'agit d'un type de comportement qui suscite très vite la dépendance, dit-il. Le fait de pouvoir infiltrer un système informatique n'importe où dans le monde génère un véritable sentiment de puissance. »

La même dépendance et le même orgueil démesuré qui m'avaient fait déclencher les attaques à répétition contre des géants du commerce électronique continuaient d'influer sur mes activités en ligne. Ainsi, la GRC en viendrait à détenir une multitude de preuves contre moi. En fin de compte, les 43 jours de surveillance électronique allaient générer 7,6 gigaoctets de données découlant des activités en ligne qui se déroulaient à partir de chez nous.

Les agents téléchargeaient chaque jour les journaux de données et les examinaient pour découvrir quel membre de la maisonnée était Mafiaboy. (Ils pensaient que ç'aurait pu être mon frère aîné, Lorenzo.) La GRC écouta également des conversations téléphoniques, dont la vaste majorité étaient composées de banalités. Les agents écoutèrent ainsi des conversations entre Lorenzo et ses amis, entre mon demi-frère et sa petite amie, ainsi qu'entre moi et mes camarades. Le résumé d'une conversation qui eut lieu au début de mars entre mon ami Brian et moi illustre bien une conversation ordinaire au téléphone entre deux adolescents :

« [Michael Calce] parle de basket-ball. Michael parle de Brian qui boxe avec son père. Brian parle de sa relation avec ses parents. Michael parle de son travail et de son chèque de paye. Michael épargne son argent pour acheter des vêtements aux États-Unis. Il parle des Bruins de Boston. Il y a un match de basket-ball à la télé. Michael mentionne qu'il est malade. Ils parlent des filles. »

Fascinant. Mais ces conversations quotidiennes ennuyeuses étaient parsemées d'éléments compromettants. Ma situation constituait le sujet d'une multitude d'appels téléphoniques. Toute notre famille se préoccupait de l'attention médiatique parce que chaque article semblait laisser planer une nouvelle théorie concernant mon identité, ma culpabilité ou mon innocence, et les motifs qui m'avaient poussé à lancer les attaques. Un article en particulier attira mon attention. Dans l'édition du 23 février de l'hebdomadaire *The Nation*, l'auteure Naomi Klein écrivait une lettre ouverte à Mafiaboy.

« Au moment où j'écris ces lignes, l'étau du Federal Bureau of Investigation et de la Gendarmerie royale du Canada se resserre sur toi. Peut-être te trouves-tu déjà derrière les barreaux pour des crimes contre Yahoo!, écrivait-elle. [...] Comme tant de personnes ont applaudi en secret tes exploits (si ce sont réellement les tiens), je peux discerner au-delà des enfantillages nihilistes un autre type de Mafiaboy. Mon Mafiaboy mythique n'est pas un vandale, mais plutôt un jeune anti-entreprises, un combattant de la liberté de l'ère du commerce électronique. »

Comme madame Klein le faisait remarquer dans son article, d'autres journalistes me considéraient comme un « vandale », un « voyou » ou un être « antisocial ».

« Les pirates de la vieille école, avec leurs longues queues de cheval fraîchement passées au séchoir, ont rencontré Bill Clinton et Janet Reno pour les aider à te mettre la main au collet, poursuivait-elle. Ces pirates prétendent que c'est l'amour qui les motive. Ils aiment la technologie – ils veulent seulement qu'elle fonctionne correctement. Mais, Mafiaboy, je suis convaincue que tu faisais toi aussi un geste d'amour, non pas concernant l'intégrité d'une ligne de codes particulière, mais pour Internet dans son ensemble, comme il aurait pu être. »

Je me souviens avoir lu cet article et avoir souhaité que madame Klein ait raison. Mon frère pensait également que l'article était un chef-d'œuvre et commença à en parler à tout le monde. Le 7 mars, il appela Sergio, un ami qui dirigeait une entreprise d'informatique et qui savait également que j'étais Mafiaboy. La GRC enregistra la conversation :

Lorenzo : Heu... cette... cette personne... comment elle s'appelle ? Naomi... Naomi quelque chose.

Sergio : Oui.

Lorenzo : Elle a écrit tout un article sur Mafiaboy.
Sergio : Tu n'es pas sérieux.
Lorenzo : Tout l'article semblait faire son éloge, tu sais.
…
Lorenzo : … Je pense que tu vas trouver ça très intéressant… je n'ai jamais lu un article comme ça.
Sergio : Ouais.
Lorenzo : Elle est très… Je ne connais pas le journal… un de ces journaux qui écrivent un tas d'articles d'opinion… Tu comprends ce que je veux dire… En fait, c'était un… comme si elle disait à tout le commerce électronique : « Allez vous faire foutre. » C'est ça qu'elle disait.

Plus tard, Sergio demanda si Naomi Klein était une « belle femme » parce qu'il croyait qu'elle s'intéressait peut-être à moi. Lorenzo et lui rirent à cette blague, mais l'histoire se répandit parmi ma famille et mes amis. Je la racontai à mon père le même jour en soulignant le fait que l'article peignait de moi une image flatteuse. Klein avait, de manière éloquente, évoqué des arguments favorables à ce que j'avais fait, mais mes véritables motifs étaient en réalité beaucoup moins louables.

Ce jour-là, le 7 mars, eurent lieu une multitude d'appels en provenance de notre maison. Vers midi, je découvris que quelqu'un avait enregistré mafiaboy.com et créé tout un site Internet sur moi. Je parcourus le site, qui colligeait les articles sur mon affaire, et appelai bientôt mon frère.

Moi : Tu ne croiras pas ça.
Lorenzo : Quoi ?
Moi : Tu sais, mafiaboy.com.
Lorenzo : Ouais ?
Moi : Quelqu'un a enregistré le nom.
Lorenzo : Ouais.
Moi : Et il y a toute une page sur moi.
Lorenzo : Pas possible !
Moi : Et il y a toutes sortes de…
Lorenzo : … T'es sérieux ?
Moi : Oui, mon vieux.

Peu après, j'appelai mon père pour l'informer de l'existence du site.

Moi : J'ai trouvé des trucs intéressants.
John : Ouais, quoi ?
Moi : Tu sais, mafiaboy.com ?
John : Ouais ?
Moi : On a enregistré le site.
John : C'est vrai ?
Moi : Toute la page parle de moi.
John : Et puis ?
Moi : Je ne sais pas… ça parle de tout… il y a toutes sortes de trucs.
John : Mais c'est bon ? Ils te décrivent correctement ?
Moi : S'ils me décrivent correctement ? Ils ne savent absolument rien de moi.

Le propriétaire de mafiaboy.com ne savait pas qui j'étais, mais grâce à ce genre de conversations, les agents de la GRC, eux, ne pouvaient plus l'ignorer. Les éléments recueillis au fil de leur écoute électronique prouvaient hors de tout doute que j'étais Mafiaboy. Je faisais une fixation sur la couverture médiatique et sur mafiaboy.com. C'était facile de se laisser prendre par tous les événements qui survenaient à l'extérieur de la maison. C'est pourquoi j'en vins à ignorer l'avertissement de Yan qui m'avait prévenu que nos appareils électroniques pouvaient être sous écoute.

Les hypothèses incessantes des médias sur mon identité attiraient l'attention tout autant que l'avaient fait mes attaques ; ces dernières avaient obligé les gouvernements et les entreprises à rendre publiques de nouvelles mesures visant à lutter contre le piratage. Le ministère canadien de la Défense mit sur pied une équipe de 20 scientifiques et experts en informatique pour combattre les pirates.

Un rapport de la Presse canadienne portant sur cette initiative, publié le 28 février, disait ceci : « Même si l'équipe informatique du Centre de recherche pour la défense a surtout pour fonction de protéger les systèmes d'information des Forces armées canadiennes, il jouera sans doute un rôle dans la recherche et le développement d'un futur centre de coordination nationale visant à défendre les principaux systèmes informatiques canadiens contre les attaques de pirates. »

Plus tôt au cours du mois, la ministre de la Justice américaine Janet Reno s'adressait au Congrès pour plaider en faveur d'une proposition visant à dépenser 2 milliards de dollars en 2001 afin de contribuer à protéger le cœur de l'infrastructure de l'information des États-Unis. J'étais extrêmement surpris de la réaction en chaîne qu'avaient déclenchée mes attaques.

Dans les médias, les rumeurs abondaient. Différentes publications réussirent à dénicher de soi-disant pirates et experts qui affirmaient me connaître. La revue *Maclean's* publia une longue entrevue avec Rachelle Magliolo, une femme dont le pseudonyme était VetesGirl et qui disait être un « pirate vétéran ». Elle affirmait savoir exactement qui j'étais et soutenait que je l'avais déjà attaquée. Elle déclara que je vivais « à moins de 15 minutes de Toronto » et que j'avais 16 ou 17 ans. Ces dernières affirmations étaient fausses. Cependant, elle et moi avions effectivement eu des contacts.

J'avais connu VetesGirl quand je fréquentais « #warezIWC », le canal que j'avais trouvé quand je cherchais des *warez*. À l'époque, je n'étais qu'un débutant et je suppliais Drakus de m'enseigner le piratage. VetesGirl et moi étions tous deux nouveaux sur le canal et nous nous étions liés d'amitié. Toutefois, nos routes ont divergé quand le groupe s'est dispersé à la suite de la disparition de Drakus. Après avoir travaillé en solitaire pendant un moment, j'avais alors été invité à me joindre au groupe Alpha. Je suis certain qu'elle verrait la chose autrement, mais il me semble qu'elle m'en a voulu. Je l'avais dépassée et je faisais maintenant partie d'un groupe plus élitiste. À compter de ce moment, les choses se sont détériorées entre nous, au point où nous nous combattions verbalement sur l'IRC.

« J'ai connu Mafiaboy en ligne pendant quelques années, déclarait-elle à *Maclean's* en 2000. C'est un jeunot malicieux, un *packet kiddie* typique. »

Au moment de la parution de l'article, nous avions depuis longtemps dépassé les joutes verbales. J'avais piraté son site Web, self-evident.com, et m'étais bagarré avec elle à d'autres occasions. En vérité, la plupart des membres de TNT, y compris moi, la considéraient comme totalement incompétente. Mais si je donne l'impression que j'étais le seul de nous deux à jeter de l'huile sur le feu, ce n'était pas le cas. À un certain moment, elle avait écrit un programme de balayage servant à vérifier si des ordinateurs étaient susceptibles d'être affectés par certains outils d'exploitation. Il arrive souvent qu'un pirate envoie une mise en garde à d'autres pirates de sa connaissance avant de lancer un nouveau programme. Dans sa mise en garde, elle énumérait des gens portant des pseudonymes comme RainMakir, Eosyn et rajak, mais, sous ces surnoms, elle inscrivait :

« Allez vous faire foutre, @efnet, Mafiaboy, metaray, tabi, matrix, meta, _sk, antionline... »

Dans les médias, elle se présentait comme étant au-dessus des habituels conflits haineux sur l'IRC, mais c'était un mensonge. Elle y participait, elle se mêlait à tout le monde. Peu importait, au fond ; après qu'on m'eut désigné comme suspect, quiconque affirmait connaître des détails importants sur moi se voyait remettre un gros microphone, et personne ne doutait jamais de leurs dires. Tout le monde disait que j'étais un vantard, ce qui était vrai. Mais c'étaient eux qui, pour se mettre en valeur, alimentaient en conneries les grands médias.

Des gens, comme Naomi Klein, me considéraient comme un héros anticapitaliste subversif ; d'autres, comme Magliolo, tentaient de préserver la réputation des pirates en insistant sur le fait que je n'étais qu'un voyou qui jouissait d'une quantité énorme de paquets. En février et en mars, un article après l'autre prétendirent divulguer la véritable identité de Mafiaboy, mais ils étaient tous à mille lieues de la vérité.

***

Rob Currie, directeur de la Computer Investigative Support Unit, avait l'impression de faire partie des rares personnes au monde à connaître la vérité à mon sujet. Currie avait la responsabilité de surveiller l'activité en ligne dans notre maison. Parfois, il effectuait sa surveillance en temps réel quand je me connectais à Internet. Mais, rapidement, le flux de données devint surabondant. La raison en était qu'après une bonne dose de harcèlement de la part des jeunes de la maison, mon père céda et finit par installer un accès Internet haute vitesse en mars. En conséquence, Currie dut « installer un minilaboratoire dans le sous-sol de sa propre maison de manière à effectuer plus facilement les téléchargements », selon *The Hacker Diaries*.

Les données arrivaient à toute vitesse. Les preuves s'accumulaient rapidement, mais les agents de la GRC n'étaient pas encore certains d'avoir en main tout ce dont ils avaient besoin. Ils m'avaient vu me rendre sur les réseaux de diverses universités à l'aide de comptes volés et m'avaient surveillé pendant que j'allais sur l'IRC afin de rassembler, toujours illégalement, de nouveaux comptes.

Outre mes activités habituelles, j'étais souvent en ligne avec mes amis David et Patrick. Tous deux savaient que j'étais Mafiaboy. La GRC enregistrait nos activités tandis que nous nous lancions des attaques amicales et clavardions sur l'IRC. Le 26 mars, j'étais au téléphone avec Patrick quand nous nous connectâmes à l'IRC. Nous discutâmes d'une attaque éventuelle contre un certain canal et, d'après le résumé que fit la GRC de la conversation, Patrick commença à évoquer la possibilité d'attaquer Yahoo! et d'autres sites :

« Michael dit qu'il s'en va sur l'IRC et que Patrick s'y trouve sous le pseudonyme de Monkeyman... Patrick demande à Michael quand il va recommencer ses attaques. Michael se fâche et lui dit de ne jamais plus aborder ce sujet... »

Je commençais à ressentir les effets de la pression qui s'exerçait sur moi. Quelques semaines seulement auparavant, je m'émerveillais de la couverture médiatique et me réjouissais de l'article de Naomi Klein à mon sujet. Cette situation avait commencé à changer le 8 mars, quand Coolio, un des pirates américains qu'on avait au départ désignés comme suspects, avait été arrêté. Dans la vraie vie, il s'appelait Dennis F. Moran. C'était un jeune de 17 ans qui avait abandonné l'école. « Moran s'est rendu sans résister et il a fait l'objet de deux chefs d'accusation liés à un accès non autorisé à un système informatique, rapportait CNN.com. Chaque chef d'accusation pourrait lui valoir 15 ans de prison. »

Quinze ans pour chaque chef d'accusation ! J'étais renversé. Coolio avait été arrêté parce qu'il avait accédé à DARE.com, un site gouvernemental anti-drogue, et l'avait modifié. Maintenant, il risquait des décennies d'emprisonnement. (D'après CNN, il avait « modifié [le site] en en remplaçant le contenu par des messages et des images pro-drogue, notamment une image de Donald Duck avec une seringue fichée dans le bras ».)

Les crimes de Moran étaient moins graves que les miens. Je me demandai ce qui allait m'arriver si on m'attrapait. Je demeurais serein en apparence, disant aux gens qu'il serait beaucoup plus difficile de me mettre la main au collet parce que je n'étais pas aux États-Unis. De toute façon, rien ne s'était encore produit.

En fait, l'arrestation de Moran m'avait épouvanté, en particulier parce qu'il semblait que le FBI savait qu'il n'avait pas participé aux attaques contre Yahoo! ni à celles qui avaient ciblé les autres sites Web. Cela signifiait qu'on allait se concentrer davantage sur moi. Le 8 mars, j'appelai mon père et lui appris la nouvelle de l'arrestation. Le résumé de l'appel, rédigé par la GRC, était laconique.

« Michael raconte à son père l'arrestation du pirate surnommé Coolio. Michael dit que Coolio n'est plus soupçonné des attaques du mois dernier [*sic*] contre les sites importants », y lisait-on.

À peu près au même moment, Lorenzo était au téléphone avec mon ami Mike et lui disait que je passerais moins de temps en prison parce que j'étais plus jeune que Coolio. Moins de temps? Les deux chefs d'accusation qui pesaient sur lui entraînaient chacun 15 ans de prison! Ça n'avait rien de réconfortant. Peut-être allais-je écoper de cinq à dix ans. C'était pénible d'y penser. Pourtant, je ne pouvais m'empêcher d'aller sur Internet. Je *devais* être à l'ordinateur, sur l'IRC, et accéder à tous ces comptes piratés. Même le risque de passer des années en prison ne parvenait pas à mettre un frein à mon obsession. Les agents de la GRC n'avaient qu'à demeurer confortablement assis et à me surveiller pendant que je continuais d'enfreindre la loi.

L'écoute électronique avait d'abord été autorisée pour 60 jours, mais la GRC décida de l'interrompre plus tôt que prévu. Dès la fin de mars, elle avait commencé à s'intéresser de près à une série de conversations téléphoniques qu'avait tenues mon père. Il discutait avec des gens au sujet d'un associé qui lui causait des problèmes dans le cadre d'une coentreprise.

Mon père avait investi dans une compagnie de transport par autocar que dirigeait un type à Ottawa. Il réalisa bientôt que cet homme avait grevé l'entreprise et complotait afin d'en écarter mon père. Ce dernier allait perdre plus d'un million de dollars, et l'affaire commençait à le miner. Quand il en parlait à ses amis, il utilisait un langage que la GRC jugeait potentiellement dangereux.

J'ai lu les transcriptions de ces conversations et je peux comprendre que les agents de la GRC, qui ne connaissaient évidemment pas mon père, aient pu s'en inquiéter. Quand mon père se fâche, il se défoule verbalement, mais il ne passe jamais aux actes. Il ergota avec quelques amis au sujet d'une façon de poursuivre le type qui le volait. Le 27 mars, il discutait de la situation avec un ami du nom de Ralph. À un certain moment, Ralph laissa tomber : « Je comprends qu'on puisse casser des jambes. »

– Je dois voir quelques gars, répondit mon père. Je vais arranger ça.

Peu après, il aborda le sujet d'une prochaine communion en mai. Plus tard au cours de la même conversation survenait cet échange :

John : ... Nous ne lui devons rien, alors c'est facile de faire tomber le « privilège ». Tout ce qu'il fait, c'est inventer des conneries... et il va prolonger... Je vais résoudre ça, mais, tu sais comme ça va prendre du temps.

Ralph : À mon avis, tu devrais lui donner une bonne raclée ou quelque chose du genre... Il faut qu'il comprenne qu'il doit laisser tomber.

John : Quoi ?

Ralph : C'est probablement tout aussi bien.

John : Ouais.

Ralph : Je le pense.

John : Ouais.

Ralph : ... Fous-lui la trouille. Alors ?

John : Oh ! Il va mourir de trouille, c'est sûr. Mais quand tu ouvres une boîte de Pandore... tu sais ?

Ils palabrèrent pendant quelque temps sur cette idée farfelue, mais ils ne passèrent jamais à l'acte et n'échafaudèrent pas plus de plan pour le faire. Plus tard, certains journalistes allaient affirmer que mon père avait en fait embauché un tueur à gages pour assassiner son associé. Ça ne s'est jamais produit, bien sûr. Sans savoir que la GRC était à l'écoute, mon père se contentait de jouer avec ces idées fantasques au téléphone. Nous ne sommes pas des gangsters. Pourtant, la GRC commençait à penser, comme le révéla Knesek ultérieurement à l'auteur Dan Verton, que je n'avais peut-être pas « choisi le nom de Mafiaboy au hasard ».

Quelques semaines plus tard, le 14 avril, mon père s'entretint avec un homme du nom de Dave qui devait effectuer quelques réparations sur son véhicule. À un certain moment, il parla des problèmes que lui causait son associé et évoqua les énormes frais d'avocat que cette situation allait engendrer. D'après la transcription de la GRC, « John [voulait] régler cette affaire de tribunal pour pouvoir respirer ». La transcription cite ensuite cet échange :

John : Si jamais tes amis sont prêts, donne-moi un coup de fil.
Dave : D'accord.
John : J'aimerais lui en faire voir, à ce foutu enfoiré.
Dave : Exactement.

Puis ils revinrent à leur conversation sur la réparation du véhicule de mon père. Ça se passait toujours comme ça : quelques paroles brutales, puis on laissait tomber le sujet complètement. Même si je réalise qu'un tel comportement peut sembler indiquer, aux yeux de bien des gens, une appartenance au crime organisé, rappelez-vous qu'en fin de compte les accusations contre mon père ont été abandonnées. La GRC avait en main quelques transcriptions pouvant laisser croire que mon père avait de mauvaises intentions, mais les agents et le procureur savaient fort bien qu'elles ne contenaient rien d'utilisable.

À mon avis, la GRC voyait une occasion d'exercer une forte pression en nous arrêtant, mon père et moi, le même soir. Cela pouvait sembler une juste compensation pour avoir prématurément mis fin à l'écoute électronique, puisque la GRC savait maintenant avec certitude que j'étais Mafiaboy. J'avais été enregistré au moment où je me disais responsable des attaques et pendant que j'infiltrais d'autres systèmes informatiques. Alors, le 14 avril, la décision fut prise ; on effectuerait une descente chez nous, rue du Golf.

Mafiaboy et son mafioso de père allaient tous deux tomber.

Chapitre 16

« Ouvrez la porte ou nous allons la défoncer ! »

Vers 3 h, le matin du 15 avril, mon père et ma belle-mère étaient au lit et dormaient. À l'extérieur, un groupe de voitures et de camionnettes remplies d'agents de la GRC et d'autres organismes policiers commencèrent à se stationner devant la maison. Mon frère Lorenzo était sorti pour la nuit et j'étais resté coucher chez un ami. Tandis que, plusieurs coins de rue plus loin, j'étais tranquillement assis sur un divan à regarder *Les Affranchis*, un agent de la GRC prit un téléphone portable et composa le numéro de notre résidence.

La sonnerie réveilla mon père. Il saisit le combiné et regarda l'heure, se demandant pourquoi on appelait à cette heure de la nuit. À l'autre bout du fil, l'homme déclara qu'il était un agent de la GRC et dit à mon père : « Ouvrez la porte ou nous allons la défoncer. »

La première pensée de mon père fut : « Allez-y, défoncez-la. » Il était encore à moitié endormi et ignorait ce qui se passait. Il enfila une robe de chambre et descendit ouvrir la porte. Immédiatement, les agents envahirent la maison. L'agent qui semblait diriger l'opération conduisit mon père dans la cuisine et l'informa qu'il était en état d'arrestation. Comme il commençait à le bousculer, mon père le bouscula à son tour.

Pendant ce temps, ma belle-mère était paralysée par la peur. L'agent, le caporal Gosselin, était costaud et elle craignait qu'il blesse mon père. Finalement, un agent plus haut gradé intervint et ordonna au caporal Gosselin de se calmer.

– Regarde où il vit, dit-il à ce dernier.

Mon père pensa que l'agent laissait entendre qu'il ne s'agissait pas de la maison de quelque stupide voyou qu'il fallait bousculer. L'officier supérieur était très diplomate et semblait intelligent ; mon père songea qu'ils avaient sans doute prévu ce scénario, celui du bon flic et du mauvais flic.

– Écoute, laisse-le tranquille, dit l'agent, et tout le monde se calma.

Mon père demanda pourquoi ils l'arrêtaient et on lui répondit que c'était parce qu'il avait menacé quelqu'un. Sur le moment, il n'avait aucune idée de ce dont ils parlaient.

Pendant les premières minutes de la descente, il semblait évident aux yeux de mon père que les agents étaient étonnés. Ils avaient cru que j'étais à la maison. Mon père n'hésita pas à leur dire où j'étais, puisque nous n'avions pas l'intention de nous enfuir. Pendant ce temps, les policiers continuaient à fouiller la maison. L'un d'eux demanda si nous possédions des armes. Bien sûr, mon père leur répondit que non, que ce n'était pas le genre de commerce que nous faisions.

Selon lui, à ce moment-là, au moins une trentaine d'agents de la GRC, du FBI et de la police municipale étaient rassemblés dans la maison. Il y avait un tas d'uniformes différents et certains agents portaient des vêtements civils. Ils passèrent la maison au peigne fin, saisissant les ordinateurs et les emportant.

Après que mon père leur eut dit où je me trouvais, ils l'enjoignirent de m'appeler et de m'informer que la police allait venir me chercher. Un groupe d'agents se mit en route pour me ramener à la maison, pendant que d'autres commençaient à demander à mon père s'il savait ce que j'avais fait.

– Je savais qu'il faisait des trucs sur Internet, mais je ne connais pas bien ces choses, leur répondit mon père.

Ils l'exhortèrent à leur dire tout ce qu'il savait, lui assurant que cela faciliterait les choses pour moi.

– Parlez-nous avant que nous ramenions votre fils, lui dit un agent.

Drapé dans sa robe de chambre, à 3 heures du matin, à regarder les policiers envahir sa maison, mon père n'avait aucune intention de dire quoi que ce soit.

Après avoir posé quelques autres questions, les agents comprirent qu'il ne leur apprendrait rien. Ceux-ci informèrent mon père qu'il était temps de partir. Ce dernier appela Yan, notre avocat, puis demanda à se rendre à sa chambre pour changer de vêtements.

— Il faut que quelqu'un vous accompagne, dit un agent.

Il n'était pas question que mon père laisse quiconque le surveiller pendant qu'il se changeait. Il leur dit de le laisser aller s'habiller seul, ou de l'emmener dans sa robe de chambre. Comme les agents avaient déjà fouillé la maison et n'avaient rien trouvé de dangereux, ils décidèrent de l'autoriser à aller se changer sans escorte.

Pendant qu'il s'habillait, mon père se demanda s'il savait réellement tout ce qu'il y avait à savoir sur ce que j'avais fait. Il s'inquiétait au sujet de ce qu'il ignorait. La réaction des policiers semblait tout simplement démesurée.

Mon père descendit de l'étage et les agents essayèrent de lui passer les menottes ; il devait les porter pendant le trajet jusqu'au centre-ville, mais elles étaient petites. Ses mains et ses poignets sont énormes, et les agents commencèrent à s'impatienter.

— Écoutez, je ne vais rien faire de radical, leur dit-il.

Ils acceptèrent de renoncer aux menottes, le firent monter dans une auto et démarrèrent. Ainsi, ils s'assuraient qu'il ne serait pas là quand on me ramènerait à la maison.

Au poste de police, ils placèrent mon père dans une cellule de détention provisoire où se trouvaient déjà trois autres gars. Il lui suffit de les regarder pour constater qu'ils étaient tous sous l'influence d'une quelconque drogue, alors il demanda qu'on l'amène dans une cellule vide. Cela lui fut refusé. Mon père commença à agiter les barreaux et à crier aux agents de l'amener ailleurs, ce qu'ils firent au bout du compte. Une vingtaine de minutes plus tard, Yan arriva et ils discutèrent de la situation.

Plus tard ce matin-là, mon père se présenta devant un juge par vidéoconférence et dut déposer une caution de 1000 $ pour être libéré. Il accepta également de ne pas s'approcher en deçà d'une certaine distance de l'homme à qui il était censé vouloir faire du mal.

— Je suis retourné à la maison le samedi matin et je savais que Yan maîtrisait la situation, me dit mon père plus tard, quand nous pûmes enfin parler de la nuit de la descente. Je me réjouissais que tu sois entre bonnes mains.

***

Je fus donc à mon tour arrêté. Après avoir rempli les formalités d'usage au quartier général de la GRC, je passai le week-end au centre de détention de la Cité des Prairies. On me remit finalement en liberté le lundi matin. Selon les conditions de libération imposées par le juge, je n'avais pas le droit d'utiliser un ordinateur ni de me connecter à Internet, je devais respecter un couvre-feu, et il m'était interdit de voir mes trois meilleurs amis, Brian, David et Patrick, même si aucun d'entre eux n'avait pris part aux attaques.

À l'époque, je tenais pour acquis qu'il s'agissait d'une manière de me punir pendant que j'attendais mon procès. Je m'étais attendu aux deux premières conditions, mais celle-là me prit par surprise. C'était également la plus difficile à respecter. J'avais l'habitude de les voir tous les jours. Maintenant, je devais rompre tout contact avec eux. (Plus tard, j'ai lu les transcriptions d'écoute téléphonique, qui contenaient des conversations que j'avais eues avec eux en ligne à propos de piratage et d'attaques. Je suppose que c'est la raison pour laquelle la GRC voulait nous garder à distance les uns des autres, même s'il était incontestable qu'aucun de mes amis n'avait participé aux attaques.)

Quand mon arrestation fut rendue publique le mercredi, la frénésie des médias m'obligea à rester à la maison pendant quelques jours. Même si je n'étais pas exactement un élève modèle, l'école faisait partie de ma vie, de ma routine. Je passai ces quelques jours enfermé à la maison sans pouvoir aller sur Internet, sans pouvoir communiquer avec mes meilleurs amis, et avec une horde de journalistes en faction devant chez moi. Je me sentais comme un prisonnier.

La semaine suivante, les camions des médias étaient repartis et on me permit de retourner en classe. À l'école, tout le monde savait maintenant que j'étais Mafiaboy. Quand je déambulais dans les corridors, les gens me pointaient du doigt et murmuraient. Certains élèves, souvent des gens que je ne connaissais même pas, m'abordèrent pour me poser des questions.

– Comment tu as fait ça ?
– Pourquoi tu as fait ça ?
– Savais-tu ce que tu faisais ?

« Ouvrez la porte ou nous allons la défoncer ! »

J'étais irrité qu'on me pose constamment les mêmes questions. À l'école, j'avais déjà une réputation de grande gueule et de trouble-fête, mais je ne souhaitais pas attirer l'attention au sujet de mes actes de piratage. Je n'avais pas lancé ces attaques pour me construire une renommée à l'école ou dans les médias. Maintenant, des millions de gens connaissaient Mafiaboy. Mon identité secrète avait été révélée. Mon lien avec l'univers de TNT et de l'IRC avait été rompu. C'était un cauchemar.

Je dois toutefois admettre que la situation présenta bientôt un avantage inattendu : les filles. J'avais souvent eu des petites amies, mais maintenant j'étais le mauvais garçon le plus célèbre de l'école. Je paraissais dangereux, et un tas de filles adoraient ça. Cependant, compte tenu de la posture dans laquelle je me trouvais, c'était un faible réconfort.

Tous les autres aspects de ma vie à l'école ne firent qu'empirer. Je traversais les corridors avec le sentiment d'être un homme à abattre. Séparé de quelques-uns de mes meilleurs amis, mes notes, qui avaient déjà commencé à chuter, devinrent désastreuses. L'école exigeait de tous les élèves qu'ils portent un uniforme et je commençai à négliger mon apparence, laissant ma queue de chemise sortir de mes pantalons ou trouvant diverses façons de modifier l'uniforme. Chaque infraction me valait un « billet bleu ». Les billets commencèrent à s'accumuler, intensifiant la menace de sanctions disciplinaires. Mais je ne me souciais aucunement de mes problèmes croissants à l'école. Je me préoccupais davantage de ce que la GRC et le FBI me réservaient.

Pendant ce temps, mon père et moi rencontrions régulièrement Yan pour discuter de la façon dont je souhaitais procéder. J'avais deux choix : je pouvais plaider coupable ou non coupable. La décision allait être influencée par la qualité des preuves que détenait la Couronne contre moi. Mais nous n'avions encore rien reçu.

Pendant que nous attendions que des preuves nous parviennent, Yan s'arrangeait pour éviter d'avoir à répondre aux questions des médias. Il m'avait conseillé de ne rien dire, mais les demandes affluaient sans cesse. À un moment ou l'autre, tous les bureaux des grands organes de presse nord-américains communiquèrent avec Yan, et nombre de journalistes le supplièrent de leur accorder une entrevue exclusive. Il émit quelques commentaires tout de suite après mon arrestation, mais cessa bientôt de parler. Yan n'avait jamais eu à ce point affaire aux médias, mais il était assez intelligent pour éviter de se laisser piéger par toute cette frénésie. À sa manière, il tournait la chose en dérision pour détendre l'atmosphère. « Ils veulent même savoir quel type de brosse à dents tu utilises ! » me dit-il un jour.

Alors que l'année scolaire s'achevait, les médias se firent moins insistants. Je n'étais toujours pas autorisé à aller sur Internet ni à voir mes meilleurs amis, mais les vacances d'été représentaient tout de même une perspective réjouissante. Le seul problème, c'était que nous ne savions toujours pas quelles étaient les preuves qui avaient été rassemblées. Yan m'annonça que je devais m'attendre à ce que d'autres accusations soient portées contre moi. Nous savions qu'ils avaient mis la maison sous écoute, et j'essayais souvent de me souvenir de conversations possiblement compromettantes. Qu'avaient-ils entendu ? Je savais qu'au cours des semaines qui avaient suivi les attaques, ils devaient m'avoir observé tandis que j'accédais à divers réseaux universitaires, mais j'avais l'impression que cela n'avait aucun lien avec l'affaire elle-même. Je ne m'en préoccupais pas.

Je passai l'été à attendre les renseignements qui auraient une influence décisive sur mon proche avenir. Vers la fin de l'été, j'eus l'occasion de constater à quel point la surveillance qui m'était réservée était étroite ; je dus passer deux jours dans un centre de détention après avoir communiqué avec les amis qu'on m'interdisait de voir.

C'était déjà l'été le plus moche de ma vie, mais le pire restait encore à venir.

Chapitre 17

Dix-huit jours d'enfer

« Un adolescent accusé d'avoir paralysé le site Internet de CNN fait face à d'autres accusations (la Couronne) », titrait un communiqué de la Presse canadienne du 3 août 2000 :

« "Un adolescent accusé d'avoir paralysé le site Internet de CNN fait face à 64 nouveaux chefs d'accusation", a déclaré mardi un procureur de la Couronne.

« Un garçon de 15 ans, qui se faisait appeler Mafiaboy sur Internet, devrait comparaître en cour jeudi après-midi pour faire face à d'autres accusations, a fait savoir le procureur Louis Miville-Deschênes. La plupart des 64 chefs d'accusation sont liés au piratage d'ordinateurs, a affirmé Me Miville-Deschênes au cours d'une entrevue à l'extérieur du tribunal. Le reste a trait à des attaques de déni de service contre d'importants sites Internet, notamment Amazon.com, eBay.com et Dell.com. Ce sont de très graves allégations, a ajouté Me Miville-Deschênes. La dissuasion du public est d'une importance capitale dans une affaire comme celle-ci parce qu'on souhaite démontrer à tout le monde qu'il s'agit d'une question grave, dit-il. Le méfait a entraîné de graves conséquences pour toutes les victimes. »

Mon été connut une fin brutale le 3 août quand j'appris qu'on portait contre moi 64 nouvelles accusations liées aux attaques que j'avais lancées avant et après avoir frappé CNN.com. Nous ne savions toujours pas quelles étaient les preuves contre moi, mais il semblait que le procureur de la Couronne en détenait suffisamment pour me traduire en justice, simplement en évoquant les sites Web que j'avais paralysés et la kyrielle d'ordinateurs que j'avais infiltrés pendant que j'étais sous surveillance. Ils voulaient frapper fort, déposant autant d'accusations qu'il leur était possible dans le but de m'effrayer et de faire comprendre à tous que Mafiaboy et ses émules devaient subir un châtiment exemplaire.

Je plaidai de nouveau non coupable et fis de mon mieux, dans cette situation, pour éviter de céder à la panique. J'allais retourner à l'école environ un mois plus tard, et cela représentait pour moi une autre source d'inquiétude. C'était ma dernière année au secondaire et je n'avais pas du tout envie de franchir cette étape. Je n'étais qu'en onzième année, mais selon le système qui régit les écoles anglophones au Québec, le cours secondaire se termine cette année-là. Les élèves se dirigent ensuite vers un cégep (collège d'enseignement général et professionnel) où ils passeront deux années avant d'entrer à l'université (ou de ne pas y entrer, comme ce fut mon cas). La dernière année du cours secondaire est censée constituer un des meilleurs moments de la vie, mais je ne m'intéressais d'aucune façon à l'école. La remise des diplômes ne suscitait chez moi aucun enthousiasme, pas plus que la plupart de mes cours. J'essayai d'améliorer la situation en demandant d'être transféré à mon ancienne école, Lindsay Place. Le directeur de cette école accepta de me laisser revenir, mais je devais obtenir l'autorisation de l'école Riverdale, laquelle me fut refusée. Je pensai que Lindsay Place me conviendrait mieux parce que tout le monde à Riverdale savait que j'étais Mafiaboy et avait commencé à me traiter comme si j'étais un criminel. Malgré cela, l'administration de Riverdale semblait souhaiter que je continue à fréquenter l'école. Je n'avais d'autre choix que d'y retourner en septembre.

J'avais 16 ans et je faisais face à près de 70 chefs d'accusation. Si j'étais reconnu coupable, on pouvait me condamner à un séjour d'au plus deux ans dans un centre de détention pour jeunes. Je n'avais toujours pas le droit de voir mes trois meilleurs amis, le tribunal maintenait le couvre-feu et je ne pouvais pas me connecter à Internet. Et, désormais, j'étais obligé de fréquenter une école dont je ne voulais rien savoir. Ma vie était un véritable désastre.

Dès les premiers jours du retour en classe, je commençai à accumuler les billets bleus. Mon dossier scolaire en comporta bientôt suffisamment pour que soit justifiée une suspension à l'interne. Ça voulait dire que je me rendrais à l'école le matin pour passer la journée entière avec d'autres trouble-fêtes dans une classe prévue à cet effet. Nous n'étions autorisés à quitter la pièce que pour aller aux toilettes. Pourtant, cette sanction était risible comparée à deux années dans un centre de détention. L'école commença à envoyer à mon père des rapports hebdomadaires pour le tenir au courant de mes progrès ou de mon manque de progrès. Il m'engueula et me somma d'améliorer mon comportement.

Souvent, les rapports hebdomadaires illustraient avec de multiples détails les occasions où je répliquais à mes professeurs, où je perturbais la classe, où je faisais l'école buissonnière, et faisaient le relevé de mes médiocres résultats scolaires. Je me sentais constamment sous surveillance mais, en novembre, j'avais réussi à m'améliorer quelque peu. Puis, vers la fin du mois, je revins à mes vieilles habitudes. « Nous avons commencé à constater un changement d'attitude chez Michael cette semaine », soulignait le directeur adjoint dans une lettre à mon père, dans laquelle il commentait la période du 28 novembre au 31 décembre.

« Deux semaines ont été très positives (du 15 au 26 novembre) et nous espérions qu'il allait continuer de s'améliorer. Il est resté jusqu'à la fin de tous ses cours sauf deux, écrivait-il. Un professeur m'a fait savoir qu'il avait quitté son cours d'anglais… et on lui a demandé de quitter son cours de français le 30 novembre parce qu'il s'était mal comporté et s'était montré brutal. »

La lettre soulignait aussi que j'avais laissé ma chemise pendre sur mon pantalon et que j'avais porté un blouson à l'intérieur, ce qui constituait une infraction au code vestimentaire. Mon comportement entraîna de nouveau une suspension à l'interne le 1er décembre. Mais la lettre comportait tout de même un commentaire positif selon lequel « les enseignants [parlaient] encore des progrès qu'il [réalisait]… Michael s'[était] montré désireux de faire des efforts et de collaborer avec le personnel ».

La lettre avait été envoyée le 4 décembre et elle était remarquable en ce qu'elle omettait un fait important : au moment où le directeur adjoint l'expédiait, j'étais déjà retourné en prison.

***

Le 1er décembre, je purgeais ma peine dans la salle de retenue quand un professeur me pria de me rendre au bureau du directeur adjoint. J'entrai et ressentis un choc en voyant le caporal Marc Gosselin assis là. Il me sourit de toutes ses dents et se leva.

– Qu'est-ce qui se passe? demandai-je au directeur adjoint.
– Tu n'as pas respecté tes conditions de libération, me dit-il.
– Tu vas devoir nous accompagner aujourd'hui, déclara le caporal Gosselin.

Une des conditions de ma libération stipulait que je ne devais pas avoir de problèmes à l'école. J'avais oublié que même une chose aussi ordinaire qu'une simple suspension à l'interne constituait une infraction à mes conditions de libération, en particulier parce que ce n'était pas la première fois que j'étais suspendu cette année-là. Le caporal Gosselin souriait; il était là pour m'arrêter. Je demandai à appeler mon avocat et on me tendit un téléphone. Yan me dit qu'il ne pouvait rien faire pour le moment et que je devais accompagner le caporal Gosselin. J'étais complètement ébahi. Est-ce qu'ils me ramenaient en prison à cause d'une queue de chemise sortie du pantalon!?

Le caporal Gosselin semblait se réjouir considérablement du fait que j'avais été pris par surprise.

– On va t'arrêter et t'emmener en Cour, me dit-il.

Il me passa les menottes et m'entraîna dans les corridors de l'école. Les menottes n'avaient pas leur raison d'être, et l'agent aurait facilement pu choisir un chemin qui m'aurait évité de parader devant les élèves et les professeurs. Mais je ne crois pas que le caporal Gosselin souhaitait m'aider à protéger ma réputation. J'avais le sentiment qu'il voulait m'humilier, me ridiculiser devant autant de gens que possible. Peut-être y voyait-il une autre façon d'exercer de la pression sur moi afin de m'inciter à plaider coupable.

Les élèves et les profs se firent silencieux tandis que je traversais l'immeuble, les menottes aux poignets. Je me sentais comme une bête de foire. Je les imaginais se disant: « Qu'est-ce qu'il a encore fait? Il a lancé une autre attaque? » « Non, j'ai déconné en classe et j'ai laissé ma chemise sortie de mon pantalon », leur aurais-je répondu. Maintenant j'étais menotté. Sans le moindre doute, la situation m'embarrassait. Plus encore, j'étais en rage.

On me fit asseoir sur le siège arrière d'un véhicule de la GRC pour nous rendre au palais de justice, au centre-ville. Contrairement au silence relatif qui avait régné pendant mon premier voyage avec le caporal Gosselin, celui-ci, cette fois, utilisa ce temps pour tenter de me faire parler. Il espérait que j'allais craquer et passer aux aveux. À l'époque, je voyais ça comme une bataille entre lui et moi. C'était à qui allait obtenir ce qu'il voulait.

Il ne me lâcha pas de tout le trajet, affirmant que la GRC me tenait. Il me dit en souriant que je venais de commettre une grosse erreur. Cette fois, il allait s'assurer que je reste en prison. Aucune miséricorde.

– Tu devrais plaider coupable, ça rendrait service au juge, dit-il.

De toute évidence, il ne comprenait pas ma manière de penser. J'étais déterminé à ne pas me laisser influencer par lui. Si je plaidais coupable, ce serait de ma propre initiative, et non parce qu'il m'avait menotté et fait défiler devant les élèves et les profs. Ça n'avait servi qu'à me faire détester les flics encore plus. Comme la plupart des adolescents, je n'aimais pas qu'on me dise quoi faire ou qu'on me mette dans une situation gênante devant mes pairs. Le caporal Gosselin faisait exactement ce qu'il fallait pour me mettre en colère. Mais plutôt que de me forcer à avouer, sa tactique m'incita à chercher des façons de lui rendre la vie difficile. Un retour d'ascenseur. Et la façon la plus efficace de procéder, c'était de choisir de ne pas coopérer.

Comme le 1er décembre était un vendredi, je passai encore une fois le week-end en prison. Le 5 décembre, je me présentai devant une juge pour tenter de retrouver ma liberté. Le procureur de la Couronne affirma au tribunal qu'on m'avait suspendu à maintes reprises de l'école parce que j'échouais dans toutes les disciplines, à l'exception de l'éducation physique. Les reportages médiatiques qui s'ensuivirent s'empressèrent de souligner mes manquements à l'école.

La juge prit très au sérieux le non-respect de mes conditions de libération. La libération sous caution me fut refusée, et on m'expédia immédiatement dans un centre pour jeunes contrevenants. J'étais vert de rage. J'étais fâché contre moi-même d'avoir laissé une chose aussi stupide que des billets bleus me causer de si gros ennuis. Mais j'étais aussi en colère contre la GRC et contre la juge. Mon père, qui avait déjà dû faire face à une arrestation douteuse, était également hors de lui. Notre famille n'avait jamais eu maille à partir avec la justice jusque-là; la situation était nouvelle et déroutante. La GRC et le procureur semblaient avoir tous les atouts en main. Je ne réalisais pas encore à quel point je leur avais rendu la tâche facile en me laissant prendre dans l'engrenage de la mauvaise conduite à l'école. Maintenant, mes gestes m'avaient ramené en prison.

***

On m'envoya à l'unité Northview du centre jeunesse Shawbridge. De l'extérieur, le centre ressemblait à une école ordinaire. C'était un immeuble bas flanqué d'une cour de récréation ouverte. Contrairement à la Cité des Prairies, il n'y avait ni haute clôture ni barbelés à lames. Pour cette raison, les jeunes s'absentaient souvent de Northview sans permission. Je n'ai jamais essayé de m'enfuir, mais je réfléchissais sans cesse à une façon de sortir de cet endroit.

Involontairement, Northview ressemblait davantage à une école du crime pour les jeunes qu'à un lieu de réadaptation. Il y avait une routine bien établie pour chaque journée de la semaine. Nous nous levions à une heure précise, mangions à une heure précise et nous livrions à des activités à des moments précis. Certains jours, on pouvait passer du temps au gymnase ou à la piscine. Il y avait aussi des soirées de cinéma. C'était tout ce à quoi on pouvait s'attendre. Je réalisai bientôt à quel point le personnel consacrait peu de temps à tous ces jeunes en difficulté. On nous laissait à nous-mêmes sans supervision, ou presque.

Et que font une bande de jeunes délinquants en difficulté quand ils sont laissés à eux-mêmes? Ils nouent de nouveaux liens, échangent des histoires de crime et se transmettent mutuellement des conseils pour effectuer des cambriolages, vendre de la drogue ou commettre d'autres infractions. Un jeune pouvait être envoyé à Northview pour un méfait relativement mineur et en sortir doté de toute une nouvelle gamme de compétences criminelles. La situation à Northview me rappelle une réplique du personnage de Johnny Depp dans le film *Blow*[19], à propos de son séjour derrière les barreaux : « Je suis entré avec un baccalauréat en cannabis et en suis sorti avec un doctorat en cocaïne. » Northview offrait des cours de maîtrise en délinquance juvénile.

Mis à part le temps que je passais avec les autres jeunes, j'étais enfermé dans ma petite cellule aux murs crème anglaise dégoûtants. Ma famille me rendait visite le dimanche et c'était pour moi la meilleure journée de la semaine. Entre leurs visites, j'essayais de me concentrer sur l'audience prochaine, celle qui allait déterminer si on me libérerait sous caution. Une audience précédente devant le Tribunal de la jeunesse le 8 décembre n'avait pas porté ses fruits. Enfin, le 13 décembre, on fixa ma date de procès au 5 mars. Entre-temps, on me refusait toujours une libération sous caution.

Yan mit alors au point une nouvelle stratégie visant à me faire libérer et fixa une date pour une nouvelle audience au palais de justice. Cette fois, je me présentais devant un tribunal pour adultes. Puisque mon manquement était lié à ma mauvaise conduite à l'école, Yan et moi décidâmes, dans le cadre de notre nouvelle approche, que je devais travailler à temps plein. Nous pensions qu'il serait plus facile d'éviter les ennuis pendant que je serais sur mon lieu de travail. Pour sortir de prison, je devais décrocher de l'école. C'était là le genre de logique tordue avec laquelle je devais composer.

Au début de l'an 2000, j'avais commencé à travailler à temps partiel au restaurant Le Biftek. D'après Yan, il valait mieux que j'abandonne l'école et que je me concentre exclusivement sur le travail. Nous espérions qu'un juge, face à cet important changement de situation, déciderait de me libérer. C'était un risque que nous devions prendre. Je savais que cette approche pouvait facilement échouer et que, si c'était le cas, je devrais demeurer à Northview jusqu'à mon procès en mars. J'implorai le ciel pour que ça n'arrive pas.

Même si je pouvais jouer au basket-ball et faire de la natation, je n'entretenais aucune illusion ; Northview n'était rien d'autre qu'une prison. Cet aspect devint évident quand on nous envoya en classe. Alors que j'avais toujours été l'élève le plus

---

19. Le titre de la version française est *Cartel*. (N.D.T.)

indiscipliné de Riverdale, j'étais fasciné par le comportement de mes camarades de classe délinquants. Quand le personnel nous mettait en bandes dans une salle de classe, c'était l'enfer. Personne ne se souciait d'apprendre, et personne ne respectait les enseignants. Ceux-ci désiraient nous transmettre des connaissances, mais ils passaient le plus clair des périodes de cours à tenter de faire régner la discipline. Je me réjouissais souvent du chaos qui m'entourait. Malgré cette distraction, toutefois, mon attention se concentrait complètement sur mon audience du 19 décembre en Cour supérieure.

C'était la première fois que je comparaissais devant un tribunal pour adultes. Je me demandais si ça signifiait que je serais détenu avec des criminels plus âgés ; les ligues majeures, quoi. Je m'imaginais sans arrêt en train de sortir une cigarette, puis de voir arriver une armoire à glace aux bras tatoués qui me l'arrachait des mains. J'hésitais beaucoup, mais le tribunal pour adultes constituait le seul moyen de me faire libérer sous caution. Le 18 décembre fut de loin la pire soirée que je passai à Northview. Je ne trouvais pas le sommeil, la peur me rongeait. Qu'arriverait-il si on me ramenait ici jusqu'en mars ? Je ne pouvais envisager cette possibilité. Noël à Northview. L'idée même me donnait la chair de poule.

Quand arriva le lendemain matin, j'étais habillé et impatient d'agir. Des gardes vinrent me chercher et me conduisirent à l'extérieur où je fus surpris de voir un fourgon de la police. Pour mon dernier voyage au tribunal à partir de la Cité des Prairies, j'étais monté dans une camionnette qui paraissait presque normale, mis à part l'écran de verre qui protégeait le conducteur. Ce changement était-il lié au fait que mon audience se déroulerait devant un tribunal pour adultes ?

Les portes arrière s'ouvrirent et j'aperçus deux hommes assis au fond du fourgon. J'éprouvai un sentiment de panique. On me jetait dans un panier à salade avec des criminels adultes. L'un d'eux serait-il ce gros voleur de cigarettes tatoué que j'avais si souvent imaginé ?

Heureusement, aucun d'eux ne m'adressa la parole. Chacun de nous avait ses propres ennuis auxquels il devait réfléchir. Même si nous demeurions silencieux, je crus deviner pourquoi un des deux gars était là, parce qu'il puait l'alcool. Je supposai qu'il avait passé une dure nuit à dégriser dans une cellule quelque part.

Nous arrivâmes au palais de justice par une entrée souterraine et je fus bientôt séparé des autres. Deux agents me mirent dans un ascenseur et me conduisirent dans une cellule.

– Attends ici, me dirent-ils.

J'étais soulagé d'avoir une cellule à moi tout seul. J'avais évité le voleur de cigarettes.

On vint finalement me chercher pour m'amener dans une pièce adjacente à la salle d'audience, d'où je pouvais voir et entendre ce qui se passait à l'intérieur. C'était une sorte de loge privée pour les détenus. Je songeai aux fois où, assis sur un siège semblable, j'avais regardé un match de hockey des Canadiens. J'espérai que je pourrais bientôt jouir à nouveau de ce privilège.

Je jetai un coup d'œil dans la salle du tribunal. En scrutant un à un les visages, je commençai à m'inquiéter. Je ne voyais Yan nulle part. Je me demandai s'ils m'avaient conduit au bon endroit. Puis je m'inquiétai encore davantage quand je commençai à écouter l'affaire en cours.

Le juge décidait s'il devait ou non accorder sa libération à un type accusé d'avoir poignardé environ cinq fois sa femme ou sa petite amie. Il invoquait, pour sa défense, le fait qu'il avait perdu conscience et s'était réveillé avec un couteau à la main. Il se trouvait là maintenant, demandant à être libéré. Les avocats argumentaient et le juge posait des questions.

« Dieu du ciel, pensai-je, je suis vraiment dans un tribunal pour adultes. »

Je m'attendais à ce que ce type soit renvoyé en cellule, mais on le libéra sous caution. Je n'en croyais pas mes oreilles ! Puis je réalisai que mes chances étaient assez bonnes, si on libérait un gars accusé d'avoir poignardé quelqu'un.

Bientôt, ce fut mon tour. On me conduisit dans la salle du tribunal et je remarquai immédiatement de nouveaux visages. Les journalistes avaient entendu parler de l'audience. Carnets de notes en main, ils me fixèrent des yeux quand j'entrai dans la pièce. Mais je ne voyais pas Yan. Le juge farfouillait dans ses papiers et ne leva même pas les yeux vers moi. Maintenant, j'étais vraiment anxieux. Où se trouvait donc Yan ?! Finalement, mon père entra dans la salle et je me calmai. J'étais au bon endroit. J'allais obtenir une audience.

Yan entra avec le procureur de la Couronne. Tous deux avaient porté des complets au moment où j'avais comparu devant le Tribunal de la jeunesse, mais ce jour-là, ils étaient vêtus de toges noires. De toute évidence, cette Cour n'avait rien à voir avec le Tribunal de la jeunesse. Les crimes qui y étaient jugés étaient plus graves, et même le code vestimentaire était différent. Le juge lut mon dossier et demanda à Yan de lui expliquer la raison de l'audience. Je commençai à me sentir un peu plus rassuré. Cependant, alors que le juge n'avait pas hésité à libérer le type accusé d'avoir poignardé son amoureuse, il semblait prendre mon affaire plus au sérieux. Il commença à argumenter avec Yan à propos de l'idée de me retirer de l'école. La place des enfants était à l'école, disait-il. Le juge me regarda alors et fit remarquer d'un air sévère que je ne devais pas enfreindre les règles de l'école.

La première pensée qui me vint à l'esprit fut : « Je suis fini », suivie de près par : « Je vais passer Noël à Northview. »

Yan décrivit la situation dans laquelle je m'étais retrouvé à l'école et souligna le fait que l'affaire avait énormément attiré l'attention des médias sur moi, sur ma famille, sur les élèves et sur les enseignants. Il ne s'agissait pas d'une situation normale. La présence d'une rangée de journalistes s'affairant à prendre des notes illustrait la justesse de son argument.

Le juge reporta son attention sur moi, précisant que si j'étais libéré sous caution, je serais tenu sous étroite surveillance. Il ajouta que mes conditions de libération seraient plus sévères et qu'on me renverrait immédiatement en prison si j'enfreignais n'importe laquelle de ces conditions. J'avais l'impression que le juge était Moïse descendant de la montagne avec les conditions de ma libération plutôt qu'avec les Dix Commandements. Chaque fois qu'il prenait la parole, je hochais la tête en signe d'approbation. Je sentais que nous étions sur le point d'obtenir ma libération. Peut-être que, après tout, j'allais passer Noël en famille.

En fin de compte, le juge accepta de me libérer pourvu que je travaille à temps plein au restaurant et que je respecte en tout point chacune de mes conditions de libération. Je ressentis un énorme soulagement. Je ne retournais pas à Northview. Finie pour moi, l'école du crime.

**

Le travail à temps plein fut finalement la meilleure chose qui pouvait m'arriver. Même si j'apprécie maintenant la valeur de l'éducation, l'école n'était pas l'endroit idéal pour moi à l'époque, en partie à cause du milieu et en partie à cause de mon comportement.

J'avais obtenu cet emploi au Biftek parce que ma belle-mère s'occupait d'obtenir des réservations pour des banquets au restaurant. Avant mon arrestation, le restaurant avait représenté pour moi une bonne source d'argent de poche. Bien que je n'aie jamais aimé les travaux scolaires ni été attentif en classe, j'ai toujours pris mon emploi au sérieux. J'avais l'impression d'apprendre à devenir responsable. Jamais, au restaurant, je ne me suis retrouvé en mauvaise posture.

« Monsieur Calce est à la fois organisé et ponctuel, pouvait-on lire sur une lettre datée de novembre 2001 que le directeur général du restaurant avait préparée à l'attention de mon avocat et du tribunal. C'est une personne très motivée et qui a de grandes aspirations. Il se conduit de façon responsable et fait preuve de dévouement, et j'ai toute confiance qu'il réussira dans la vie. »

C'était comme si j'étais au Biftek une personne complètement différente de celle que j'avais été à l'école. En vérité, je me sentais davantage moi-même au travail.

Grâce à mes efforts et à mon poste à temps plein, je reçus une promotion. Je passai d'aide-serveur à aide-cuisinier. Mon travail consistait à préparer les salades, les entrées et quelques-uns des ingrédients principaux dont se servaient les cuisiniers et le chef. J'avais ainsi obtenu le droit de porter la blouse blanche des cuisiniers. J'adorais endosser cette blouse quotidiennement. Elle signifiait que je faisais partie de l'équipe. À part l'équipe de basket-ball, TNT était la seule équipe dont j'avais vraiment eu l'impression de faire partie. J'avais plein d'amis à l'école, mais je n'avais jamais eu l'impression d'appartenir à la communauté scolaire. (C'était, bien sûr, en partie à cause de mon comportement.) Tout était différent au restaurant. Au Biftek, j'adorais porter l'uniforme ; pourtant, j'avais toujours rechigné à le faire à l'école.

Mon travail me plaisait et j'aimais me trouver à la cuisine avec les autres membres du personnel. Les employés me connaissaient, et connaissaient aussi ma situation. Tous savaient que j'étais Mafiaboy et, malgré cela, personne ne m'embêtait à ce propos. Nous étions là pour travailler. Parfois, quelqu'un me posait une question ou deux sur mon procès quand nous fumions une cigarette à l'extérieur, sans plus. Il n'y avait ni commérages ni murmures dans mon dos. Les gens respectaient ma vie privée et me traitaient d'égal à égal.

J'adoptai ma routine et n'enfreignis plus une seule de mes conditions de libération. Finalement, Yan commença à recevoir les preuves contre moi. Nous examinions tour à tour les dossiers. Au début, il ne s'agissait que de quelques documents, puis le bureau de Yan commença à se couvrir de paperasse. Il y avait des enregistrements de conversations issus de l'écoute électronique, des transcriptions, des documents policiers, des journaux de serveurs... La montagne de papiers allait croissant. Il y en avait trop pour que je les examine tout seul.

Après des semaines de lecture, Yan nous convoqua, mon père et moi, pour nous faire part de son point de vue sur la situation. Il était convaincu que la Couronne aurait beaucoup de difficulté à prouver que c'était moi qui avais orchestré les cyberattaques. Il avait l'impression qu'une bonne partie des preuves étaient circonstancielles. Si la Couronne n'arrivait pas à établir un lien direct entre moi et les attaques au moyen de preuves solides, alors il était fort possible que j'évite la condamnation. La nature technique de la cause représentait un autre point qui pouvait jouer en notre faveur. C'était la toute première fois qu'un juge ou un procureur canadien se retrouvait avec une cause pareille entre les mains. Les avocats de la Couronne allaient devoir s'organiser pour trouver un sens dans cette multitude de données et de journaux de serveurs. Comment s'y prendraient-ils pour expliquer au juge ce qu'était une attaque de déni de service ? C'était un défi pour eux. Évidemment, nous allions aussi devoir trouver un moyen de mettre en évidence les faiblesses et les lacunes de leurs preuves. Rien n'était simple dans cette affaire.

Yan était convaincu que j'avais des chances de bien m'en tirer au procès. Toutefois, la décision m'incombait. Je pouvais prendre le risque et me préparer pour un long et difficile procès, ou je pouvais plaider coupable et entreprendre le processus de restitution. Le traitement que la GRC nous avait infligé, à moi et à mon père, avait été douloureux pour notre famille, mais j'étais résolu à ce que cela n'influence pas ma décision. Mon ancienne arrogance de Mafiaboy me répétait constamment : « Ne cède pas un pouce de terrain, ne te laisse pas ébranler par leurs tactiques. »

Puis, pendant nos discussions, Yan reçut une lettre du procureur de la Couronne dans laquelle celui-ci indiquait qu'ils seraient plus indulgents à mon égard si j'acceptais de plaider coupable. Il était évident que le procureur et la GRC souhaitaient à tout prix régler l'affaire au plus vite. Ils espéraient épargner le temps et l'argent que nécessiterait un procès et être en mesure de montrer au monde qu'ils avaient réussi à traîner Mafiaboy devant la justice.

Je dois avouer qu'une partie de moi éprouvait encore une forte envie de faire la vie dure à la GRC. Je voulais confronter l'organisme pour la façon dont ses agents avaient traité mon père et pour la fois où le caporal Gosselin m'avait fait défiler, menottes aux poignets, devant toute l'école. J'avais aussi l'impression que je perdrais le peu de crédibilité qu'il me restait sur Internet si je cédais. Je m'étais toujours enorgueilli de ne jamais reculer devant un combat, en ligne ou dans la vraie vie. C'était la plus grande bataille à laquelle j'avais jamais été confronté. Pourrais-je continuer à me regarder en face si je plaidais simplement coupable ? J'admets que l'orgueil jouait un rôle prédominant dans ma décision. Le Mafiaboy impertinent et vantard d'Internet m'habitait toujours.

Le procès lui-même constituait un autre facteur dans ma décision. Je me trouverais constamment au tribunal, et je serais forcé d'obéir aux conditions de ma libération lorsque je rentrerais à la maison. Les journalistes me harcèleraient quotidiennement. Ma patience avait déjà presque atteint ses limites en raison de mes comparutions régulières au tribunal, de mon séjour à Northview, du fait d'être séparé de trois de mes meilleurs amis et, évidemment, de devoir me priver d'aller sur Internet.

Il me fallut du temps pour prendre une décision, puis pour parler à Yan et à mon père. Ils étaient prêts à lutter si c'était ce que je voulais. Mais à ce moment, près d'un an après les attaques, je voyais désormais mes actes d'un autre œil. Je voyais les conséquences de mes attaques et je commençais à réaliser l'ampleur des dommages que j'avais causés. L'idée de céder à la GRC me faisait encore horreur, mais il était devenu évident que j'allais devoir assumer entièrement la responsabilité de mes gestes.

Je demandai à mon père d'organiser une réunion avec Yan.

– Je vais plaider coupable, leur dis-je. Faisons un marché.

Je croyais qu'en plaidant coupable, la surveillance médiatique, les pressions de la GRC et mes conditions de libération disparaîtraient bientôt. Je savais que je passerais quelque temps dans un centre de détention ou dans un foyer de groupe et que ce serait tout. Ma vie reprendrait son cours normal.

En réalité, je m'apprêtais à subir les pires assauts de la part des médias et à endurer toute une série de rencontres irritantes avec un travailleur social. Mais je n'en avais pas la moindre idée. Même si je plaidais coupable, mes comparutions les plus désagréables devant le tribunal restaient encore à venir.

Chapitre 18

Coupable

Communiqué de presse du FBI, le 18 janvier 2001

« Le National Infrastructure Protection Center et le Federal Bureau of Investigation (FBI) ont annoncé aujourd'hui que, le 18 janvier 2001, le [...] jeune homme connu sur Internet sous le nom de Mafiaboy a comparu devant le Tribunal de la jeunesse de Montréal au Canada et a plaidé coupable à 56 chefs d'accusation. Ces accusations comprennent des dommages à la propriété d'une valeur de plus de 5000 $ causés à des sites Internet, dont CNN.com, Yahoo.com, et eBay.com, reliés aux attaques de déni de service coordonné survenues en février 2000. Dans chaque cas, les attaques ont empêché les sites victimes d'offrir leurs services aux utilisateurs légitimes d'Internet. Les autres chefs d'accusation ont trait à un accès non autorisé à plusieurs autres sites Internet, notamment ceux d'universités américaines.

« L'enquête a été effectuée avec la collaboration de la Gendarmerie royale du Canada (GRC) et met en lumière les avantages d'un long et productif partenariat entre le FBI et la GRC dans le cadre d'enquêtes sur la cybercriminalité. »

Le 18 janvier 2001, la Couronne avisa le juge que j'avais l'intention de plaider coupable à 56 des 66 chefs d'accusation qui pesaient sur moi. Après de longs pourparlers entre Yan et le procureur de la Couronne, nous nous entendîmes au sujet des attaques et des intrusions que j'allais avouer avoir commises. Il s'agissait entre autres des attaques de déni de service coordonné contre CNN.com, Yahoo!, Amazon.com, eBay.com, Dell.com et de l'infiltration de quelques réseaux appartenant à des établissements scolaires. Je ne plaiderais pas coupable pour les attaques contre Outlawnet en Oregon. Pour ma part, c'était de l'histoire ancienne. Elles n'avaient aucun lien avec Rivolta.

Les journalistes savaient que je serais en Cour le 18, mais la plupart d'entre eux ignoraient que j'avais décidé de plaider coupable. Au cours des mois précédents, des rumeurs avaient circulé dans les médias à l'effet que j'aurais cédé sous la pression, mais c'était là le véritable marché que j'avais conclu avec eux. J'allais me tenir debout, avouer mes crimes et accepter la décision du juge. À mes yeux, il s'agissait d'un premier pas vers un retour à une vie normale.

J'arrivai au tribunal et constatai qu'il y avait encore davantage de journalistes que jamais auparavant. Les cameramans – il semblait y en avoir une quinzaine ou une vingtaine – jouaient du coude afin d'obtenir le meilleur angle d'où saisir mon entrée au tribunal. Ils firent de même quand je quittai l'édifice après avoir modifié mon plaidoyer. Yan, mon père et moi fûmes assaillis; on voulait obtenir nos commentaires. La situation était encore plus déroutante qu'au moment où les journalistes avaient débarqué à l'improviste à mon école, des mois auparavant. J'avais alors été stupéfait par la vague qui avait déferlé sur Riverdale, mais le nombre de représentants de la presse qui étaient présents au tribunal rendait ridicule la petite foule qui s'était jadis amassée devant l'école. Ils semblaient tous être devenus plus agressifs. Maintenant, il ne faisait plus de doute que j'étais coupable ; peut-être ne ressentaient-ils plus le besoin de se retenir. J'étais un bandit. Nous réussîmes tant bien que mal à nous rendre à l'auto de mon père et je m'assis sur le siège arrière en observant la scène à l'abri des vitres teintées.

Maintenant, mon affaire passait à l'étape de la détermination de la sentence. Pour ce faire, le tribunal ordonna qu'un travailleur social des services aux jeunes contrevenants de la province m'évalue. Il s'appelait Hanny Chung. Avant même de le rencontrer, je m'inquiétais de ce qu'un fonctionnaire pourrait avoir à dire à mon sujet.

***

« Michael Calce est un adolescent de 16 ans et 7 mois d'ascendance italienne. Il mesure environ 5 pieds 7 pouces et pèse près de 125 livres. Michael a les yeux bruns et les cheveux brun foncé. Il arbore aussi une mince moustache et une barbe clairsemée. Michael donne l'image d'un garçon soigné. Il porte des vêtements dans le style des jeunes d'aujourd'hui et semble assez sûr de lui. Il m'a également donné l'impression d'être un jeune qui a de l'entregent et qui possède un bon sens de l'humour. »

D'après son rapport, c'était là la première impression que Hanny Chung avait eue de moi. De mon point de vue, Chung était un homme petit et maigre d'ascendance asiatique. Il se montrait assez amical, mais semblait surtout préoccupé de maintenir entre nous une distance professionnelle. Je me méfiais de lui. À mes yeux, il faisait partie de l'équipe adverse. Il travaillait pour le gouvernement et avait été nommé par le tribunal. J'étais prédisposé à me méfier de lui, et cette prédisposition eut probablement une influence sur nos relations. Je ne me montrais jamais grossier ou irrespectueux à son égard ; je réalisais que je n'avais pas intérêt à être considéré comme un jeune difficile et insubordonné. Mais je n'avais cependant nullement l'intention de m'ouvrir à lui.

J'eus plusieurs rencontres avec Chung, au cours desquelles il m'indiqua que son évaluation aurait une forte incidence sur la détermination de ma peine. Chung rencontra aussi mon père, mon frère, ma belle-mère et ma mère ou leur parla au téléphone. Riverdale et mon école précédente lui transmirent des rapports me concernant, et il eut un entretien avec le caporal Gosselin et avec le coordonnateur de l'unité Northview à Shawbridge.

Je prenais nos rencontres très au sérieux et faisais de mon mieux pour répondre à toutes ses questions, même si nombre d'entre elles me semblaient très étranges. Dès le départ, il était évident qu'il ne connaissait pas grand-chose à Internet et, donc, à la nature de mes crimes. Quand il me demanda pour la première fois de décrire ce que j'avais fait, je tentai de le mettre à l'épreuve. Je laissai tomber toute une série d'expressions sur la réseautique pour voir s'il y comprenait quoi que ce soit. Il n'avait aucune idée de quoi je parlais. Je lui dis alors qu'il me semblait inutile, dans ce contexte, d'essayer de lui expliquer la nature de mes crimes, puisqu'il ne pouvait pas comprendre ce que j'avais fait. Je n'avais pas l'intention de me montrer impoli en lui disant cela, mais il interpréta mes paroles comme de l'arrogance. L'affaire commençait plutôt mal.

Chung me demanda pourquoi j'avais commis ces crimes, si je comprenais que ce que j'avais fait était mal et comment je me sentais à propos des dommages que j'avais causés. En raison de son manque d'expertise technique, je ne me suis jamais senti à l'aise avec lui. De plus, je ne voyais pas comment un protocole d'entrevue conçu pour encadrer des rencontres avec de jeunes délinquants violents pouvait s'appliquer à moi. Je répondis aux questions de Chung, mais à contrecœur. En réalité, je n'aidais pas ma cause.

Je tentai de mettre l'accent sur le fait que, même si j'avais causé de graves dommages, j'aurais pu infliger encore plus de mal. Je lui dis que, si je l'avais voulu, j'aurais pu paralyser bon nombre de gros routeurs Internet sur la côte est. Grave erreur. Chung y vit de la prétention. J'aurais dû mieux choisir mes mots et éviter de mentionner ma capacité à paralyser d'autres sites. Ou encore m'en tenir à jouer le rôle qu'on s'attendait à me voir jouer, et paraître effrayé et dépassé par la situation. J'aurais pu mieux me comporter avec Chung, mais une part de moi ne voulait pas s'ouvrir, pour éviter d'avoir l'air d'agir comme si j'étais à sa merci. Cette attitude allait me nuire plus tard.

Chung avait déjà lu les rapports de la GRC soulignant que je m'étais vanté de mes attaques en ligne. Maintenant, il avait l'impression que je recommençais. « Michael a minimisé son implication dans l'infraction en affirmant qu'il aurait été en mesure de paralyser tous les systèmes informatiques de la côte est, mais qu'il ne l'a pas fait, écrivit Chung plus tard dans un rapport de 18 pages. Michael a prétendu pouvoir obtenir des renseignements personnels sur n'importe quel client d'une entreprise émettrice de cartes de crédit. »

J'avais effectivement mentionné à quel point il m'aurait été facile de voler des renseignements personnels et des numéros de cartes de crédit, mais je l'avais fait pour lui montrer que j'avais agi sans intention criminelle. Toutefois, ma tentative visant à démontrer que je m'étais fixé des limites avait misérablement échoué. Chung me voyait comme le fanfaron que décrivaient les rapports de la GRC. Son propre rapport reprenait une bonne partie de ce qu'affirmaient à mon propos ceux de la GRC. Peut-être avaient-ils eu raison pendant tout ce temps, mais j'étais incapable de le voir ou de l'admettre à l'époque.

Je dois toutefois accorder à Chung un certain mérite pour avoir percé à jour un mensonge que j'essayais à répétition de lui faire avaler. Je savais que la grande question dans l'esprit de tous était la raison pour laquelle j'avais perpétré les attaques. Étais-je parti en croisade pour punir les géants du commerce électronique ? Est-ce que je voulais devenir célèbre ? Les hypothèses fusaient de toutes parts. J'étais le seul à connaître la vérité : j'avais lancé les attaques pour tester mes nouveaux réseaux et mon outil de déni de service coordonné dans le but de préparer mon opération Rivolta. Puis, après avoir frappé Yahoo !, je me suis laissé emporter par un sentiment d'orgueil démesuré. Je pouvais difficilement m'imaginer en train d'expliquer à un travailleur social ou à un juge que j'avais attaqué le premier site pour me préparer à une série d'assauts de plus grande envergure contre des équipes rivales de pirates. Cela n'aurait que renforcé mon image de délinquant. Alors, je déclarai plutôt que je procédais à une série de tests pour vérifier le niveau de sécurité des sites Web que j'attaquais. J'essayais de me faire passer pour un « chapeau blanc[20] ». Chung n'était pas dupe. Plus important encore, il s'apercevait que je ne voulais pas dire la vérité sur les raisons qui m'avaient poussé à lancer les attaques. C'était un coup dur pour moi. Dans mon esprit, c'était un risque que je devais courir pour tenter d'obtenir une sentence indulgente.

Je rencontrai plusieurs fois Chung, et, à intervalles réguliers, il s'entretint avec ma famille. Je n'aimais pas le portrait qu'il traça de moi dans son rapport final, mais ce qui m'était encore plus douloureux, c'était le fait qu'il ait évoqué certains problèmes entre mes parents. Dans le résumé d'une entrevue qu'il avait réalisée avec ma mère, il avait écrit que, selon elle, la maison de mon père était un endroit où tout était permis parce qu'« il n'y avait aucune supervision... le père accordait toutes les permissions à ses deux fils pour qu'ils choisissent de vivre avec lui. De cette manière, il n'aurait pas à lui verser de pension alimentaire. »

---

20. Expert en sécurité informatique. (N.D.T.)

Chung faisait remarquer que mes parents « ne se [parlaient] pas de façon régulière. Ils se [parlaient] de leurs enfants par l'entremise de leurs avocats. »

À cause de ce que j'avais fait, les difficultés découlant du divorce de mes parents étaient maintenant du domaine public. Je détestais ça. J'avais toujours pensé que les affaires familiales devaient demeurer au sein de la famille. Ça ne concernait pas le public. Malgré cela, un rapport, commandé par le tribunal, avait été écrit sur la façon dont nous vivions.

La dernière partie de mon évaluation prit la forme de ce qu'on appelait le test de Jessness, que Chung décrivait comme « un instrument d'évaluation sociocriminologique servant à cerner l'attitude et les perceptions d'un jeune par rapport à lui-même, aux autres et à certaines situations sociales ».

Je m'assis et répondis par vrai ou par faux à 155 déclarations différentes, y compris des phrases comme : « Je suis plus intelligent que la plupart des gens que je connais. » On ne m'accordait que quelques secondes pour répondre parce qu'on voulait saisir ma réaction à chaud. Ça ne représentait pas un problème parce que le test était ridiculement simple. C'était le genre de test auquel seule une personne ayant des tendances sociopathes ou un esprit réellement tordu pouvait échouer. En fin de compte, les résultats montrèrent que je n'étais « pas enclin à la délinquance ». Ils révélaient que je possédais un « système de valeurs sain » et que j'avais « tendance à adhérer aux règles et aux limites [qui m'étaient] imposées ».

Selon l'évaluation, « [Michael] est en mesure de faire la distinction entre un comportement convenable et un comportement inapproprié. Toutefois, il fait confiance aux gens. Michael est crédule jusqu'à un certain point et il peut parfois trop faire confiance aux autres… Il demeure sujet à l'influence des autres. Michael est une personne heureuse qui a généralement l'impression que les autres le comprennent. »

Dans l'ensemble, le test de Jessness semblait confirmer que j'étais un bon garçon qui avait commis un acte terrible. Il semblait aussi laisser entendre que j'avais de bonnes valeurs et que je comprenais les règles ainsi que ce qui constituait un comportement convenable. Mais un élément, concernant les résultats, semblait déranger Chung et le collègue avec qui il avait préparé l'évaluation. Sans proposer une quelconque explication ni donner de plus amples détails, le rapport de Chung affirmait: «Dans son désir de donner une impression favorable de lui-même, il est possible qu'il n'ait pas été tout à fait franc en répondant aux questions du test.»

Même si aucune preuve n'appuyait cette accusation, Chung suggérait que j'avais triché pendant un test de vrai ou faux. Je fus outré quand je lus cette phrase dans son rapport. À mes yeux, cela confirmait que Chung n'avait jamais été de mon côté. J'avais bien réussi le test, alors il avait minimisé l'importance des données obtenues pour m'accuser de tricherie. Son rapport et son témoignage ultérieur en Cour ne contenaient aucune autre preuve soutenant cette accusation. Elle était complètement fausse.

Au bout du compte, Chung recommanda que je purge une sentence de six mois en détention, puis que je demeure en probation jusqu'à 18 ans, que je fasse un don au centre d'aide aux victimes d'actes criminels, que je fasse «une quantité importante» de travaux communautaires, qu'on m'interdise d'aller sur les sites Internet que j'avais infiltrés, et que je fréquente l'école ou travaille à temps plein.

Dans son rapport, il déclarait clairement à plusieurs occasions que j'assumais la responsabilité de mes crimes. Mais Chung estimait qu'il y avait «une certaine probabilité de récidive». C'est pourquoi il avait décidé de recommander la détention même si, selon ses propres mots, ce «n'[était] pas recommandé pour les jeunes qui [commettaient] une première infraction contre les biens». J'avais l'impression qu'on m'accordait un traitement particulier en raison de la nature très médiatisée des crimes que j'avais commis. Chung avait également déclaré que mes attaques avaient entraîné des dommages évalués à 1,7 milliard de dollars. Il avait tout simplement pêché ça dans un article de presse. Même le caporal Gosselin allait plus tard nier cette affirmation pendant son témoignage. Pourtant, Chung l'avait utilisée pour appuyer ses recommandations.

Le rapport de Chung fut déposé le 19 février 2001. La détermination de ma sentence fut fixée au mois d'avril, puis reportée en juin. Avec la GRC, le procureur de la Couronne et un travailleur social ligués contre moi, il semblait certain que ma sentence allait m'obliger à passer du temps en détention.

Heureusement, Chung ne recommanda pas que je purge ma peine dans un endroit comme Northview. C'était un petit geste de générosité, mais je n'avais d'autre choix que de saisir tout ce qui passait.

Chapitre 19

Ma comparution

La première chose que je remarquai fut sa toge.
Le juge Gilles Ouellet fit son entrée dans la salle du tribunal vêtu d'une élégante toge noire qui semblait faîte de soie fine. L'effet était majestueux, ce qui, bien sûr, était le but de l'exercice. Je le fixai du regard pour tenter de déchiffrer ses pensées et d'évaluer son humeur. Mon sort reposait entre ses mains.

Dès le départ, un élément me préoccupa. Il ne s'agissait pas d'une chose qu'il avait dite ou faite. C'était une chose sur laquelle il n'avait aucun contrôle. Selon mon estimation, le juge Ouellet devait être âgé d'environ soixante ans. Cette remarque peut sembler irrespectueuse, mais, en toute honnêteté, je ne pouvais m'empêcher de me demander comment un sexagénaire pouvait présider un procès pour piratage informatique. Il possédait probablement plus d'expérience avec les tourne-disques qu'avec les ordinateurs. Mon père, qui était dans la quarantaine, ne connaissait pratiquement rien aux ordinateurs, et le juge était plus âgé que lui d'une bonne vingtaine d'années. Je frissonnai à l'idée de ce qui allait venir. On était maintenant à la mi-juin 2001, et les procédures relatives à la détermination de ma sentence s'amorçaient. J'allais bientôt connaître mon châtiment.

Avant le procès, je confiai à Yan mes inquiétudes quant à la nature technique de la preuve. Il comprit, puis me demanda de prendre des notes pendant les témoignages et de lui suggérer des questions. Yan n'était pas doué en matière de technologie; il m'incombait d'agir à titre d'expert à la défense. Je devais aider mon avocat à trouver des failles dans les témoignages des experts de la Couronne. Comme je n'allais pas témoigner, ce serait mon principal rôle au cours des audiences. Je réalisai immédiatement que la chose allait être difficile.

La Couronne appela à la barre un témoin expert afin qu'il dépose au sujet de la nature technique de mes crimes. Il s'appelait Allan Paller ; un coup d'œil à son curriculum vitæ me remplit d'appréhension. Il détenait des diplômes en informatique et en ingénierie de l'Université Cornell et du MIT, en plus d'être directeur de recherche au SANS Institute, un organisme qui offre des cours de haut niveau en sécurité de l'information. Mieux encore, le président Clinton l'avait cité comme faisant partie des membres fondateurs du National Infrastructure Advisory Council. J'étais certain qu'on l'avait fait venir afin qu'il mette en pièces mon affirmation selon laquelle je n'avais fait qu'effectuer des tests de sécurité.

Le procureur de la Couronne interrogea Paller sur son travail et ses antécédents académiques. Paller déclina la liste de ses diplômes, mentionnant le fait qu'il travaillait sur les ordinateurs depuis plus de trois décennies, et déclara que le SANS « enseign[ait] à près de 10 000 personnes par année comment protéger les ordinateurs contre les infractions à la sécurité ».

« Eh bien, pensai-je, je suis cuit. »

Paller commença bientôt à démonter mon argument principal concernant les tests de sécurité. Il invoqua le fait qu'on n'effectue pas un test sur le système d'autrui sans sa permission. Il fit également remarquer que, puisqu'une attaque de déni de service cible habituellement la partie d'un site Internet à laquelle le public a accès, ce ne serait pas un moyen efficace de vérifier le niveau de sécurité du pare-feu d'une entreprise. Il expliqua ensuite le fonctionnement d'une attaque de déni de service. Je songeai qu'il faisait bien son boulot. C'est là que Paller affirma une chose qui me fit me précipiter sur mon carnet de notes.

Le procureur lui demanda :

— De quelle manière ces sites importants qui ont fait l'objet d'une attaque se protègent-ils ?

Paller répondit :

— Nous avons eu des tas de rencontres à ce sujet et nous n'avons pu trouver aucune méthode permettant à une vaste organisation de se protéger des attaques de déni de service, ni aucune méthode que pourrait utiliser une petite organisation. C'est parce qu'ils [les pirates informatiques] utilisent la norme. Ils entrent par une porte qu'il faut laisser ouverte pour que les clients réguliers puissent venir. Dès que l'auteur d'une attaque de déni de service entre par cette porte et se fait passer pour un client régulier, ce qui est permis, il n'existe aucune méthode de défense…

À mon avis, sa réponse était tout à fait inexacte. Il y a toujours des moyens de se défendre contre les attaques de déni de service. Sur l'IRC, les gens passaient leur temps à contrer des attaques. Les miennes avaient été extrêmement puissantes, mais il existe des moyens de défense. J'avais vu des centaines d'attaques échouer. Je ne comprenais pas pourquoi ce type ne parlait pas de filtres de paquets, de relais, de grilles et d'autres moyens de défense contre les attaques de déni de service. À l'entendre, une personne située en Australie et branchée par l'entremise d'un modem commuté pouvait facilement lancer une attaque de déni de service et paralyser Yahoo! Je pris frénétiquement des notes et encourageai Yan à poser des questions à ce type sur les filtres et les relais.

À un certain moment, Paller sembla se contredire. Le procureur lui demanda si un site Internet pouvait bloquer une attaque « à sa source ». Paller répondit que c'était possible si on connaissait la source. Mes attaques avaient été lancées à partir de diverses sources, mais un bon administrateur de réseau pouvait commencer à bloquer des sources multiples dès qu'il commençait à voir d'où provenait le flux. Paller semblait prétendre que c'était impossible. Ça n'avait aucun sens à mes yeux.

Plus tard, il fut interrogé sur les origines des attaques de déni de service et sur la façon dont elles étaient utilisées. Une fois de plus, sa réponse fut étonnante. Je m'attendais à ce qu'il s'exprime comme un témoin expert, mais il répondit en mentionnant d'abord qu'il avait tiré ce renseignement « d'entrevues qu'[il avait] obtenues de quelqu'un d'autre, alors ce qu'[il allait] [nous] donner, [ce seraient] des renseignements indirects ». Tout à coup, il ne m'impressionnait plus autant. Il était cadre dans une organisation qui assurait la formation d'experts en sécurité et, pourtant, il ne semblait pas comprendre la communauté des pirates. Il poursuivit sa réplique :

Paller : Ce que je crois comprendre, c'est que ces outils d'attaques de déni de service sont apparus parce que différents groupes de pirates n'aimaient pas ce que d'autres disaient à leur propos. Et si un groupe n'aimait pas ce qu'affirmait un autre groupe, alors ce groupe pouvait inonder l'autre de données.

Procureur : Comme des gangs de rues ?

Paller : Comme des gangs de rues...

Je réalisai que le fait de me comparer à d'autres n'allait pas aider ma cause. J'avais l'impression que Paller faisait mauvaise figure en tant qu'expert, mais il demeurait à plusieurs autres égards un témoin efficace pour la Couronne, par exemple lorsqu'on lui posa des questions sur mes nombreuses intrusions dans des réseaux universitaires. Le procureur lui demanda comment l'infiltration d'ordinateurs pouvait être dangereuse pour moi, puisque je ne causais aucun dommage particulier.

« En réalité, on peut comparer cela à une personne atteinte d'une maladie très contagieuse... qui entre chez moi par effraction et se promène partout dans la maison, dit-il. Comme je n'ai aucune idée de ce qu'elle a touché, je n'ai pas d'autre choix que de détruire toute la maison ou de m'imaginer que cette personne n'est allée que dans la cuisine, et décider de ne détruire que cette pièce. »

Quant à mon affirmation sur les tests de sécurité, Paller déclara : « Chacune de ces attaques nous rend un peu plus vulnérables parce qu'elles montrent ce que peuvent faire les gens qui décident d'agir ainsi. Alors, je pense que c'est exactement le contraire qui est vrai. »

Quand Yan fut prêt à commencer son contre-interrogatoire, j'avais rédigé à peu près trois pages de notes pour lui. Yan entreprit de remettre en question l'affirmation de Paller selon laquelle il n'existait aucun moyen de faire échouer une attaque de déni de service. Il lui posa aussi des questions sur le déroutement et les filtres. Paller répondit qu'en réacheminant le flux, on pouvait contrer une attaque, mais il affirma également que c'était inutile. À son avis, la raison en était que cette mesure était trop onéreuse pour les entreprises.

Il compara le déroutement du flux à de nombreux ponts routiers desservant une même ville. Si une attaque anéantissait un ou deux ponts, les véhicules pourraient se diriger vers les autres ponts. Alors oui, dit-il, c'était en fait une manière de se protéger d'une attaque. Mais il ajouta que les entreprises n'avaient pas recours au déroutement parce que «ça coûte beaucoup trop cher. C'est une énorme dépense... On ne planifie pas sa vie en fonction du fait que quelqu'un, quelque part, pourrait lancer contre nous une attaque de déni de service. On ne le peut tout simplement pas. Le coût en serait démesuré.»

Je pensais que c'était là une manière efficace de démontrer que Paller avait tort quand il disait qu'on ne pouvait faire échouer une attaque de déni de service. La vérité, c'était que les compagnies ne voulaient pas dépenser l'argent nécessaire pour se protéger. Ça n'en diminuait pas pour autant la gravité de mes crimes, mais cela démontrait au moins que ce qu'il avait dit au cours de son témoignage précédent n'était pas tout à fait exact. Yan s'adaptait brillamment à la situation et se servait de mes notes pour mettre en lumière les lacunes dans le témoignage de Paller.

Selon ce dernier, c'était impossible que j'aie procédé à des tests de sécurité. Il était convaincu que j'avais eu l'intention de causer des dommages. Une fois de plus, Yan réussit à soulever un doute sur les déclarations antérieures de Paller. À un certain moment, quand Yan lui parla de la nature des tests, il affirma: «Vous ignorez ce qu'un programme fera jusqu'au moment où vous l'utilisez, c'est vrai.» Il entendait par là qu'il n'était pas toujours possible de prédire si un test allait entraîner des dommages. C'était utile en ce qui avait trait aux intentions qui avaient été les miennes au moment de déclencher mes attaques.

Paller ne s'effondra pas à la barre des témoins, mais il me sembla avoir causé moins de dégâts que je m'y attendais. Il termina son témoignage en répondant comme suit à une question du juge qui paraissait jeter le blâme en partie sur les grandes entreprises informatiques:

«La raison pour laquelle mon ordinateur n'est pas protégé, c'est que quand il m'est livré par Microsoft, ou par Sun [Microsystems], ou par IBM, il m'arrive avec de nombreuses portes et fenêtres ouvertes... Alors, nous croyons, SANS croit que les fabricants devront se mettre à la tâche et livrer des systèmes dont la plupart des fenêtres sont fermées.»

Paller fit également remarquer que depuis mes attaques de février 2000, « 45 millions de nouveaux ordinateurs [avaient] été branchés sur Internet et que nombre d'entre eux [étaient] vulnérables à ces prises de contrôle visant à utiliser ces ordinateurs dans le cadre d'attaques de déni de service ».

C'était une conclusion plutôt effrayante, conclusion avec laquelle je ne pouvais m'empêcher d'être d'accord.

Le témoin suivant était le caporal Marc Gosselin. Il exposa au procureur de la Couronne tous les détails concernant mes attaques ainsi que les intrusions suivantes, que la GRC avait enregistrées grâce à l'écoute électronique. Il précisa que j'étais conscient d'enfreindre la loi parce que l'application de déni de service que Sinkhole et moi avions développée comportait une mise en garde selon laquelle le fait d'utiliser le programme sur un réseau public était illégal. « C'était un moyen pour Sinkhole de se protéger. »

À un certain moment, le procureur demanda au caporal Gosselin à combien étaient évalués les dommages qu'avaient causés les attaques. Ce chiffre étrange de 1,7 milliard de dollars revint sur le tapis. Le caporal Gosselin expliqua qu'il avait été « lancé par une entreprise privée aux États-Unis ». Il déclara que la GRC avait fini par demander au FBI de recueillir des estimations auprès des entreprises et des universités que j'avais attaquées. Il ajouta que plusieurs d'entre elles avaient refusé de collaborer avec le FBI ; la raison en était qu'elles ne voulaient pas attirer l'attention sur leurs pertes. Alors, Yan se leva pour soulever une objection parce que les affirmations à propos des dommages constituaient des ouï-dire, aucune des compagnies ne souhaitant venir témoigner devant le tribunal.

Il s'agissait d'un moment crucial pour moi. Si la cour acceptait comme preuves ces prétentions exagérées à propos des dommages, cela pourrait avoir de graves répercussions sur la détermination de ma sentence. En fin de compte, le caporal Gosselin me fit une faveur en réfutant le chiffre de 1,7 milliard de dollars. Il s'empressa bien sûr d'ajouter que je m'étais vanté de mes exploits dans des forums de discussion.

« Tant au téléphone que dans des conversations avec son entourage que dans des forums de discussion, il parlait d'une façon qui révélait clairement à quel point il était fier d'être Mafiaboy, qu'il était fier que la police ne l'ait pas encore appréhendé, que le FBI ne puisse pas l'attraper, témoigna-t-il. Il fanfaronnait ainsi à propos de ses agissements.»

Le caporal Gosselin s'entendait également avec Paller sur l'improbabilité de la thèse selon laquelle j'essayais de faire des tests de sécurité. Il cita des transcriptions de conversations téléphoniques au cours desquelles j'affirmais des choses comme : « J'ai montré au monde entier que certains des meilleurs pirates informatiques étaient Canadiens. »

Encore une fois, mes vantardises se retournaient contre moi.

Le caporal Gosselin se fit aussi un point d'honneur de souligner qu'à son avis, « le niveau de compétences de monsieur Calce n'était pas suffisamment bon pour lui permettre d'effacer les traces qu'il aurait voulu supprimer ».

On finirait par m'accuser d'être un jeune scribouilleur informatique fanfaron, c'était inévitable. Yan commença son contre-interrogatoire en soulevant la question à savoir si, oui ou non, il était absolument certain que j'avais vu la mise en garde sur le programme de déni de service. Il s'attarda aussi sur la possibilité que les attaques de déni de service puissent ou non être contrées. Le caporal Gosselin parla de bandes passantes et de modèles, et je me demandai (encore une fois, cela dit sans vouloir me montrer irrespectueux) si le juge s'intéressait à ce qui se disait, s'il était réellement en mesure de tout comprendre.

Étonnamment, le procureur sembla me faire une faveur lorsqu'il poursuivit avec des questions qui obligèrent le caporal Gosselin à expliquer pourquoi, selon lui, je n'avais pas volé d'informations ni de programmes à aucune des compagnies et universités que j'avais attaquées. Il fit également remarquer que je n'avais pas agi dans le but d'obtenir des gains financiers, même si le caporal Gosselin mentionna que j'avais évoqué la possibilité d'obtenir, dans l'avenir, un emploi de consultant en sécurité informatique.

À la fin de cette première journée, je quittai le tribunal, animé d'un certain optimisme. Il n'y avait aucun doute sur le fait que j'avais lancé les attaques, mais j'avais déjà plaidé coupable à cette accusation. Yan avait réussi à amener Paller à se contredire, et le caporal Gosselin aurait pu me nuire davantage.

J'étais surpris qu'il y ait eu aussi peu de journalistes au tribunal ce jour-là. Il n'y eut que quelques rapports d'agences de presse mentionnant surtout que Paller et le caporal Gosselin réfutaient mon affirmation à propos des tests de sécurité. En quittant le palais de justice, j'avais l'impression que l'attention qu'on me portait commençait à s'atténuer.

***

Le tribunal se réunit à nouveau le 19 juin pour entendre d'abord le témoignage de Hanny Chung. Je savais que son témoignage aurait une incidence directe sur la détermination de ma peine. D'après le rapport qu'avait produit Chung en février, il était évident qu'il n'allait pas se montrer charitable à mon égard.

Le procureur de la Couronne passa le rapport en revue avec Chung et mit l'accent sur la question des tests de sécurité que j'avais prétendu exécuter au moment des attaques. Chung balaya cette affirmation du revers de la main, disant que je refusais de comprendre que ce que j'avais fait « était mal ». Il fit aussi remarquer que j'avais parlé de déménager en Italie pour travailler dans le domaine de la sécurité, en raison de la vulnérabilité des sites Internet italiens. En conséquence, la presse interpréta ces paroles comme si j'avais affirmé vouloir fuir le pays et recommencer à m'adonner au piratage en Italie.

Chung insista aussi sur ma réticence à parler des ordinateurs («Il m'a dit qu'il y avait des termes compliqués que je pourrais ne pas comprendre») et sur mes «vantardises». Les preuves «démontrent qu'il a réalisé que le FBI était à ses trousses et qu'il était très fier qu'il ne soit pas parvenu à l'attraper», ajouta-t-il.

Je ne pris aucune note pour Yan pendant le témoignage de Chung. J'avais déjà lu son rapport et je savais à quoi m'attendre. Il parla de la supervision déficiente de mon père et mentionna à quel point je n'avais pas de remords. Je m'attendais à ce qu'il aborde ma soi-disant tricherie pendant le test de Jessness, mais Chung ne mentionna pas cette accusation. Il affirma qu'un collègue m'avait fait passer le test et qu'en conséquence il ne souhaitait pas entrer dans les détails. J'espérais que Yan allait le presser de questions à ce sujet. Je détestais l'idée d'être accusé d'avoir triché pendant un stupide test de vrai ou faux.

Chung admit que j'avais dit ne plus vouloir attaquer d'autres sites, mais il avait l'impression que je n'avais pas le

« raisonnement moral » qui convenait pour bien saisir ce que j'avais fait.

« Michael ne présente pas les autres problèmes de comportement [*sic*] comme la gestion de la colère, les propos insultants et tout cela, mais il doit travailler sur son raisonnement moral », dit-il.

C'est une expérience frustrante que d'être assis dans une salle de tribunal et d'entendre un étranger parler de vous d'une manière si catégorique. C'est son travail d'évaluer les jeunes contrevenants et il le faisait depuis longtemps, mais j'ai souvent eu le sentiment qu'il parlait de la créature médiatique qu'était Mafiaboy, plutôt que de l'ado de 16 ans qui s'appelait Michael.

Il y eut une brève pause avant que Yan ne commence le contre-interrogatoire de Chung. Il me demanda mon opinion sur ce que je venais d'entendre. Je lui répondis simplement que Chung comprenait mal ma personnalité et que nous n'avions pas d'atomes crochus. J'avais l'impression qu'il trouvait une connotation négative dans tout ce que je lui avais dit. À ce moment de ma vie, Yan était pratiquement la seule personne qui pouvait m'aider à me faire me sentir mieux. Il affichait une confiance absolue dans tout ce qu'il faisait, et cette attitude déteignait sur moi. Une des raisons expliquant l'attitude de Yan était qu'il avait découvert que Chung avait quitté l'université sans avoir obtenu son diplôme en psychologie. Il m'avait analysé sans détenir la formation académique requise.

Yan débuta son contre-interrogatoire en demandant à Chung d'expliquer en détail sa formation académique. Il se concentra sur les raisons pour lesquelles Chung n'avait pas terminé ses cours à l'université, pourquoi il en était parti et n'y était jamais retourné. Chung répondit qu'il avait entrepris un cours pour obtenir un diplôme en travail social après avoir décroché de l'université parce que c'était là son domaine d'intérêt. Yan continua de mettre l'accent sur le manque de compétences apparent de Chung.

Chung déclara : « Je pense que le diplôme est important, je veux dire est aussi important, et l'apprentissage… »

– Pourquoi ? Pour vous donner de la crédibilité ? l'interrompit Yan.

– Pas nécessairement. Vous savez… eh bien, je ne veux pas entrer dans les détails. Je veux dire que l'argent est important. Je pense que le salaire est important.

Je me souviens avoir pensé qu'il s'agissait en quelque sorte d'un coup bas de la part de Yan, mais je n'étais pas enclin à sympathiser avec Chung.

Yan passa de la formation académique de Chung à sa compétence en matière d'ordinateur. Chung avoua qu'il n'était pas un expert en informatique, mais plutôt un utilisateur moyen. Yan le fit parler plus abondamment de son manque de compétences, puis passa à la question des dommages. Dans son rapport, Chung avait cité le chiffre mirobolant de 1,7 milliard de dollars, et Yan l'obligea à admettre qu'il avait tiré ce chiffre de reportages et non d'une source solide. Il démontra également que Chung avait obtenu des rapports de comportement de la part de mes anciennes écoles et qu'il avait omis d'effectuer, auprès des gens qui les avaient rédigés, un suivi pour creuser la question. Yan faisait un boulot magistral.

L'affirmation de Chung selon laquelle je n'avais pas de remords constituait une des questions les plus importantes. Ce serait un facteur essentiel dans la détermination de ma peine. Yan continua d'enfoncer le clou.

– Dites-moi ce qui aurait représenté du remords à vos yeux.

– Eh bien... il... Permettez-moi de revenir en arrière. Il n'a pas assumé l'entière responsabilité du fait qu'il avait mal agi, répondit Chung. Il a admis... eh bien, il a plaidé coupable, n'est-ce pas ?

– Est-ce que ce n'est pas assumer l'entière responsabilité de ses actes ?

– Oui, il l'a fait, d'un point de vue juridique. Mais d'un point de vue moral, il essaie d'expliquer pourquoi, vous savez, pourquoi il faisait quelque chose de bien... il faisait quelque chose de bien pour la société, pour les compagnies...

Chung poursuivit sur sa lancée en affirmant que j'essayais d'offrir mes services de sécurité informatique à des entreprises et que c'était dans ce but que j'avais perpétré les attaques. C'était inexact. Je lui avais dit que j'essayais de mettre à l'épreuve les mécanismes de sécurité des sites Internet que j'avais attaqués, mais je ne lui avais pas dit que j'allais tenter de proposer mes services aux compagnies qui en étaient propriétaires. À mon avis, Chung faisait la preuve qu'il n'avait pas une bonne compréhension de mon affaire, ce qui fournit à Yan l'occasion de lui demander :

— D'après ce que vous savez, a-t-il, à un quelconque moment… [pris] quelque mesure pour communiquer avec une de ces compagnies pour lui proposer ses services ?

— Non, répondit Chung, je ne sais pas. Je ne suis pas au courant.

Pour la première fois, je me faisais vraiment une joie d'être au tribunal. Je savais que le juge allait quand même tenir compte du rapport de Chung, mais Yan faisait un excellent travail. Un rire se déclencha quand Yan posa à Chung une question sur son désir de m'entendre expliquer comment je m'étais introduit illégalement dans des systèmes informatiques.

— Quels renseignements cherchiez-vous précisément ? demanda Yan.

— Eh bien, je voulais qu'il… je voulais démontrer ou…

— J'espère que vous ne vouliez pas qu'il vous démontre concrètement ses talents de pirate, ironisa Yan.

Je gloussai silencieusement. Yan avait fait trébucher Chung. Vers la fin de son témoignage, qui dura la journée entière, Yan l'interrogea sur le test de Jessness. Chung avait mentionné dans son rapport que je n'étais pas « enclin à la délinquance ». Dans son témoignage, toutefois, il écarta cette affirmation et prétendit que j'avais la capacité de récidiver. Yan souligna qu'une personne avait la capacité de faire beaucoup de choses, mais que tout était une question d'intention.

— Vous a-t-il dit qu'il avait l'intention, un jour, d'infiltrer d'autres ordinateurs ? demanda Yan.

— Non, il ne m'a pas dit ça.

Yan l'interrogea ensuite sur l'interprétation du test de Jessness et sur sa conclusion. D'après celle-ci, je possédais « un système de valeurs sain ». Il voulait savoir ce que cela signifiait.

— Vous entrez dans les détails de l'interprétation que je ne suis pas prêt à interpréter…, répondit Chung.

— C'est que vous avez signé ce rapport, monsieur.

— Oui.

— Alors, habituellement, je présume que quand vous signez un rapport, vous êtes en mesure d'élaborer au sujet du rapport que vous avez signé, dit Yan.

Évidemment, le procureur de la Couronne fit objection. Le juge demanda à Chung de préciser qu'un de ses collègues avait procédé au test, même si ce n'était pas inscrit dans son rapport.

Peu après, le témoignage de Chung prit fin. J'avais l'impression d'avoir passé une bonne journée, mais je dus ensuite traverser à toute vitesse la meute médiatique pour parvenir à l'auto de mon père. Plus tard ce jour-là, les reportages commencèrent à affluer, soulignant tous l'affirmation de Chung selon laquelle j'éprouvais peu de remords et je risquais de récidiver. Je ne pouvais que me réjouir de ce que le juge n'allait pas se fonder sur les articles de journaux pour déterminer ma sentence.

Après le témoignage de Chung, Yan décida de demander lui-même une autre évaluation psychologique. Une femme vint chez moi et me fit passer un examen. J'étais fatigué d'être sans cesse analysé, mais je me sentis mieux, néanmoins, en sachant qu'elle ne travaillait pas pour le gouvernement. Elle sembla poser des questions plus pertinentes que celles de Chung, et je me sentis davantage en mesure de lui donner de bonnes réponses.

Son rapport fut remis au juge et elle témoigna pour la défense. Elle concluait que je n'étais pas une personne violente, puis témoigna à l'effet que j'avais en partie été motivé par la curiosité. Son témoignage fut bref, mais il était crucial; il faisait contrepoids à celui de Hanny Chung.

Il ne restait plus qu'à attendre la décision du juge. La dernière année et demie ou presque avait été un cauchemar, un flot constant de mandats de comparution en cour, de séjours en prison, de pressions de la part de la GRC, d'ennuis à l'école, et j'avais, en plus, passé tout ce temps séparé de mes meilleurs amis. Maintenant, les témoignages contre moi étaient enfin derrière. Je n'avais plus qu'à prier pour obtenir une sentence clémente.

Comme nous l'avions fait le jour où on m'avait relâché après ma première arrestation, Yan, mon père et moi nous rendîmes chez Elio Pizzeria pour manger et pour discuter de mon sort. Le premier repas, qui constituait le début de ce périple, avait eu lieu en avril 2000. Maintenant, une quinzaine de mois plus tard, nous étions assis là à manger en sachant que la fin, ou tout au moins le début de la fin, était à portée de main.

Chapitre 20

« Cet adolescent avait prémédité son crime »

— Dépêche-toi, Michael. On est en retard.

J'étais à la cuisine en train de déjeuner quand mon père m'appela. Je m'étais éveillé tôt ce matin-là, en partie parce que je savais que c'était le jour où j'allais recevoir ma sentence, et en partie aussi parce que je dormais mal depuis des semaines. Les audiences s'étaient terminées en juin et nous étions maintenant en septembre. Les mois s'étaient écoulés avec une lenteur atroce jusqu'à la dernière journée.

Le procureur de la Couronne avait recommandé que je purge une année de détention pour mes crimes. C'était une sentence sévère pour quelqu'un qui avait plaidé coupable et n'avait pas d'antécédents judiciaires. Au Canada, la sentence maximale pour un jeune contrevenant est de deux ans de détention. Le gouvernement, le FBI et la GRC souhaitaient tous que ma sentence soit le plus lourde possible. L'objectif était la dissuasion. Le président des États-Unis et son ministre de la Justice s'étaient tous deux exprimés sur la nécessité de transmettre un message à tout aspirant pirate malveillant. Et les autorités canadiennes voulaient s'assurer de ne pas donner l'impression que notre pays faisait preuve de laxisme lorsqu'il était question de cybercriminalité.

Je songeais à tout ça pendant que je prenais mon déjeuner. En mon for intérieur, je savais que la sentence allait être sévère. Je pensai aussi à quel point la perception qu'on avait de moi s'était modifiée au cours de cette dernière année et demie.

Quand les attaques étaient survenues, les gens supposaient que c'était l'œuvre d'un groupe de pirates de haut niveau. Le marché boursier avait eu la frousse. Le gouvernement américain avait exprimé son inquiétude. Quand on me cita comme étant un suspect et que je fus finalement arrêté, on me voyait comme un dangereux pirate.

Mais bientôt, cette image commença à changer. On me qualifia de «*script kiddie*» en affirmant que je ne savais pas programmer, et on me ridiculisa en me traitant d'amateur. J'étais demeuré silencieux tandis que les perceptions à mon égard se transformaient pour enfin converger vers une seule opinion largement acceptée: Mafiaboy n'était pas un pirate informatique. Ce n'était qu'un jeunot qui savait comment se servir des outils de déni de service. Un *kiddie*, un *newbie*. Aucun expert ne m'a jamais posé de questions sur ce que j'avais fait, et tous mes fichiers et programmes avaient été détruits.

Après que j'eus appris qu'on me soupçonnait d'être l'auteur des attaques, la GRC m'avait surveillé en ligne pendant quelques mois. J'étais suffisamment imprudent pour continuer d'utiliser plusieurs des réseaux que j'avais auparavant infiltrés, mais je n'étais pas assez stupide pour me remettre à faire exactement les mêmes choses.

Plus tard, dans le cadre de reportages médiatiques, un agent de la GRC allait s'amuser à mes dépens; j'avais fait une erreur en tapant une commande, un matin très tôt, après avoir veillé durant la majeure partie de la nuit. Les agents souhaitaient faire de moi un exemple, mais leur attitude donnait l'impression qu'ils prenaient plaisir à me ridiculiser. On m'avait dit de me taire. Moi, l'ado bavard qui m'étais en partie mis dans le pétrin à cause de ma grande gueule, j'avais réussi à me tenir tranquille depuis mon arrestation, survenue au mois d'avril précédent.

Ce matin-là, je me sentais amer et j'éprouvais le sentiment d'être bousculé. J'avais donné au gouvernement ce qu'il voulait en plaidant coupable et, pourtant, j'avais la quasi-certitude que cette capitulation n'aurait que peu de répercussions sur mon châtiment. Je me sentais déjà puni. Depuis mon arrestation, ma vie avait été bouleversée. Les conditions de ma libération m'obligeaient à demeurer éloigné de ce qui avait le plus d'importance à mes yeux. Ma frustration me poussa à me donner en spectacle à l'école, ce qui me valut quelques semaines de détention. Après avoir été séparé de mes trois meilleurs amis pendant 18 mois, ceux-ci étaient pratiquement devenus des étrangers. Maintenant, j'attendais de savoir ce que serait ma soi-disant «véritable» punition.

Je m'apitoyais sur mon sort, j'étais fâché contre la GRC et contre le procureur de la Couronne, et j'étais effrayé à l'idée d'entendre la décision du juge. Je savais qu'elle serait sévère. Allait-il accorder au procureur l'année de détention qu'il avait demandée? Ou allait-il plutôt suivre les recommandations de Hanny Chung?

Je me levai et attrapai mon manteau.

***

Une autre traversée de la meute médiatique. Journalistes et caméramans m'attendaient à la sortie du palais de justice. Je gardai la tête baissée et passai à toute vitesse devant eux. Je me dis que c'était la dernière fois que j'aurais à subir l'attention des médias. C'était pour moi un immense soulagement. Et c'était un autre signe que la fin de tout cela approchait.

J'éprouvai un bref moment de bonheur dans la salle du tribunal en pensant qu'on pourrait me remettre en liberté ce jour-là. J'avais déjà été en détention et avais obéi, durant une année et demie, à d'éprouvantes conditions de libération. Peut-être allait-on soustraire le temps que j'avais déjà passé sous les verrous? J'y songeai pendant un moment, puis rejetai rapidement l'idée. Ça n'allait pas se produire. De mon siège à la table de la défense, je me retournai pour regarder mon père et ma mère. Ils étaient nerveux et priaient pour que j'obtienne une peine légère. Peut-être pourrais-je être remis en liberté avant Noël?

La porte du cabinet du juge s'ouvrit et tous se levèrent. Mon cœur commença à battre la chamade. J'avais les mains moites. C'était la première fois que je me sentais ainsi devant le tribunal. Je n'avais jamais rien éprouvé de semblable à ce sentiment d'appréhension. Je voulais savoir *immédiatement*.

Le juge ne perdit pas de temps. Il déclara que j'allais purger une peine de quatre mois d'emprisonnement pour les attaques de déni de service, et une autre, de quatre mois également, pour tous les réseaux que j'avais infiltrés. Plus un an de probation par la suite.

— C'est une question très sérieuse, dit le juge. Cette attaque a affaibli le système de communications électroniques du monde entier. Et le motif était indéniable : cet adolescent avait prémédité son crime.

Ma défense, selon laquelle je procédais à des « tests de sécurité », avait échoué. Le juge considérait également que les infiltrations de réseaux étaient tout aussi graves que les attaques elles-mêmes. Huit mois plus une année de probation. J'allais avoir presque 19 ans au moment où je terminerais de purger ma sentence. En fin de compte, les conséquences de mes crimes allaient avoir changer radicalement ma vie pendant quatre ans.

Au moment où le juge lut la sentence, je me laissai glisser sur mon siège et me demandai pourquoi j'avais plaidé coupable au départ. Ce n'était pas une sentence clémente. Mais ma colère s'atténua rapidement ; je savais pourquoi j'avais plaidé coupable. Ce n'était pas pour aider la GRC ou le procureur de la Couronne, ni même pour épargner ma famille, même si le bien-être de celle-ci avait beaucoup pesé dans la balance. C'était à cause de ce que j'avais fait. J'avais été arrêté. Je m'étais planté. Je n'étais pas l'adolescent le plus responsable du monde, mais je réalisais que je devais faire face aux conséquences de mes actes.

On m'a toujours enseigné qu'un homme doit se tenir debout et assumer ses responsabilités. Il doit aussi accepter son châtiment. Je voulais accepter ma sentence comme un homme. Après tout, au sens de la loi, j'en serais un au moment où je finirais de purger ma peine.

À ce moment, je ne m'attendais à aucune indulgence, mais Yan et le procureur de la Couronne réussirent à s'entendre sur le fait qu'il serait mieux pour moi de purger ma peine dans un foyer de groupe plutôt que dans un centre de détention. Le juge se déclara en faveur de cette décision. J'avais réussi, pour une dernière fois, à éviter de me retrouver à Northview. J'étais vraiment reconnaissant pour ce coup de main inattendu.

Je m'attendais à partir avec un agent, mais Hanny Chung apparut devant moi et m'annonça qu'il allait me conduire au foyer de groupe. Sans menottes. C'était de bon augure. Il me dit que je pouvais prendre quelques minutes pour parler à ma famille et à Yan.

Je remerciai Yan en pensant sincèrement qu'il avait fait un superbe travail. Mes parents me serrèrent dans leurs bras et me dirent que tout irait bien, en ajoutant que le temps passerait rapidement. J'avais déjà fait un bref séjour à Northview. Les choses allaient être différentes désormais. Mon séjour durerait plus longtemps, mais serait plus facile, dirent-ils. Je voulais le croire.

Je faisais mes derniers adieux quand je vis le caporal Marc Gosselin s'approcher de moi. Chaque fois que nous nous étions rencontrés, je m'étais retrouvé dans un centre de détention. Je ne voulais rien savoir du caporal Gosselin, mais il venait vers moi en glissant la main dans sa poche.

« Dieu du ciel, pensai-je, qu'est-ce qui se passe encore ? Vous m'avez eu, alors foutez-moi la paix. »

Le caporal Gosselin retira la main de sa poche et me tendit un morceau de papier cartonné. C'était sa carte de visite.

– Sans rancune, Michael, dit-il. Peut-être qu'après avoir purgé ta peine, tu pourrais songer à nous aider.

Ces paroles me déconcertent encore aujourd'hui. Je ne peux croire qu'il m'a tendu sa carte et qu'il a évoqué la possibilité que je travaille un jour pour la GRC. Parmi tous les gens qui ont participé à mon arrestation et à mon procès, c'est au caporal Gosselin que j'ai le plus de difficulté à pardonner. Je sais qu'il faisait son boulot, mais il s'est aussi organisé pour faire arrêter mon père en se fondant sur des accusations qui ont été abandonnées plus tard. Il m'a menotté et m'a fait parader devant les élèves et les profs de mon école, a tenté de faire pression sur moi pendant nos conversations et s'est fait un devoir de déclarer aux journalistes que je n'étais qu'un *script kiddie*. C'était la seule personne pour qui l'affaire semblait avoir pris une dimension personnelle, et pourtant il était là, debout devant moi, à tenter de faire la paix. Si mes compétences étaient si médiocres, alors pourquoi se trouvait-il là à me faire une proposition ? Pourquoi voudrait-il travailler avec un délinquant si incompétent ? J'en déduisis qu'il avait toujours su que je n'étais pas qu'un simple *script kiddie*, même si c'était là la version qu'il avait servie aux journalistes et au juge.

Le caporal Gosselin était la dernière personne à qui je souhaitais avoir affaire. Je lui jetai un regard rempli d'incrédulité, pris sa carte et tournai les talons. Ce fut la seule fois où je le quittai selon mes propres conditions.

Je marchai jusqu'à l'auto de Hanny Chung avec encore en poche la carte du caporal Gosselin. Je la sortis, la regardai puis la déchirai. Les morceaux de papier s'éparpillèrent sur le sol derrière moi.

Je ne me retournai pas.

Chapitre 21

Dernière « Odyssey »

Bizarrement, le moment où je commençai à avoir l'impression que ma vie redevenait normale fut quand je me retrouvai à l'angle des rues Somerled et Cavendish après avoir reçu ma sentence. Hanny Chung me conduisit du palais de justice à ce qui serait mon domicile pour les huit mois suivants. Je demeurai debout un moment à regarder l'immeuble qui abritait Odyssey, un foyer de groupe.

Il n'y avait là ni gardes ni barrières. Ce n'était pas un centre de détention. Les jeunes qui y vivaient s'y trouvaient pour des motifs comportementaux ou des ennuis à la maison. Certains avaient été maltraités alors que d'autres, comme moi, y étaient envoyés pour se réhabiliter. C'était comme une pension pour les jeunes perturbés et malchanceux.

Chung m'escorta à l'intérieur où je fis la connaissance de Henry, le directeur de l'établissement. Celui-ci me mit immédiatement à l'aise en m'annonçant d'emblée de bonnes nouvelles. Il m'apprit que, pendant la semaine, j'allais fréquenter une école du West Island, où j'avais grandi. (Le foyer était situé dans un autre quartier de Montréal.) On m'autorisa également à travailler au restaurant, bien qu'à temps partiel. Et je pourrais passer les week-ends à la maison après avoir purgé les deux tiers de ma sentence. Mais tous ces avantages dépendaient de ma façon de me conformer au règlement et aux conditions qui prévalaient à Odyssey.

Je devais revenir de l'école chaque jour avant 16 h 30 et respecter un couvre-feu fixé à 21 h. Aucun retard ne serait toléré. Je devais obéir aux membres du personnel et éviter tout problème, à l'école ou au foyer de groupe. Si je contrevenais à quelque règle que ce soit, on me renverrait à la Cité des Prairies ou à un autre centre de détention. C'était hors de question.

Henry s'assura que j'avais tout compris. Je lui dis qu'il n'aurait aucun ennui avec moi. Puis Hanny Chung nous quitta et on me montra ma chambre. Je m'assis, seul, dans ma nouvelle chambre blanche, sobrement décorée. J'avais un bureau, un lit et un placard. Il n'y avait pas de barreaux à la fenêtre. Je pouvais m'enfuir si je le voulais, mais cela m'aurait conduit directement à une garde en milieu fermé. La prison. Je n'avais nullement l'intention de contrevenir au règlement ou d'essayer de m'échapper. J'allais bientôt passer mes week-ends à la maison et, ensuite, je quitterais Odyssey. Huit mois. Je pouvais supporter ça.

Le foyer comportait une laveuse et une sécheuse au sous-sol, une cuisine, un salon avec téléviseur et des salles de bain. Tout était rudimentaire, sans ornements. Je fis le tour de l'endroit et appris qu'environ six autres jeunes y vivaient. Je fus étonné de découvrir qu'il y avait parmi eux quelques filles. Odyssey était un foyer mixte. Il était interdit de flirter, mais c'était bien qu'il y ait des filles. Je me fis rapidement des amis et, bientôt, tous surent pourquoi je me trouvais là. Ça ne servait à rien de le cacher. Le fait que des articles paraissent encore à mon sujet fascinait les autres jeunes.

Les jours de semaine, j'allais à l'école secondaire Odyssey, un établissement sans lien avec le foyer, situé dans le West Island. Quand je n'étais pas au travail ou occupé à faire mes devoirs, je flânais avec les autres jeunes en regardant la télé ou en grillant des cigarettes à l'extérieur. Après le couvre-feu, je lisais des livres sur l'astronomie et sur les mathématiques. L'absence d'un ordinateur me fit redécouvrir mon amour de la lecture. La bibliothèque du foyer était minuscule, mais je réussis à y trouver des livres intéressants. Je mis également la main sur quelques bouquins qui traitaient de programmation informatique.

Odyssey était si bien structuré que tous se tenaient tranquilles, y compris moi. Je me liai d'amitié avec Mary, un membre du personnel. Elle m'amenait parfois faire l'épicerie ou d'autres courses. Mary se souciait de pratiquement tout le monde, mais j'avais l'impression que nous nous entendions particulièrement bien. Elle ne jugeait personne en se basant sur les raisons qui les avaient amenés là. Elle désirait seulement aider. Elle représentait pour moi la figure maternelle pendant que j'étais séparé de ma famille.

Chaque soir, après le souper, Mary et moi nous asseyions ensemble dans le salon et regardions *Jeopardy!* C'était devenu notre routine du soir et, chaque jour, j'anticipais ce moment avec plaisir. Pendant les pauses commerciales, il arrivait souvent qu'elle me demande ce que je voulais faire de ma vie. Elle voulait m'aider à réaliser que j'avais un avenir devant moi quand je quitterais Odyssey. Elle savait aussi que je n'avais pas une très bonne opinion de l'école que je fréquentais. Je n'y trouvais pas de défis stimulants, alors je faisais tout juste ce qu'il fallait et j'essayais d'éviter les problèmes.

Je me liai aussi d'amitié avec deux autres jeunes, Tanya et Gary. Nous jouions à des jeux de société, écoutions de la musique et regardions la télé. Nous passions également beaucoup de temps assis sur les marches à l'extérieur, fumant des cigarettes et bavardant. Tant que nous respections le règlement, le personnel nous laissait seuls. C'était beaucoup moins réglementé que ça l'aurait été en milieu fermé, et j'étais heureux de me trouver dans un milieu qui me permettait d'éprouver un certain sentiment de liberté. Évidemment, je n'oubliais jamais que je me trouvais là pour purger ma sentence.

Je réalise maintenant qu'Odyssey a eu sur moi une influence importante. J'avais tout juste assez de liberté pour faire face à mes crimes et à ma sentence selon mes propres conditions, mais l'organisme était suffisamment sévère pour me donner un aperçu de ce que serait ma vie si je ne modifiais pas mon comportement.

En étant entouré de jeunes pour qui la vie avait été difficile, je réalisai les privilèges dont j'avais joui en grandissant. Cette expérience de même que mes conversations régulières avec Mary m'incitèrent fortement à mieux agir, dans mon propre intérêt, une fois ma sentence exécutée.

Après trois mois à Odyssey, on m'autorisa à aller jouer au basket-ball au YMCA du quartier. Gary et moi commençâmes à y aller chaque fois que l'occasion se présentait, et j'étais heureux de pouvoir de nouveau pratiquer un sport qui avait eu une telle importance à mes yeux. Puis on m'accorda un autre précieux privilège quand on me permit d'aller chez moi les week-ends. Je revenais lentement à ma vie ordinaire. Ces week-ends signifiaient pour moi des tas d'amis, et de la nourriture savoureuse en abondance. Chaque semaine, ma famille m'accueillait comme si je revenais d'un long voyage. Nous mangions dans mes restaurants favoris et mes amis s'arrêtaient à la maison pour passer le temps. J'avais ainsi une idée de ce que la vie pourrait être si je demeurais sur la bonne voie et terminais ma sentence à Odyssey sans incident.

Moins de deux mois avant la fin de ma sentence, je commençai un compte à rebours quotidien. J'allais être libéré en mai 2002. Je prenais note de chaque jour qui passait et me concentrais sur la perspective de retourner à la maison pour de bon. Je me souviens avoir appelé mon père quelques jours avant ma libération et lui avoir dit d'arriver le plus tôt possible. Après mon séjour à Odyssey, je serais en probation pendant un an. J'étais emballé à l'idée de poursuivre ma vie.

On me libéra par un magnifique matin de printemps. Je m'éveillai tôt et commençai à vérifier et à revérifier mes bagages. J'avais hâte de quitter ma chambre, demeurée aussi blanche et sobre que le jour de mon arrivée. Mon père se présenta à l'heure exacte sur laquelle nous nous étions entendus. Nous transportâmes mes bagages jusqu'à son véhicule et je courus à l'intérieur pour un dernier au revoir. Mary me serra dans ses bras et me recommanda d'éviter les ennuis. Je lui dois beaucoup; mon séjour à cet endroit aurait été plus difficile sans sa présence.

Mon père me conduisit directement à la maison, où mon frère et ma belle-mère m'attendaient. Ma chambre était telle que je l'avais laissée le week-end précédent, mais, cette fois, j'étais de retour pour de bon. Je m'empressai de défaire mes bagages et me retrouvai, sans trop m'en rendre compte, au sous-sol. Elle était là, la boîte blanche qui m'avait attendu pendant tant d'années. L'ordinateur était éteint, son écran, noir. Je n'avais qu'à appuyer sur quelques touches et je serais de nouveau en ligne.

Je pris conscience que j'étais encore attiré par l'ordinateur. Ma période de probation devait se dérouler sous plusieurs conditions. Selon l'une d'elles, je ne devais pas utiliser un ordinateur sans supervision. Mais un élément encore plus puissant me retenait : la maîtrise de soi. J'aurais pu appeler mon père, lui demander de descendre et de me surveiller, mais je ne le voulais pas. J'étais capable d'attendre.

Je contemplai l'ordinateur pendant encore quelques secondes, puis je tournai les talons et remontai l'escalier.

Chapitre 22

Mafiaboy 2.0

Les appels ne cessaient pas. Après que j'eus purgé ma sentence, il arrivait encore qu'un journaliste appelle Yan ou mon père pour leur dire qu'il était temps pour moi de raconter ma version de l'histoire. Depuis le premier jour de mon arrestation, les journalistes et les spécialistes en matière de sécurité mettaient le public en garde à propos des questions de sécurité plus vastes qu'avaient soulevées mes crimes. À leurs yeux, j'avais encore de l'intérêt. Ils voulaient publier mon histoire. Comme tout au long de ces événements, mon expérience s'intégrait au contexte plus large de la sécurité informatique.

« Malgré la capture de Mafiaboy, les experts en sécurité américains ont affirmé qu'ils demeuraient préoccupés par la menace croissante d'attaques de déni de service coordonné plus sophistiquées contre l'infrastructure du secteur privé américain, pouvait-on lire dans le magazine *Computerworld*. Les experts soulignent l'existence de milliers d'autres personnes toujours actives qui, au sein de la communauté des pirates, représentent une menace encore bien plus grande. »

À un certain moment, Kevin Poulsen, l'ancien pirate devenu auteur, affirma que les autorités ne devraient pas se soucier de moi. Il y avait des poissons beaucoup plus gros à attraper. Il déclara que les attaques en ligne et les points vulnérables ne feraient qu'augmenter.

« Nous savons maintenant qu'Internet n'était pas en mesure de supporter le poids d'une nouvelle économie, et il faudra y apporter des améliorations fondamentales avant qu'un adolescent n'y rencontre des obstacles en tentant de paralyser des sites Internet, écrivit-il dans un article sur SecurityFocus.com. Nous ferions mieux, partout dans le monde, de coordonner nos efforts et de les orienter de manière à encourager le milieu universitaire à verrouiller ses réseaux à large bande passante et à faible niveau de sécurité pour éviter qu'ils servent, dans l'avenir, à cibler, comme l'auraient fait des lances d'incendie, les géants médiatiques innocents. »

Comme Allen Paller, qui avait souligné devant le juge que les marchands de logiciels et de matériel informatique devaient faire davantage pour sécuriser leurs produits dès leur sortie de l'usine, Poulsen essayait de tirer la sonnette d'alarme pour attirer l'attention de tous sur les dangers futurs. Ces sévères avertissements provenaient fréquemment de diverses sources compétentes.

« Ce n'était que le sommet de l'iceberg », affirmait un expert cité dans l'article.

Mes crimes auraient dû alerter l'industrie et les gouvernements. Ceux-ci auraient pu concentrer leurs efforts sur de nouvelles initiatives visant à sécuriser Internet pour le bénéfice des entreprises, des institutions et du grand public. Mais ça ne s'est pas produit.

C'est ainsi qu'aujourd'hui, tout comme l'avaient prédit certains de ces experts, nous sommes confrontés à des pirates malveillants beaucoup plus dangereux qu'auparavant, qui emploient des procédés de plus en plus sophistiqués. Il en résulte en bout de ligne un danger accru pour tous, des utilisateurs ordinaires jusqu'aux sociétés internationales et aux gouvernements. Nous vivons à l'ère de Mafiaboy, version 2.0.

***

Le matin du 28 novembre 2007, un agent du FBI accompagné d'agents de la police locale frappait à la porte d'une maison de Whitianga, en Nouvelle-Zélande. Avant cette visite, une enquête internationale sur la cybercriminalité avait donné lieu à huit inculpations et condamnations. Ce jour-là, le FBI et la police croyaient qu'ils étaient sur le point d'arrêter le chef d'un gang particulièrement dangereux sévissant sur Internet. Il s'agissait d'Owen Walker, un Néo-Zélandais de 18 ans connu en ligne sous le pseudonyme de Akill.

Après avoir pénétré dans la maison, la police et l'agent du FBI mirent Walker aux arrêts et saisirent son équipement informatique. Ils l'interrogèrent au poste de police, puis le relâchèrent sans avoir porté d'accusations. Entre-temps, la police commença à examiner les disques durs de ses ordinateurs et fit une déclaration à la presse concernant la descente. Même si, jusque-là, le jeune homme avait évité de faire l'objet d'accusations, la descente effectuée chez lui était sur le point de mettre au jour la plus retentissante histoire de piratage des dernières années.

Le directeur du centre de lutte contre la cybercriminalité de la police de Nouvelle-Zélande, Martin Kleintjes, affirma dans le cadre d'une émission de radio que Walker était le « chef d'un réseau international de robots espions [et qu'il avait infiltré des ordinateurs dans le monde entier grâce à ses logiciels malveillants ». D'autres reportages décrivirent Walker comme le « meneur d'un groupe international de cybercriminels ». Le 30 novembre, le site Internet de la BBC affirmait que « d'après les estimations du FBI, Akill contrôlait 1,3 million d'ordinateurs ayant servi à détourner des millions de dollars ».

La nouvelle de la descente chez Walker fit le tour du monde. Le fait qu'un adolescent soit le pivot de la cybercriminalité représentait une histoire juteuse, et les organismes policiers prétendirent que Walker avait fait partie d'un groupe de pirates dont les ramifications s'étendaient dans de nombreux pays. Outre le fait que ce groupe était en partie dirigé par un jeune de 18 ans vivant chez ses parents, il s'agissait apparemment d'une organisation criminelle structurée et internationale. Walker et son équipe semblaient être de vrais pros.

« On n'en rencontre qu'un seul dans une carrière », déclara Kleintjes au *New Zealand Herald*. Walker était dépeint comme le pirate le plus malintentionné de la nouvelle génération de cybercriminels.

L'histoire me fascina. Elle présentait des points communs avec la mienne : le jeune âge du suspect, la descente chez ses parents, la saisie des ordinateurs, les grands titres internationaux et la pléthore d'accusations déposées contre lui. Les actes qu'on lui attribuait avaient aussi quelque chose de familier. Walker était accusé d'avoir créé un logiciel malveillant qui lui avait permis, ainsi qu'à son équipe, d'infiltrer plus d'un million d'ordinateurs dans le monde entier. Une fois qu'il s'était emparé de ces ordinateurs, il les avait reliés entre eux pour former de vastes réseaux de zombies. Tout cela me rappelait ce que j'avais fait en préparant Rivolta. Cependant, il y avait quelque chose de très différent à propos des allégations au sujet de Walker.

Alors que j'avais agi seul et sans préméditation particulière (à savoir que je n'essayais pas d'extorquer de l'argent ou de générer un profit grâce à mes attaques), on présentait Walker comme le chef d'un vaste groupe de cybercriminels dont les activités étaient lucratives et extrêmement dangereuses. Les jeunes pirates issus de différents pays avaient uni leurs efforts dans l'intention d'exploiter une entreprise criminelle. Mais au moment d'écrire ces lignes, même si quelques-uns de ses présumés complices ont été accusés et jugés, Walker est toujours libre et, donc, innocent. Je souligne ce fait parce que je sais, pour l'avoir vécu, à quel point la vérité peut se perdre dans la confusion que génère la frénésie médiatique qui s'élève autour de certains événements.

Plus que toute autre situation portée à ma connaissance au cours des années qui se sont écoulées depuis mes crimes, celle de Walker semble illustrer parfaitement à quel point le piratage et la cybercriminalité ont progressé. C'était l'univers de Mafiaboy 2.0: une version beaucoup plus sophistiquée, dangereuse et criminelle de ce que j'avais fait.

***

Une vie téléchargée

De par la nature même de leurs actes, les pirates informatiques repoussent constamment les limites de la technologie. C'était aussi vrai pour les premiers pirates du MIT que pour tous ceux qui leur ont succédé. Le piratage, la plupart du temps, est le reflet d'une époque. Les passionnés de trains miniatures du MIT devaient supplier les représentants de l'autorité et louvoyer auprès d'eux pour avoir accès aux ordinateurs. À l'époque, les ordinateurs personnels n'existaient pas encore. Ces derniers, de même qu'Internet, ont transformé la société. Mais au fur et à mesure que la technologie informatique s'intégra aux entreprises, aux compagnies de téléphone par exemple, les *phone phreaks* (pirates téléphoniques) commencèrent à émerger.

L'avènement du PC a rendu les ordinateurs plus accessibles, et plus de gens se sont intéressés à la façon dont ils fonctionnent. Autrement dit, le nombre de pirates s'est multiplié. Les pirates allaient où se trouvait la technologie. Au tournant des années 1980, de plus en plus de gens pouvaient posséder un ordinateur. Quand le premier virus frappa l'ARPANET en 1980, il ne s'agissait pas d'une coïncidence. Les gens seront toujours tentés de jeter du sable dans l'engrenage du système.

La technologie informatique et Internet font maintenant partie intégrante des entreprises, des foyers et de la société. En conséquence, les actes de piratage malveillants sont plus fréquents. Davantage de gens, d'entreprises et d'institutions courent des risques. De nos jours, il existe au-delà d'un milliard d'utilisateurs d'Internet dans le monde. Les gens accèdent au réseau au travail et à la maison. Leurs « téléphones intelligents » leur permettent de naviguer sur le Net et d'envoyer des courriels. À mesure que s'installe l'habitude d'emmagasiner notre vie sur disque dur, téléphone cellulaire, iPod, clé USB et autres appareils, il devient de plus en plus urgent d'assurer la sécurité en ligne. Malheureusement, la plupart des utilisateurs ignorent quelles sont les mesures de sécurité adéquates. En outre, plusieurs parmi eux ne réalisent pas la nature de la faille capitale au cœur de notre société branchée : Internet lui-même.

La structure d'Internet ne contient pas en elle-même de mesures de sécurité. On a donné aux chercheurs de l'ARPA un mandat particulier, et le réseau qu'ils ont élaboré n'a jamais été conçu pour faciliter ou gérer le flux d'informations personnelles, financières et commerciales du monde entier. Ce défaut de conception fondamental a donné lieu à des faiblesses en ligne et à des attaques qui, aujourd'hui, rendent extrêmement vulnérables aussi bien les gens ordinaires que les entreprises multimilliardaires. Internet fourmille de lacunes, de pirates, de fraudeurs, de virus, de pourriels, et même de membres du crime organisé.

« En termes simples, Internet ne possède aucune architecture de sécurité inhérente, rien qui puisse arrêter les virus, les pourriels ou quoi que ce soit d'autre, selon un article du magazine du MIT, *Technology Review*, intitulé "The Internet Is Broken", paru en 2005. Les mesures de protection, comme les pare-feu et les logiciels anti-pourriels, sont des ajouts, des rustines[21] censées accroître la sécurité dans le cadre d'une course aux armements virtuelle. »

L'article faisait état de l'opinion de Davis D. Clark, un professeur au MIT qui a contribué à la création des principaux protocoles Internet. L'auteur de l'article offrait une analogie : « Pour l'utilisateur moyen, Internet ressemble de nos jours à Times Square, à New York, pendant les années 1980. C'était un endroit emballant et dynamique, mais vous deviez garder la tête basse pour éviter de vous faire offrir des drogues, de vous faire voler ou de vous faire haranguer par des déséquilibrés. Times Square a été nettoyé, mais Internet ne cesse de se détériorer, tant au niveau de l'utilisateur que – selon Clark et d'autres – dans son architecture même. »

Nous avons édifié un monde en ligne sur une infrastructure dont le cœur même n'est pas sécuritaire. Pourtant, nous continuons d'avoir recours à Internet à un rythme frénétique. Je ne prétends pas qu'il faille arrêter de l'utiliser. Les avantages qu'il offre sont beaucoup trop grands. Mais quiconque utilise un ordinateur et se branche à Internet pour des motifs personnels ou professionnels devrait être conscient des risques qu'implique un tel geste et devrait savoir comment se protéger.

Une quarantaine d'années après l'invention d'Internet, beaucoup de gens ne comprennent toujours pas qu'envoyer un courriel, c'est comme envoyer une carte postale. Ils oublient de mettre à jour leur logiciel antivirus ou d'installer un pare-feu pour éviter les intrusions. Les boîtes de courrier électronique entrant sont encombrées par un flux incessant de pourriels et de messages d'hameçonnage. Un seul clic de souris peut ouvrir la porte de votre système à un pirate ou à un virus. Souvent, les ordinateurs personnels et les réseaux sont laissés sans aucune protection.

---

21. Portion de code en langage machine, qui modifie un programme efficacement, bien que de façon sommaire et temporaire, dans le but de corriger un bogue ou un dysfonctionnement, ou encore d'améliorer ce programme par l'addition d'une fonction, d'une caractéristique, ou par une mise à jour. Source : Le Grand dictionnaire terminologique de l'Office québécois de la langue française. (N. D. T.)

Le fait de se promener avec un « téléphone intelligent » rempli d'informations confidentielles, qu'elles soient personnelles ou commerciales, équivaut souvent à déambuler avec son permis de conduire, ses renseignements bancaires et ses données personnelles à la portée du premier venu. La plupart des gens savent qu'il faut mettre son portefeuille en sécurité, mais la majorité d'entre nous ne prenons pas les mêmes précautions en ce qui a trait à notre vie en ligne.

J'aime toujours autant les ordinateurs et Internet. Rien ne m'a jamais captivé ou inspiré à ce point. Malgré cela, je ne peux m'empêcher d'être inquiet et même scandalisé devant la façon dont la vaste majorité des utilisateurs d'Internet ignorent quelles sont les mesures de sécurité à prendre. Mon histoire personnelle devait à l'origine servir de récit édifiant, mais en réalité, mes crimes, bien que graves, semblent bénins si on les compare aux activités qui se déroulent en ligne de nos jours. À l'époque, on me considérait comme l'incarnation du jeune pirate sans scrupules qui pouvait semer le chaos dans notre univers branché. La technologie en général et Internet en particulier ont progressé à un rythme effréné depuis. Il en est de même des gens qui cherchent à exploiter Internet pour des motifs criminels ou malveillants.

« La cybercriminalité évolue rapidement du domaine des farceurs malavisés à des plans élaborés et lucratifs impliquant des syndicats du crime organisé qui peuvent habiter la rue voisine ou à l'autre bout du monde, écrivait Paul Horn, vice-président et directeur à la recherche chez IBM, dans *BusinessWeek*. On estime qu'aujourd'hui 85 % des logiciels malveillants sont créés dans un but lucratif. Le triste corollaire de cette statistique est que seulement 5 % des cybercriminels sont attrapés et poursuivis. »

Mes crimes sont survenus au moment où le commerce électronique était porteur de beaucoup d'espoir pour l'économie mondiale. En attaquant quelques-uns des plus grands sites Internet d'entreprises du monde, j'ai mis en évidence leurs faiblesses. En conséquence, la réaction de la presse et des organismes de maintien de l'ordre fut fulgurante. Bien sûr, il est survenu de nombreux autres incidents graves liés au piratage criminel depuis mes attaques en 2000, mais aucun ne semble avoir suscité un tollé semblable à celui qui fut dirigé contre moi.

Mafiaboy

Ce n'est pas parce que la sécurité en ligne s'est améliorée. En réalité, elle s'est de beaucoup dégradée.

Chapitre 23

Piratage pour le pays, piratage pour le profit

Dès mes premiers jours sur l'IRC, il était évident que le piratage devenait rapidement un phénomène mondial. J'y rencontrai régulièrement des gens d'Angleterre, de Roumanie, de Russie et d'autres pays d'Europe. C'étaient les Russes qui étaient les plus nombreux au sein de TNT, l'équipe de pirates la plus sophistiquée, dont je faisais partie. Ils étaient doués, et on les reconnaissait fréquemment comme les gens les plus dangereux sur l'IRC. J'ai pu moi-même constater que le piratage représentait un passe-temps dans plusieurs pays du monde. C'est encore plus vrai aujourd'hui. On considère maintenant que la Russie, en particulier, héberge quelques-uns des plus dangereux pirates sur la planète.

Un article paru en octobre 2007 dans le *New York Times* mentionnait: «La Russie est devenue une des principales sources de problèmes sur Internet, le foyer d'une multitude de brigands de la haute technologie qui agissent apparemment en toute impunité à partir de salons anonymes de Novossibirsk ou d'obscurs cybercafés de Saint-Pétersbourg. Les pirates se donnent des noms comme ZOMBiE et la Hell Knights Crew, et ils habitent un monde virtuel si bien protégé que même les entreprises de sécurité Internet dans des endroits comme Silicon Valley ont dû acquérir une expertise sur la culture du piratage russe, à l'autre bout du monde.»

L'article déclarait que «seuls les États-Unis et la Chine [rivalisaient] avec la Russie en ce qui [avait] trait aux activités de piratage », même si le nombre d'utilisateurs d'Internet en Russie était de beaucoup moindre que celui des utilisateurs américains et chinois.

Il est insensé d'essayer de définir les pirates comme une seule communauté homogène. On retrouve parmi ceux-ci aussi bien des programmeurs talentueux qui créent des logiciels novateurs ou construisent leurs propres ordinateurs, que des gens qui jouent des tours en ligne ou utilisent leurs connaissances techniques à mauvais escient ou à des fins criminelles. Comme je l'ai déjà souligné, l'expression « pirate informatique » comporte une connotation négative de nos jours. C'est injuste. J'y vois encore l'expression d'un certain respect. Le fait d'être un pirate informatique ne signifie pas d'emblée qu'on essaie d'infiltrer des réseaux ou de causer des dommages. À divers égards, l'expression reflète un degré d'aisance technique et de curiosité (bien que la méfiance et l'aversion envers les autorités en fassent souvent partie).

Bien sûr, les pirates dont on entend le plus parler dans les médias sont ceux qui causent des dégâts. Ils font les grands titres. Peu de gens se soucient d'un groupe de personnes qui se rassemblent en ligne pour travailler de concert sur un code ou pour tenter de concevoir une rustine pour le plus récent outil d'exploitation. On ne connaît pratiquement rien de ceux qu'on appelle les « chapeaux blancs ».

Dans le monde d'aujourd'hui, il existe encore des gens comme l'ado que je fus, de jeunes pirates informatiques qui se laissent emporter et qui causent des dégâts seulement parce qu'ils réalisent qu'il leur est possible de le faire. La différence, aujourd'hui, c'est qu'on se préoccupe beaucoup moins de ceux-ci que des pirates internationaux qui agissent dans le but de concrétiser des objectifs plus précis et plus dangereux. Les gouvernements, les services policiers et l'industrie sont tout à fait conscients qu'Internet constitue la nouvelle frontière du crime, de l'espionnage et de l'activisme politique.

Pour les pirates malveillants d'aujourd'hui, les deux principales raisons d'agir sont soit politiques, soit lucratives. Toutes deux ont des répercussions à l'échelle planétaire.

***

Piratage pour le pays

En 1992, Mike McConnell, un amiral de la marine américaine qui avait servi en tant qu'officier du renseignement auprès du général Colin Powell, devint directeur de la National Security Agency (NSA). McConnell connaissait l'ARPANET, le prédécesseur d'Internet, mais il ne s'était jamais attendu à ce qu'il soit mis à la disposition du monde entier ou à ce qu'il devienne son propre centre d'intérêt dans le cadre d'un nouvel emploi.

« Quand j'y suis allé en 1992, Internet existait – il s'appelait l'ARPANET –, mais le World Wide Web n'existait pas, déclara-t-il au *New Yorker* en 2008. Puis le Web a fait en sorte que tous puissent accéder à Internet. Mon monde a explosé. » (Les gens croient souvent qu'Internet et le Web sont synonymes. Internet, c'est le réseau sous-jacent d'ordinateurs connectés entre eux, alors que le World Wide Web est un système qui se superpose à Internet et contient entre autres des sites Web et des hyperliens.)

La sécurité de l'information constitue une des plus profondes inquiétudes pour le monde du renseignement et de la sécurité aux États-Unis. Selon le *New Yorker*, à lui seul, le département de la Défense « détecte trois millions de tentatives d'intrusion sur ses réseaux informatiques » chaque jour. Ces tentatives d'infiltration sont l'œuvre de gens qui cherchent un moyen de voler des secrets ou d'endommager les systèmes. De même, le département d'État enregistre quotidiennement deux millions de tentatives d'intrusion. (Je me souviens que mes balayages ont souvent révélé la présence d'ordinateurs vulnérables sur les réseaux militaires ou gouvernementaux américains, mais je choisissais toujours de ne pas les infiltrer.)

« Parfois, [ces tentatives d'intrusion] se transforment en de véritables attaques, comme dans le cas d'un assaut, le printemps dernier, contre le Pentagone, qui a entraîné la fermeture de 1500 ordinateurs, écrivait Lawrence Wright. En mai [2007], le gouvernement allemand a découvert qu'on avait introduit un logiciel d'espionnage dans les ordinateurs de plusieurs des principaux ministères, de même que dans le bureau de la chancelière Angela Merkel. »

Qui fallait-il blâmer pour le logiciel malveillant installé sur les ordinateurs du gouvernement allemand? D'après les Allemands, il s'agissait de pirates chinois, bien que le consulat de Chine ait qualifié cette accusation de «grotesque».

La guerre de l'information n'est pas nouvelle, mais les enjeux sont aujourd'hui plus importants qu'ils ne l'ont jamais été auparavant. Les pays emploient leurs propres équipes de pirates pour tenter de dérober des secrets à d'autres pays. Ed Giorgio, un consultant en matière de sécurité et ancien décrypteur de la NSA, a déclaré au *New Yorker:* «[...] il y a 40 000 pirates chinois qui recueillent des renseignements sur les systèmes d'information des États-Unis et de leurs partenaires.»

D'après Giorgio, les États-Unis «ne devraient jamais s'engager dans une guerre de piratage contre la Chine». Même sans qu'une guerre totale ait été déclarée, de petites batailles se livrent chaque jour. Le combat dans le cyberespace pour obtenir la main haute sur les secrets et les renseignements a lieu en grande partie à l'insu du public, mais elle a des répercussions sur notre monde.

En 2005, on apprenait qu'une équipe composée d'une vingtaine de pirates chinois et surnommée Titan Rain s'était infiltrée dans l'Aviation and Missile Command de l'armée américaine et avait volé «des spécifications liées au système de planification de missions aériennes pour les hélicoptères de l'armée, de même qu'au Falconview 3.2, le logiciel de planification de vol qu'utilisaient l'armée de terre et l'armée de l'air», d'après le directeur du SANS Institute. Au cours des quelques années précédentes, ils avaient infiltré d'autres organismes gouvernementaux dans le but de recueillir d'autres renseignements.

Le *Washington Post* cita un représentant anonyme du gouvernement américain qui déclarait: «Il n'y a pas que le département de la Défense qui ait fait l'objet d'attaques; il y a aussi une vaste gamme de réseaux. [...] Il s'agit d'une tentative permanente, organisée, de siphonner des informations dans nos systèmes non confidentiels.» En 2007, un autre fonctionnaire affirma à la revue *Federal Computer Week* que les pirates chinois «tirent parti d'absolument tout».

La question demeure à savoir si la hausse du piratage en provenance de Chine relève de mesures gouvernementales concertées, ou si des groupes comme Titan Rain travaillent en solitaire, puis vendent les renseignements qu'ils recueillent au gouvernement chinois. Ça pourrait fort bien être une combinaison des deux. Mais ce qui est indéniable, c'est que le cyberespionnage représente une menace dont l'importance ne peut que croître. Quand le SANS Institute dressa sa liste des dix plus graves menaces à la sécurité sur Internet pour l'année 2008, le cyberespionnage se classait au troisième rang.

Selon le rapport du SANS Institute, « une des histoires sur la sécurité qui a fait le plus grand bruit en 2007 fut la divulgation, pendant les audiences du Congrès, par d'importants représentants du département de la Défense d'une intrusion massive des ordinateurs des organismes fédéraux et de ceux des entrepreneurs œuvrant pour la Défense, ainsi que du vol de milliers de gigaoctets de données par la Chine et d'autres États-nation. En 2008, malgré une surveillance de tous les instants, ces attaques par des États-nation se multiplieront et porteront souvent des fruits à cause d'un plus grand nombre de cibles et d'un degré accru de sophistication. »

Outre la Chine, de nombreux pays de l'ancien bloc soviétique abritent des groupes de pirates. Ils se rassemblent souvent pour expédier un message à des pays rivaux qui interviennent dans les affaires de l'État. Un exemple digne de mention nous a été donné en avril 2007, après que le gouvernement estonien eut voté en faveur du déplacement d'un monument aux morts datant de l'ère soviétique. Cette décision souleva la colère de la population russophone du pays et déclencha une émeute qui fit une victime. La décision irrita aussi le Kremlin, et Vladimir Poutine exprima sa désapprobation. Puis les pirates entrèrent en scène.

Même si l'Estonie est un petit pays, il est extrêmement branché. Son parlement a même jugé que l'accès à Internet constituait un droit humain. Pour réagir au déplacement du monument, les pirates commencèrent à lancer des attaques de déni de service contre des sites estoniens. Pendant des semaines, ils frappèrent des sites gouvernementaux et ceux de partis politiques. Ils cherchaient à perturber ou même à réduire à néant la présence du pays sur le Net.

Selon ce qu'affirmait Dorothy Denning, spécialiste en cybersécurité à la U.S. Naval Postgraduate School, sur CNET

News.com, « les manifestations sur Internet ont pris une autre ampleur. Ça peut se produire ici ou dans n'importe quel pays où les gens sont malheureux. Il s'agissait d'attaques graves qui ont duré longtemps. Et ça démontre la nécessité d'adopter des mesures de protection. »

La durée et la gravité des attaques contre les sites Internet d'Estonie démontrent à quel point cette activité a évolué. Quand des pirates ont ciblé le site Web de l'OTAN pendant la campagne de bombardement du Kosovo en 1999, ce geste semblait en quelque sorte une nouveauté. Ils avaient attaqué un seul site plutôt que de nombreuses cibles dans un seul pays. Depuis lors, l'augmentation de la quantité d'équipes de pirates et d'attaques autorisées par des gouvernements a intensifié la menace que représentent ces activités. Les attaques sont plus importantes, mieux coordonnées, et elles ont souvent pour but de voler des renseignements confidentiels.

Évidemment, ce n'est pas tout le monde qui peut décrocher un emploi de pirate pour un gouvernement. La situation économique de plusieurs pays pousse des pirates malveillants à chercher des moyens de générer des profits grâce à leurs aptitudes. La meilleure façon, pour un programmeur ou un pirate talentueux, de gagner sa vie dans un pays comme la Roumanie ou la Russie consiste à s'adonner à la cybercriminalité. Il est maintenant plus facile que jamais d'entreprendre une carrière de pirate informatique criminel. Sous plusieurs aspects, les syndicats du cybercrime organisé représentent la nouvelle Mafia.

***

Piratage pour le profit

Pendant la guerre froide, le KGB et la Stasi[22] ont déployé énormément d'efforts afin de recruter de jeunes étudiants occidentaux impressionnables pour en faire des espions. Une bonne partie du recrutement se faisait dans les universités, plus précisément dans le cadre de programmes d'échanges étudiants, dans le contexte desquels on envoyait des jeunes Occidentaux

---

22. Police politique en Allemagne de l'Est de 1953 à 1989. (N. D. T.)

derrière le Rideau de fer dans le but de favoriser une meilleure compréhension entre les deux adversaires.

Pour les jeunes étudiants américains et britanniques, ces échanges représentaient une façon de voir comment vivaient les deux superpuissances. D'après une enquête menée en 1990 par *Insight on the News* et la BBC, aux yeux de la Stasi et du KGB, les échanges « constituaient un terrain fertile pour le recrutement d'étudiants américains et britanniques en tant qu'agents de pénétration à long terme qu'on pouvait former afin qu'ils obtiennent des emplois gouvernementaux dans leur propre pays – ou d'autres postes importants en journalisme, en commerce, en éducation supérieure (notamment en études scientifiques et techniques) ou dans le domaine militaire ».

Quand le mur de Berlin est tombé, entraînant dans sa chute l'Union soviétique, ces campagnes de recrutement ont cessé. Mais ces dernières années, les jeunes étudiants universitaires doués sont la cible d'une nouvelle forme de recrutement. Cette fois, ce sont les étudiants d'Europe de l'Est qui affichent un talent prometteur dans le domaine de la programmation. Plutôt qu'une agence de renseignements étrangère, ce sont des criminels qui les approchent pour leur proposer, en échange de fortes sommes d'argent, de se joindre à un syndicat du cybercrime. Le salaire est beaucoup plus élevé que pour un emploi légal et, selon ce que leur affirment les recruteurs, personne ne se fait jamais attraper. Malheureusement, leur boniment, en bonne partie, est souvent vrai.

« Dans un geste qui rappelle les tactiques qu'employait le KGB pendant la guerre froide pour recruter des agents sur le terrain, les bandes de criminels organisés ont de plus en plus recours à des tactiques semblables pour cibler et enjôler de jeunes diplômés brillants et passionnés par Internet, pouvait-on lire dans le rapport publié en décembre 2006 par l'entreprise de sécurité Internet internationale McAfee. Ils adoptent des tactiques du type de celles qu'employait le KGB pour recruter des étudiants et des diplômés doués en technologie de l'information et pour cibler des membres de sociétés informatiques, des étudiants provenant d'écoles spécialisées en informatique et des diplômés en technologies de l'information. »

Le rapport, intitulé *Organized Crime and the Internet*, traçait un tableau sombre de la façon chaotique et décentralisée dont les syndicats du cybercrime prennent de l'expansion et causent de graves ennuis aux entreprises, aux individus et à Internet dans son ensemble.

« Il ne s'agit certainement pas du crime organisé traditionnel où les criminels se rencontrent dans des arrière-boutiques enfumées, affirmait Dave Thomas de la division informatique du FBI. Plusieurs parmi ces cybercriminels ne se sont même jamais rencontrés en chair et en os, mais se sont connus en ligne. Les gens sont ouvertement recrutés sur des babillards électroniques et sur des forums de discussions en ligne où le couvert de l'anonymat leur permet d'afficher des renseignements sans crainte. »

On recrute des aspirants pirates en Europe de l'Est parce qu'ils ne jouissent pas des mêmes possibilités d'emplois que les étudiants en informatique vivant aux États-Unis ou en Angleterre, et parce qu'en raison de l'endroit où ils se trouvent, il est difficile pour les corps policiers de les repérer.

« Nombre de ces cybercriminels considèrent Internet comme une possibilité d'emploi, ajoutait Thomas. Comme le taux de chômage est élevé, ils peuvent utiliser leurs aptitudes techniques pour nourrir leurs familles. »

Ils travaillent à partir de l'Europe de l'Est et ciblent des entreprises et des individus ailleurs dans le monde. Ainsi, il est plus difficile de les retracer et de les traduire en justice. Même s'il est possible, grâce à Internet, d'atteindre des entreprises et des individus situés à l'autre bout du monde, les corps policiers ne peuvent arrêter quelqu'un en ligne. Ils doivent obtenir des mandats, rassembler des preuves, réussir à faire extrader les cybercriminels. Bref, ils sont confrontés à une multitude d'obstacles qui font en sorte que, souvent, les coupables demeurent en liberté et continuent de sévir.

Comme l'a souligné le *New York Times* dans son article sur les pirates informatiques russes, « les entreprises de sécurité n'ont pas reçu beaucoup d'aide du gouvernement de Russie, lequel semble montrer peu d'intérêt à intervenir radicalement, comme si ses représentants prenaient secrètement un certain plaisir à l'idée que leurs compatriotes harcèlent des millions de gens en Occident. »

Interpol et d'autres organismes ne peuvent souvent rien faire, même lorsqu'ils croient être remontés à la source d'une attaque ou d'une escroquerie. Le sentiment d'invincibilité qu'éprouvent de nombreuses organisations cybercriminelles pousse ces dernières à tenter de mettre en œuvre des stratagèmes encore plus dangereux et illégaux.

Certaines personnes sont naturellement attirées vers le côté sombre d'Internet. Le sentiment de puissance que j'ai éprouvé en voyant ce que je pouvais faire subir à Yahoo! était renversant et, en fin de compte, créait une accoutumance. Il existe bien d'autres gens qui, tout comme moi, désirent acquérir du pouvoir pour ressentir cette euphorie. Et s'ils pouvaient faire en sorte que des milliers ou des centaines de milliers de personnes les imitent? Eh bien, c'est difficile à croire, mais il leur serait difficile de s'en passer. Même si nous voyons encore de nombreux exemples de pirates malveillants qui œuvrent en solitaires, le nouveau phénomène du cybercrime organisé est autrement inquiétant.

En 2006, Christopher Painter, directeur adjoint de la section sur les crimes informatiques et la propriété intellectuelle du département de la Justice, déclarait à l'agence de presse Reuters : « Maintenant, ce ne sont plus les "pirates fanfarons" qui s'attaquent aux réseaux informatiques ; ce sont des gens dont les motifs sont financiers. Il existe encore de ces pirates semblables à des cow-boys solitaires, mais nous voyons de plus en plus de groupes criminels organisés, des groupes qui se forment souvent en ligne et ciblent des victimes par le biais d'Internet. »

La même année, le FBI estimait que la criminalité informatique avait coûté aux États-Unis 400 milliards de dollars. Reuters rapportait également que « selon le ministère britannique du Commerce et de l'Industrie, la cybercriminalité [avait] augmenté de 50 % au cours des deux dernières années ».

En réponse à cet article, Bruce Schneier, un des experts les plus réputés au monde en matière de cybersécurité, écrivait que « le cyberterrorisme est partout mis en vedette, alors que la véritable menace vient de la cybercriminalité. Je ne pense pas que cet article soit le fruit de la peur, ni qu'il contienne du baratin ; il s'agit d'un véritable problème. »

Au cours d'une conférence sur la sécurité informatique qui s'était tenue un an plus tôt, Painter, qui avait contribué à mettre Kevin Mitnick en accusation, expliqua les détails d'une enquête baptisée « Opération Firewall ». Les Services secrets des États-Unis avaient ciblé un forum de discussion du nom de Shadowcrew qui était, selon SecurityFocus.com, « un parquet boursier pour une économie souterraine, capable de fournir une variété incroyable de produits et de services illicites pouvant aller des numéros de cartes de crédit jusqu'à des détails sur des consommateurs dont il valait la peine de voler l'identité ». (L'article a été écrit par Kevin Poulsen, l'ancien pirate de haut niveau qui occupe aujourd'hui le poste de rédacteur principal chez *Wired News*, le bulletin diffusé sur Wired.com.)

« Des personnes du monde entier travaillaient de concert pour s'infiltrer dans des systèmes, voler des renseignements, puis les vendre, affirmait Painter. [C'était] un réseau extrêmement bien organisé. »

En fin de compte, les Services secrets mirent en accusation 19 hommes après qu'un des leaders du forum de discussion fut arrêté et devint informateur. Il y a eu d'autres réussites. Un exemple digne de mention est survenu en 2000 et impliquait Michael Bloomberg, fondateur de l'empire Bloomberg, qui recueille des renseignements financiers, et actuel maire de New York.

Le 24 mars 2000, un courrier adressé à Bloomberg arriva à son bureau. Un homme du nom d'Alex informait Bloomberg qu'il avait pénétré les systèmes informatiques de l'entreprise et écrivait qu'il était en possession des mots de passe des employés et d'importants renseignements corporatifs. Alex affirma qu'il n'était pas un criminel, mais souhaitait être indemnisé pour avoir mis au jour cette brèche dans la sécurité.

D'après le *New York Times*, « trois jours plus tard, une sonnerie de télécopieur résonna dans les bureaux de Bloomberg. Puis l'appareil dégorgea une série d'imprimés d'écrans d'ordinateur comportant des fichiers d'affaires confidentiels, notamment la photo d'un employé de Bloomberg, le mot de passe de son ordinateur et ses numéros de cartes de crédit. Ainsi commença un jeu du chat et de la souris entre, d'une part, le mystérieux Alex et, d'autre part, les agents du FBI ainsi que les employés de Bloomberg agissant sous les ordres du FBI. »

On demanda à Bloomberg de jouer le jeu avec Alex. Il accepta de verser 200 000 $ en échange de « la promesse d'Alex de ne pas divulguer de quelle façon il avait réussi à franchir les barrières de sécurité informatiques de Bloomberg et d'aider les programmeurs de la compagnie à améliorer leurs moyens de défense ».

Une rencontre fut fixée avec Alex dans un hôtel de Londres. Deux ressortissants du Kazakhstan qui participaient à la réunion furent arrêtés et accusés d'intrusion informatique non autorisée et d'extorsion.

Cette forme de « cyberextorsion » n'est qu'une des nombreuses escroqueries dans la mire des organismes qui luttent contre la cybercriminalité. Ces criminels d'Internet trempent aussi dans les fraudes par carte de crédit, les vols d'identité, les pourriels, les logiciels malveillants et la pornographie juvénile. Grâce à un mélange de savoir-faire technologique et d'une certaine expertise très traditionaliste, leurs activités ont beaucoup progressé. Attirés par la promesse d'importants gains et par l'assurance de risques minimes, les bandes criminelles organisées se sont réorientées vers le cybercrime, encore plus lucratif. Le piratage n'est plus seulement l'apanage des jeunes passionnés d'informatique..

Dès 2002, la Computer Emergency Response Team, à l'Université Carnegie Mellon, émettait une mise en garde : « Il y a de plus en plus d'indices révélant l'existence de bandes de criminels organisées ou de mafias exploitant les nouvelles possibilités qu'offre Internet. »

Les auteurs du rapport intitulé *Organized Crime and Cyber-Crime: Implications for Business* déclaraient : « Internet fournit à la fois des canaux et des cibles aux criminels, qui peuvent les exploiter en faisant des gains considérables tout en ne courant que de faibles risques. Le crime organisé ne pourrait pas en demander davantage. »

Depuis lors, le crime organisé traditionnel a rapidement accru sa présence en ligne. En 2007, le PDG de l'entreprise de sécurité McAfee déclarait qu'on évaluait maintenant les recettes de la cybercriminalité à 105 milliards de dollars dans le monde, soit davantage que le narcotrafic. Il n'est pas étonnant que les organisations criminelles veuillent leur part du gâteau. Sous plusieurs aspects, les escroqueries – extorsion, fraude, vol d'identité – demeurent les mêmes. Il y a longtemps que le crime organisé est impliqué dans ces domaines. Mais il s'adapte désormais à un nouvel environnement.

À titre d'exemple, la Mafia a de tout temps trempé dans les jeux d'argent. Qu'il se soit agi d'exploiter des casinos illégaux ou de contribuer à la construction de Las Vegas, ils ont toujours eu un penchant pour cette activité. Le jeu en ligne constitue maintenant une immense industrie, bien qu'elle soit quelque peu perturbée. En 2003, on apprenait que les sites de jeux d'argent en ligne avaient été la cible d'une tentative d'extorsion ; les autorités ont alors soupçonné des bandes de criminels organisées.

En octobre de la même année, les entreprises de jeux d'argent en ligne recevaient des courriels menaçants dans lesquels on exigeait des sommes d'argent. La menace était en fait une version électronique du plus traditionnel « crache l'argent, ou bien on te brise les jambes ou on brûle ton casino ». D'après le message, tout site refusant de verser le paiement subirait une attaque de déni de service coordonné qui, dans les faits, mettrait fin à leurs affaires. Certains sites ont même été attaqués avant d'avoir reçu le message. Appelons ça un coup de semonce.

Un rapport de presse indiquait que, selon les experts en matière de sécurité, « les attaques contre les sites Internet de sports et de jeux d'argent sont attribuables à de grands syndicats du crime. Ils ont affirmé que leur capacité de mener des attaques contre des opérateurs de sites Internet qui refusaient de verser des paiements de protection prouve l'implication du crime organisé aux côtés des pirates et des concepteurs de virus. »

Thomas Patterson, un ancien partenaire œuvrant au sein du département des services de sécurité chez Deloitte & Touche, abondait dans le même sens. « Les criminels ne font pas nécessairement partie de la Mafia ; certains groupes criminels du Moyen-Orient et d'Asie se tournent vers Internet pour brandir les mêmes vieilles menaces d'extorsion, dit-il. C'est toujours la même histoire, ce n'est que le terrain de jeu qui est nouveau. »

Pour lancer une attaque de déni de service coordonné à grande échelle, expédier des millions de pourriels ou procéder à d'autres formes d'escroquerie, les criminels doivent avoir accès à de vastes réseaux d'ordinateurs infiltrés. Évidemment, c'est un concept que je connais bien. Si j'ai pu faire tomber Yahoo! et d'autres grands sites Web, c'est parce que j'ai passé d'innombrables heures à ériger mon propre réseau de zombies. Même si je me servais surtout de ces réseaux afin de livrer des batailles pour m'emparer d'autres réseaux sur l'IRC, je constatais le pouvoir des grands réseaux de zombies. Les syndicats de criminels informatiques connaissent aussi fort bien les possibilités qu'offrent ces réseaux. Ils représentent aujourd'hui une des plus graves menaces sur Internet et constituent une des plus puissantes armes de la cybercriminalité. Comme l'a démontré le réseau de plus d'un million d'ordinateurs infiltrés qu'avaient réussi à mettre sur pied Akill et ses collègues, les réseaux de zombies d'aujourd'hui sont beaucoup plus sophistiqués et dangereux que ceux qui me servaient à lancer mes attaques.

Mes principales cibles étaient des ordinateurs qui faisaient partie de réseaux d'universités. Ces ordinateurs étaient branchés à une immense quantité de bandes passantes. De nos jours, toutefois, tant de foyers ont accès à Internet haute vitesse et les bandes passantes croissent à un tel rythme qu'il n'est plus nécessaire de s'emparer d'un réseau universitaire pour construire un réseau de zombies. L'ordinateur personnel qu'on retrouve dans presque toutes les maisons fait tout aussi bien l'affaire. C'est pourquoi il est fort possible que votre ordinateur, ou encore celui de quelqu'un que vous connaissez, fasse déjà partie d'un réseau de zombies. Il se pourrait qu'à votre insu, vous constituiez une des roues de l'engrenage toujours en mouvement du cybercrime.

Chapitre 24

L'attaque des réseaux de zombies

Par un après-midi de la fin de 2006, Serry Winkler, directrice de campagne politique à Denver, au Colorado, se détendait sur son divan quand retentirent soudain des coups violents à sa porte. Elle alla ouvrir et aperçut trois agents de police de Boulder vêtus de gilets pare-balles, pistolets dégainés. Ils avaient un mandat et exigèrent qu'elle les laisse entrer. Winkler était à la fois ahurie et effrayée. Puis elle fut tout à fait confuse quand on l'informa que le mandat concernait son ordinateur, un vieil appareil qui roulait encore sous Windows 98.

Les agents emportèrent son disque dur, et Winkler apprit bientôt pourquoi son ordinateur présentait un intérêt. Un criminel situé en Russie avait infiltré son appareil et en avait pris la maîtrise au moyen d'un logiciel malveillant. Winkler se souvenait d'avoir désactivé son logiciel de sécurité parce qu'il ralentissait son vieil ordinateur. Ainsi, la porte était grande ouverte pour que le pirate russe infiltre l'appareil et l'ajoute à son vaste réseau d'ordinateurs infectés. Sans qu'elle le sache, son ordinateur personnel faisait partie d'un réseau de zombies. Le pirate russe utilisait son appareil pour faire des achats chez Sears avec un numéro de carte de crédit volé. Ces transactions finirent par éveiller les soupçons des autorités et conduisirent les agents chez elle.

« Je suis une femme célibataire d'âge moyen qui vit ici depuis six ans, dit-elle au *New York Times*. Est-ce que j'ai l'air d'une terroriste ? »

Elle n'avait effectivement pas l'air d'une terroriste, mais plutôt d'une victime type de la menace croissante que représentent les réseaux de zombies. Autrefois l'apanage des pirates qui hantaient l'IRC, « les réseaux de zombies [étaient devenus] l'arme de choix des cybercriminels », selon une déclaration de Robert Mueller, le directeur du FBI.

« La majorité des victimes ne réalisent même pas que leur ordinateur a été infiltré ou qu'on s'est servi de leurs renseignements personnels, affirmait James Finch de la division de lutte contre la cybercriminalité au FBI. Un attaquant s'empare d'un ordinateur en l'infectant au moyen d'un virus ou d'un autre code malveillant et l'ordinateur continue de fonctionner comme si de rien n'était. »

Damballa, une entreprise américaine qui s'emploie à combattre les « armées de zombies », rapportait que « plus de 11 % des ordinateurs branchés à Internet ont déjà été infiltrés par des programmes malveillants appelés "réseau de robots ou de zombies". On s'attend à ce que 75 % des entreprises soient infiltrées cette année par un réseau zombies. »

Plus de 650 millions d'ordinateurs sont branchés à Internet dans le monde. Les cibles les plus faciles des réseaux de robots sont les ordinateurs personnels fonctionnant sous Windows dont le niveau de protection n'est pas à jour. En d'autres termes, il s'agit de l'utilisateur moyen d'Internet, soit probablement 10 % des personnes qui liront cette phrase, d'après les chiffres de Damballa.

De manière générale, les pirates malveillants ont délaissé la recherche de la notoriété et du respect au sein de leur communauté pour se tourner davantage vers le profit. Les réseaux de zombies, qui se sont étendus dans des proportions dangereuses, en témoignent clairement. Nombre d'experts en matière de sécurité estiment que les forces policières et les entreprises de sécurité sont en train de perdre la bataille contre les réseaux de zombies. Ce sont les robots qui l'emportent.

Les réseaux de robots se situent au premier rang des dangers en ligne qui ont augmenté depuis mes crimes de 2000. J'ai infiltré des centaines d'ordinateurs et les ai rassemblés en un réseau personnel de zombies, que j'ai ensuite utilisé pour faire la guerre sur l'IRC et lancer mes attaques contre Yahoo! et eBay. Mais ce serait un jeu d'enfant pour les réseaux de zombies d'aujourd'hui. De nos jours, les réseaux de zombies les plus dangereux peuvent, comme ce fut le cas d'Akill, contenir un nombre d'ordinateurs approchant ou dépassant le million.

Dans le rapport de McAfee sur la cybercriminalité organisée, Robert Burls, un détective de l'unité de lutte contre la criminalité informatique de la police métropolitaine de Londres, affirmait : « Les réseaux de zombies représentent de loin la nouvelle menace la plus importante, et nous voyons aussi apparaître des codes malveillants plus sophistiqués. Par exemple, certains logiciels malveillants peuvent déployer des enregistreurs de frappe, récolter les mots de passe emmagasinés et saisir des impressions d'écran des hôtes infectés. Ces techniques peuvent permettre aux criminels d'obtenir tous les renseignements sur l'identité des victimes et d'accéder à leurs données financières et personnelles. »

Le même rapport soulignait que « les réseaux de robots ont connu une croissance exponentielle et constituent maintenant l'arme de choix des cybercriminels, une arme utilisée pour l'hameçonnage, les pourriels illégaux, le vol de mots de passe et d'identité de même que la diffusion d'images pornographiques ».

Même si l'utilisateur moyen d'Internet a du mal à croire qu'un pirate malveillant puisse trouver quoi que ce soit d'intéressant dans son ordinateur personnel, surtout s'il le compare aux cibles alléchantes que constituent les grandes sociétés ou les organismes gouvernementaux, la réalité demeure qu'aujourd'hui quiconque possède un ordinateur branché à Internet représente une cible potentiellement lucrative. Une fois à l'intérieur de votre ordinateur, les criminels peuvent installer des logiciels pour voler vos mots de passe bancaires en ligne ou d'autres renseignements personnels secrets. Ils peuvent vider vos comptes bancaires ou se servir de vos numéros de cartes de crédit pour faire une multitude d'achats. Votre ordinateur personnel est également un esclave utile. Après avoir été relié à un réseau de zombies, on peut lui ordonner de participer à une attaque de déni de service coordonné, ou encore s'en servir pour envoyer des pourriels ou pour aider à diffuser des logiciels malveillants qui infecteront d'autres ordinateurs et les ajouteront au réseau de zombies.

Ce n'est pas difficile de trouver des cibles. Les rois contemporains des réseaux de zombies (appelés « *botherders* ») ont recours à des versions des outils de balayage plus sophistiquées que celles que j'utilisais pour repérer des ordinateurs mal protégés ou réparés sommairement avec des mises à jour de sécurité. Comme l'expliquait en 2006 un article du *Washington Post*, ces *botherders* peuvent, en appuyant sur quelques touches, ajouter des milliers d'ordinateurs personnels à leurs réseaux et se taper une petite sieste pendant que leur logiciel malveillant préféré s'installe et se met au travail.

« Pendant les six heures qui se sont écoulées entre le moment où il s'est effondré sur son lit et celui où il en est sorti, le pirate de 21 ans a infiltré près de 2000 ordinateurs personnels dans le monde, pouvait-on lire dans un article du *Post* rédigé par un concepteur réputé en matière de sécurité du nom de Brian Krebs. Il dormait pendant que le logiciel qu'il avait conçu parcourait Internet à la recherche d'ordinateurs vulnérables et les infectait avec des virus qui les transformaient en esclaves. »

Le pirate en question se faisait appeler 0x80. C'était un décrocheur de l'école secondaire qui affirmait gagner en moyenne près de 7000 dollars par mois à s'occuper de ses zombies. À l'époque, il prétendait contrôler plus de 13 000 ordinateurs dans une vingtaine de pays. Pourtant, 0x80 se considérait comme étant à l'extrémité la moins dangereuse dans la hiérarchie des réseaux de zombies.

Selon Krebs, « 0x80 affirme qu'il n'[utilisait] pas son réseau de zombies pour nuire aux commerces. Lui et un nombre croissant de *botmasters*[23] [faisaient] de l'argent en intégrant à leurs réseaux de zombies des logiciels espions également connus sous le nom de logiciels publicitaires. Une fois installé sur un ordinateur personnel, le logiciel [faisait] apparaître des publicités et [recueillait] des données sur les habitudes de navigation de l'utilisateur. Le ver informatique qui [alimentait] le réseau de zombies [relevait] aussi des données beaucoup plus délicates dans l'appareil de la victime, notamment des mots de passe, des adresses électroniques, des numéros de sécurité sociale et des données sur les cartes de crédit. »

---

23. Créateurs de réseaux de zombies. (N.D.T.)

Aussi dangereux que cela puisse sembler, 0x80 était en quelque sorte moins malveillant que d'autres *botherders*. On n'a qu'à songer aux groupes de cybercriminels qui ont pris pour cible les sites de jeux d'argent en 2004 et exigé que ceux-ci paient entre 10 000 et 50 000 dollars d'argent extorqué pour s'assurer que leurs sites demeurent protégés des attaques de réseaux de zombies. Ou encore à Owen Walker, alias Akill.

La descente effectuée chez Walker à fin de décembre 2007 n'était pas un geste isolé. En juin de la même année, le FBI divulguait les premiers résultats d'une opération conjointe visant les *botherders* baptisée « Opération Bot Roast ». Elle avait pour but de localiser et de mettre hors circuit les criminels les plus prolifiques qui utilisaient des réseaux de robots pour faire de l'argent et infliger des dommages.

« Nous avons déclenché l'Opération Bot Roast parce que les répercussions générées par la menace que représentaient les réseaux de zombies, de plus en plus nombreux, affectaient la sécurité nationale, disait l'annonce du FBI en juin. Les pirates peuvent utiliser les ordinateurs eux-mêmes ou ils peuvent louer leurs réseaux de zombies au plus offrant. Plus ils contrôlent d'ordinateurs, plus ils peuvent demander à leurs clients un prix élevé. »

Au cours de la même déclaration, le FBI annonçait qu'il avait à ce jour identifié plus d'un million d'ordinateurs américains ayant été infiltrés par des réseaux de zombies. L'organisme révélait également l'identité de trois hommes contre lesquels il avait porté des accusations à la suite de cette opération. En novembre, le FBI rendait publique la nouvelle de la descente chez Walker et révélait que trois autres poursuites avaient été entreprises. Deux hommes accusés antérieurement avaient plaidé coupables et trois autres avaient reçu leur sentence, notamment « deux hommes qui avaient mis en œuvre un vaste plan d'hameçonnage ciblant une banque du Midwest, lequel plan avait eu pour conséquence des pertes de plusieurs millions de dollars ». Dans l'ensemble, le FBI affirmait avoir « mis au jour plus de 20 millions de dollars de pertes économiques ».

Outre leurs noms et un bref résumé des accusations déposées contre eux, l'annonce du FBI comportait peu de renseignements sur les deux hommes pris dans les filets de l'Opération Bot Roast. La revue *InfoWorld* décida de creuser un peu plus profondément et révéla que «les raisons qui avaient motivé chacun des deux hommes de même que la nature des crimes étaient plus complexes que ne pouvait l'exprimer un simple étalage de leur casier judiciaire». L'article révélait aussi l'aspect économique du commerce des réseaux de zombies; des millions d'adresses électroniques peuvent recevoir des messages publicitaires pour un prix minime, et il est possible de louer des réseaux pour quelques jours ou quelques semaines à la fois.

Prenez par exemple le cas d'Adam Sweaney, un homme âgé de près de 30 ans qui plaida coupable à des accusations de fraude grave et crimes informatiques en septembre 2004.

«Sweaney, un technicien en informatique de 27 ans habitant Tacoma, dans l'État de Washington, semble avoir démarré du côté des bons gars, rapportait *InfoWorld*. [...] Mais à un certain moment, Sweaney changea d'allégeance et passa au côté sombre. Dès mai 2006 et pendant près d'un an, Sweaney a infecté, en ayant recours à des chevaux de Troie, des ordinateurs personnels destinés à constituer un réseau de zombies qu'il utilisa plus tard pour transmettre des pourriels au nom d'autres personnes.»

Quand un agent d'infiltration communiqua avec lui, Sweaney se fit un plaisir de lui réciter la liste des tarifs pour ses services. Si, disons, vous souhaitiez vendre de fausses pilules de Viagra par l'entremise d'Internet, Sweaney pouvait expédier vos pourriels à 50 millions d'adresses électroniques pour 500 dollars. Il garantissait que 87 % des messages atteindraient leur destinataire. L'agent d'infiltration, qui se faisait passer pour un aspirant polluposteur, put même se brancher pendant 20 minutes sur le réseau de Sweaney pour en vérifier la puissance. En fin de compte, l'agent acheta 18 millions d'adresses Hotmail et 14 millions d'adresses Yahoo! Il acheta aussi deux semaines sur le réseau afin de bombarder les adresses de ses pourriels.

Sweaney fut bientôt arrêté et, à la grande surprise du FBI, on découvrit qu'il avait infiltré un ordinateur de la division antitrust du département de la Justice. Oui, un ordinateur du gouvernement américain avait été transformé en zombie, et on s'en était servi pour inonder de pourriels les utilisateurs d'Internet. Mais même Sweaney n'était pas le pire des *botherders* arrêtés dans le cadre de l'Opération Bot Roast.

John Schiefer, un résidant de Los Angeles dans la vingtaine, était bien connu au sein de la communauté clandestine des réseaux de zombies. Il portait le pseudonyme de acidstorm. Durant le jour, Schiefer agissait en bon citoyen; il travaillait à titre de consultant auprès d'entreprises qui désiraient sécuriser leurs réseaux.

Selon une déclaration que fit au journal *Daily News* Mark Krause, un procureur américain œuvrant au sein de la section de lutte contre les crimes informatiques et de la propriété intellectuelle, «c'est le genre de personne qu'on craint le plus». Schiefer incarnait le scénario cauchemardesque dans lequel une personne de confiance utilise ses connaissances à des fins criminelles.

Entre autres infractions, Schiefer installa, pour une entreprise hollandaise, des logiciels publicitaires dans des ordinateurs domestiques. Plutôt que d'obtenir la permission des utilisateurs, Schiefer infecta leurs ordinateurs avec le logiciel puis réclama sa commission de 20 % pour chaque installation. Il gagna ainsi près de 19 000 dollars en deux mois. C'était un crime en quelque sorte mineur. En même temps qu'il installait le logiciel, Schiefer implantait d'autres logiciels malveillants permettant de commettre des vols d'identité et des fraudes.

Le *Daily News* rapportait ceci: «Dans le cadre d'une de ses infractions les plus graves, les représentants de la loi ont affirmé que Schiefer était en mesure de concevoir un code malveillant qui donnait accès aux noms d'utilisateurs et aux mots de passe stockés dans le Pstore de Microsoft, une zone de mémoire encryptée et sécurisée qui protège entre autres choses les noms d'utilisateurs et les mots de passe liés aux comptes en ligne. Schiefer et ses acolytes utilisaient ces renseignements pour accéder à des comptes sur PayPal et à d'autres services en ligne afin de faire des achats ou de transférer des fonds à partir de comptes bancaires d'autres personnes, affirmait Krause.»

En fin de compte, on révéla que Schiefer avait entretenu un réseau de zombies comprenant plus d'un quart de million d'ordinateurs infiltrés. Il était passible d'une peine maximale de 60 ans de prison et d'une amende de 1,75 million de dollars, mais il décida de coopérer avec les autorités afin d'alléger sa sentence.

La qualité des logiciels malveillants installés sur un ordinateur infiltré constitue un élément crucial de tout réseau de zombies. Ce sont les logiciels malveillants qui transforment un ordinateur ordinaire en zombie. Croyez-moi, il n'est pas difficile d'infiltrer un ordinateur personnel. D'après la BBC, des attaques lancées à partir d'Internet contre des ordinateurs fonctionnant sous Windows se produisent toutes les quinze minutes. Des milliers de gens parcourent Internet à la recherche d'ordinateurs vulnérables, et ils ne manquent pas de cibles. Ce qui importe pour un criminel, c'est ce qu'il fera après s'être infiltré. C'est là qu'Owen Walker (Akill) semble avoir trouvé son créneau. Programmeur de talent, on dit qu'il a conçu des logiciels malveillants extrêmement sophistiqués qui plaçaient son équipe à l'avant-garde de l'industrie des réseaux de zombies. (Oui, il s'agit bien d'une industrie.)

« On présume que l'adolescent solitaire et sensible – dont la mère avait révélé qu'il souffrait du syndrome d'Asperger – avait conçu quelques-uns des logiciels malveillants les plus sophistiqués jamais vus, selon le *New Zealand Herald*. [...] On croit que le programme de Walker aurait été utilisé par des cybercriminels de tout type, allant des vandales et des saboteurs aux voleurs de banques virtuels aux États-Unis, et qu'il est ciblé dans le cadre d'une enquête hollandaise sur une escroquerie mettant en cause des logiciels publicitaires en Europe. »

Le logiciel de Walker aurait infecté au-delà de 1,3 million d'ordinateurs après avoir été téléchargé plus de 22 millions de fois. La police croit que des *botherders* de partout dans le monde ont utilisé son œuvre pour construire leurs réseaux et pour drainer des bénéfices en espèces grâce à l'hameçonnage, au vol d'identité, à la fraude et par d'autres moyens.

L'Opération Bot Roast a permis l'arrestation d'une poignée de *botherders*, mais n'a pas vraiment permis de ralentir la croissance des réseaux de zombies. Rick Wesson, administrateur général de Support Intelligence, une entreprise américaine qui surveille les tendances en matière de sécurité informatique, a déclaré au *New York Times* en 2007 que sa compagnie suivait à la trace 250 000 nouvelles infections de réseaux de zombies *par jour*.

– Nous perdons cette guerre de terrible façon, dit-il.

Ce qui représente une très mauvaise nouvelle pour vous et pour votre ordinateur.

Chapitre 25

Ce qui se dissimule dans votre ordinateur

Helen Barrow n'avait aucune idée de l'endroit où pouvaient se trouver ses fichiers personnels.

En mai 2006, Barrow, une infirmière de Rochdale, en Angleterre, démarra son ordinateur personnel pour découvrir que le dossier contenant ses fichiers semblait avoir disparu. À sa place, il y avait un nouveau dossier protégé par un mot de passe et un document-texte intitulé *Directives sur la façon de récupérer vos fichiers*.

Barrow ouvrit le fichier-texte et réalisa finalement qu'un virus s'était introduit dans son ordinateur. Une fois dans le système, le virus encrypta automatiquement son dossier « Mes documents » et le scella au moyen d'un mot de passe de 30 chiffres. Ses fichiers – travaux de nursing, lettres personnelles, photos de famille – se trouvaient maintenant sous clé. Elle lut les directives du document-texte et apprit que la seule façon d'obtenir le mot de passe permettant d'accéder de nouveau à ses documents était de faire un achat dans une certaine pharmacie en ligne.

Barrow était victime d'un « *ransomware* », un programme malveillant qui s'insinue dans un ordinateur et déclenche automatiquement un plan de demande de rançon. « Dépensez telle somme d'argent sur ce site ou vous ne reverrez jamais vos fichiers. » Elle était incapable de s'expliquer comment quelqu'un avait réussi à infiltrer son ordinateur et à y faire des dégâts aussi importants.

« Quand j'ai réalisé ce qui m'arrivait, j'en ai eu la nausée, déclara-t-elle à la BBC. C'était un sentiment horrible. Je pensais que j'allais perdre tous mes travaux. J'avais des tas de photos de familles et de lettres personnelles sur ordinateur et il m'était insupportable de penser que quelqu'un d'autre puisse les regarder ou les lire. »

Barrow a réagi de manière intelligente en communiquant avec les policiers locaux, de même qu'avec un spécialiste en technologies de l'information. Bien des gens auraient été tentés de débourser tout simplement le montant demandé pour récupérer leurs fichiers. Mais c'est à ce moment que serait entré en jeu le deuxième palier de l'escroquerie. Cette pharmacie en ligne – qu'on croit être située en Russie – aurait alors obtenu des renseignements sur la carte de crédit d'Helen Barrow, ce qui aurait pu mener à un vol d'identité et, fort probablement, à une fraude. Cet exemple illustre à quel point une seule brèche de la sécurité dans un ordinateur peut ouvrir la porte à une multitude de crimes en ligne. Un virus mène à un plan d'extorsion, qui mène à un achat sur un site particulier, qui mène à un vol d'identité, qui mène à une fraude.

Si le concepteur de ce logiciel avait décidé d'intégrer un code zombie quelconque à son programme, il aurait facilement pu ajouter l'ordinateur de Barrow à un réseau de zombies. Alors, l'appareil aurait servi à distribuer des pourriels et des messages d'hameçonnage. Ce que j'essaie d'illustrer à l'aide de cet exemple, c'est que si vous ne croyez pas qu'un pirate malveillant puisse trouver quoi que ce soit d'intéressant dans votre ordinateur personnel, vous avez tort.

En fin de compte, Barrow fut chanceuse. L'industrie de la sécurité informatique avait déjà repéré ce programme de demande de rançon. Le spécialiste en technologies de l'information réussit à récupérer plusieurs de ses fichiers. Pourtant, comme le mentionnait un porte-parole de la police à la BBC, « il se pourrait que les incidents de ce genre deviennent plus fréquents dans l'avenir ». Il était indubitable que cette escroquerie allait faire d'autres victimes.

Comme le montre l'expérience de Barrow, n'importe qui, de nos jours, constitue une cible sur Internet. Les cybercriminels essaient délibérément de tendre le filet le plus vaste possible. Plus le nombre d'utilisateurs avec lesquels ils entrent en contact est grand, plus ils ont de possibilités de réussir. C'est pourquoi les pourriels représentent maintenant plus de 70 % des messages électroniques envoyés dans le monde. C'est aussi la raison pour laquelle les virus et les logiciels malveillants poursuivent leur croissance de façon exponentielle.

« En juillet 2006, les chercheurs de McAfee ont dit avoir détecté plus de 200 000 menaces en ligne, d'après l'entreprise. Il a fallu 18 ans pour atteindre les premiers 100 000 (en 2004) et seulement 22 mois pour doubler ce chiffre. Les chercheurs de McAfee s'attendent à ce qu'il double de nouveau au cours des 18 prochains mois. »

La situation se détériore pour trois raisons principales. Premièrement, Internet et les services connexes continuent de prendre de l'expansion à un rythme rapide. Il y a davantage d'utilisateurs en ligne et davantage de systèmes et d'appareils qui sont connectés. Pourtant, les mêmes problèmes fondamentaux de sécurité demeurent. Plutôt que de remplacer l'infrastructure du réseau, nous la réparons tant bien que mal et nous utilisons des logiciels et des services truffés de bogues. Deuxièmement, les utilisateurs continuent d'ignorer les notions de base en matière de sécurité en ligne et s'exposent continuellement à toute une gamme d'attaques. En dernier lieu, la situation continue d'empirer parce que ces deux premiers facteurs se combinent pour offrir un marché lucratif aux escrocs et aux criminels en ligne. Il y a là une fortune à faire.

Chaque progrès pour l'utilisateur moyen d'Internet, qu'il s'agisse de la bande passante domestique, des réseaux sans fil, des courriels, de la navigation en ligne sur les téléphones cellulaires ou de toute autre innovation, représente également de nouvelles possibilités pour les personnes malintentionnées. En 2000 et même avant, je ciblais des réseaux universitaires parce qu'ils avaient accès à de vastes quantités de bande passante. L'accès accru à Internet haute vitesse pour les utilisateurs domestiques a mis à la disposition de nombreuses résidences une bande passante semblable. Ainsi, les ordinateurs personnels constituent plus que jamais des cibles attrayantes, en particulier en raison du si grand nombre d'utilisateurs qui négligent de mettre à jour leur logiciel antivirus et leur système d'exploitation. Il s'agit pratiquement d'une invitation lancée aux pirates malveillants, aux diffuseurs de pourriels, aux *botherders*, aux fraudeurs en ligne et aux autres criminels d'Internet.

En conséquence, la plupart des gens n'ont aucune idée des programmes malveillants et autres dangers qui se dissimulent dans leur ordinateur. Permettez-moi de les décoder pour vous.

***

Maliciels

Au commencement, les dieux de l'informatique créèrent le matériel et les logiciels. Comme je l'ai expliqué plus tôt, le matériel comprend les parties « solides », comme le disque dur, qui constituent les éléments physiques de l'ordinateur. Les logiciels sont les programmes qui fonctionnent grâce au matériel. Le clavier que vous utilisez fait partie du matériel (bien qu'il s'agisse, plus précisément, d'un « périphérique » parce que c'est un appareil que vous branchez sur votre ordinateur). Le logiciel que nous utilisons le plus fréquemment quand nous travaillons sur un document-texte est Microsoft Word. Mais l'univers des « iciels » s'est étendu pour inclure les « maliciels », un terme général qui désigne toutes sortes de logiciels malveillants.

Outre le logiciel de demande de rançon déjà mentionné, le terme « maliciels » désigne les « espiogiciels », les « publiciels » et autres innovations malfaisantes. Bref, toutes ces formes abâtardies des logiciels ont une chose en commun : elles s'insinuent dans votre ordinateur et font le sale boulot de quelqu'un. Tout cela peut donner lieu à des vols de mots de passe ou d'autres renseignements personnels, à une fermeture complète de votre ordinateur ou à un flux perpétuel de publicités qui vous est imposé chaque fois que vous entrez en ligne. Certains ne sont qu'irritants, alors que d'autres sont carrément dévastateurs. Ce que peut faire un petit code informatique est renversant.

Il existe une forte possibilité qu'un quelconque type de maliciel se trouve déjà dans votre ordinateur. Une étude réalisée en 2007 par Prevx, une entreprise britannique, révélait que 15,6 % des ordinateurs étaient infectés par au moins un espiogiciel ou un quelconque programme malveillant. Les ordinateurs qui ne possédaient aucune protection – comme un logiciel antivirus – couraient 60 % plus de risques d'avoir un maliciel sur leur disque dur. Une autre étude, réalisée par PandaLabs, indiquait que 23 % des ordinateurs personnels comportaient des maliciels et que 70 % des réseaux commerciaux composés de plus de 100 postes de travail étaient également infectés.

Les maliciels se retrouvent dans votre système par l'entremise d'un site Internet, d'un courriel ou d'un logiciel que vous avez installé. Il y a beaucoup de points d'entrée, et le nombre et la complexité des attaques augmentent sans cesse. Les **virus**, qui constituent un type de maliciel, aboutissent souvent dans votre boîte de réception en pièce jointe à un courriel. D'après la compagnie Symantec, un chef de file en matière de sécurité informatique, une fois installés dans votre système, ils peuvent être « programmés pour faire des dégâts dans votre ordinateur en endommageant des programmes, en supprimant des fichiers ou en reformatant le disque dur. Certains virus ne sont pas conçus pour causer des dégâts, mais simplement pour se reproduire et signaler leur présence en faisant surgir des messages texte, vidéo et audio. Même ces virus bénins peuvent créer des problèmes pour l'utilisateur d'ordinateur. »

F-Secure, une entreprise de logiciels antivirus, rapportait qu'à la fin de 2007 elle recevait quotidiennement 17 000 échantillons de virus et d'autres maliciels. En conséquence, l'entreprise devait émettre environ cinq mises à jour quotidiennement afin que ses clients demeurent en sécurité. Au début de 2007, la compagnie avait répertorié 250 000 différents types de virus et de maliciels. À la fin de cette année-là, ce nombre avait doublé.

« Il a fallu 20 ans pour passer du premier virus à 250 000 et, maintenant, nous avons doublé ce chiffre en une seule année », déclarait Mikko Hyppönen, conseiller en chef à la recherche chez F-Secure.

Les **vers** représentent un autre type courant de maliciels. Ces programmes ne se contentent pas d'infecter votre ordinateur. Ils sont aussi conçus pour se reproduire et pour se diffuser aussi rapidement que possible. Le plus gros ver paru en 2007 s'appelait le « Storm Worm[24] ».

En janvier cette année-là, des gens commencèrent à recevoir des courriels dont l'objet était « *230 dead as storm batters*

---

24. Littéralement, « ver tempête ». (N. D. T.)

Europe[25] ». Ces messages comportaient une pièce jointe intitulée « video.exe ». Beaucoup d'utilisateurs pensaient qu'il s'agissait d'une série de reportages filmés concernant une forte tempête en Europe. En fait, comme le montre clairement l'utilisation de l'extension « .exe » sur le nom du fichier, toute personne ayant un ordinateur fonctionnant avec Windows qui cliquait sur la pièce jointe faisait entrer le ver dans son ordinateur. L'extension « .exe » signifie que le fichier est « exécutable ». C'est un programme autonome qui s'amorce quand vous double-cliquez pour l'ouvrir. C'est le ver. Storm était particulièrement dangereux parce qu'il s'agissait en fait d'une forme hybride de maliciel.

« Même si on en parle couramment comme d'un ver, Storm est en réalité plus qu'un simple ver : c'est à la fois un ver, un cheval de Troie et un zombie, écrivait l'expert en sécurité Bruce Scheiner. C'est aussi le meilleur exemple que nous ayons d'une nouvelle espèce de ver et, selon certaines estimations que j'ai vues, il y aurait entre 1 million et 50 millions d'ordinateurs infectés dans le monde. »

Un cheval de Troie est un programme qui dissimule sa véritable identité et ses vraies intentions pour s'intégrer à votre système. Le fichier « video.exe » en était un. Il était utilisé pour livrer le ver. Une fois dans votre ordinateur, il plaçait celui-ci sous le contrôle d'un réseau de zombies.

Dans le passé, les vers ou les virus ne faisaient qu'attribuer une certaine gloire à leur créateur. Après avoir infecté un appareil, le ver faisait en sorte que l'ordinateur tente d'infecter d'autres utilisateurs, par exemple en ayant recours au carnet d'adresses électroniques d'une personne pour diffuser d'autres vers, identiques à lui-même. Mais Storm représentait une nouvelle espèce. L'objectif de son créateur était d'infiltrer un très grand nombre d'ordinateurs, puis de les relier à un réseau de zombies afin de s'en servir plus tard. C'était un code brillant ; Storm pouvait parfois demeurer en repos pendant une certaine période et, ainsi, l'utilisateur avait du mal à remarquer le ralentissement du système. (Il arrive aussi, la plupart du temps, que les vers s'enfouissent profondément à l'intérieur de l'ordinateur pour éviter qu'on les détecte.)

---

25. « Une tempête s'abat sur l'Europe et fait 230 victimes. » (N.D.T.)

Ce qui se dissimule dans votre ordinateur

Selon Scheiner, « s'il s'agissait d'une maladie, ça ressemblerait davantage à la syphilis, dont les symptômes peuvent être bénins ou disparaître complètement, mais qui refera surface quelques années plus tard et vous grugera le cerveau ».

Storm présentait aussi une autre caractéristique importante. Après que les compagnies d'antivirus les eurent repérés et eurent commencé à séparer le « video.exe » du courriel, Storm s'adapta. Il commença à envoyer des courriels informant leurs destinataires qu'il y avait sur YouTube une vidéo les mettant en vedette. (Remarquez le recours à l'ingénierie sociale.) Le message contenait un lien, mais plutôt que d'amener l'utilisateur sur YouTube.com, ce lien les amenait sur un autre site Web où le ver exploitait une faille dans la sécurité d'un moteur de recherche Internet pour mieux implanter son code. Au départ, on utilisait surtout les vers et les virus pour les diffuser par l'entremise du courrier électronique. Cette pratique est encore répandue, mais les programmeurs de maliciels ont trouvé une toute nouvelle tactique : ils utilisent les sites Web pour infecter les utilisateurs. Plus que jamais auparavant, ces derniers doivent se montrer très prudents quand ils visitent des sites Internet.

D'après MessageLabs, une entreprise de sécurité informatique, « l'année 2007 a vu les cybercriminels modifier leurs tactiques et employer davantage la méthode qui consiste à inclure au courriel des liens vers les sites Web hébergeant le code malveillant, plutôt que de joindre le maliciel au courriel même. Une analyse plus approfondie révèle que la proportion de virus diffusés par courriels qui contiennent des liens malveillants est passée de 3 % au début de 2007 à environ 25 % en décembre. »

Cette tendance fut confirmée par Google après que l'entreprise eut analysé 4,5 millions de sites Web et révélé qu'environ « une page Web sur dix pouvait, avec succès, introduire par téléchargement un cheval de Troie sur l'ordinateur d'un visiteur. De semblables logiciels malveillants peuvent permettre aux pirates d'accéder à des données confidentielles emmagasinées sur l'ordinateur ou sur son réseau, ou installer des applications indésirables. »

Un expert en sécurité estime qu'environ 8000 nouveaux liens contenant des logiciels malveillants se retrouvent quotidiennement en ligne. Les fabricants de moteurs de recherche comme Internet Explorer doivent combler les lacunes de leurs produits en matière de sécurité, mais, comme c'est souvent le cas en ce qui concerne les logiciels en général, les fabricants de maliciels sont toujours à l'avant-garde.

Il vaut la peine de mentionner trois autres types courants de maliciels. L'**espiogiciel** est, comme son nom l'indique, un code malveillant placé sur votre ordinateur pour vous espionner. L'« enregistreur de frappe » est un type bien connu d'espiogiciel ; les employeurs s'en servent couramment dans des pays comme l'Angleterre pour voir ce que font leurs employés pendant la journée, mais ce logiciel peut également saisir des mots de passe et d'autres renseignements confidentiels. L'enregistreur de frappe fonctionne d'une manière assez simple : il enregistre sur un journal tout ce qui est tapé sur le clavier d'un ordinateur.

Les programmeurs de maliciels utilisent les espiogiciels pour voler en ligne des mots de passe bancaires ou des numéros de cartes de crédit. Ensuite, ces renseignements sont vendus au plus offrant. Maksym Schipka, architecte en chef chez Message-Labs, révélait dans un rapport sur l'économie liée aux logiciels malveillants que les maliciels se vendent souvent pour environ 250 dollars, chaque mise à jour coûtant 25 dollars.

« D'habitude, l'intermédiaire qui achète un maliciel d'un programmeur utilise alors les services d'un propriétaire d'un réseau de zombies pour le diffuser, d'après un rapport de vnunet.com sur les recherches de Schipka. Une fois que le maliciel a été diffusé, l'intermédiaire n'a plus qu'à s'asseoir et à recueillir tranquillement les renseignements et les identités volés, qui seront ensuite vendus à quelqu'un d'autre. »

Ces identités – un nom et une adresse, une image numérisée d'un passeport ou d'un permis de conduire et des renseignements bancaires – se vendent environ 5 dollars chacun. On peut acheter des numéros de cartes de crédit en déboursant « entre 2 et 5 % du solde créditeur restant sur les cartes en question ».

Une fois encore, les prix relativement bas pour des renseignements aussi précieux illustrent bien le grand volume sur lequel ce commerce est fondé. Pour faire de l'argent, les criminels doivent rassembler un très grand nombre de renseignements personnels, d'où le déferlement de maliciels.

Outre les renseignements personnels, les données concernant les habitudes de navigation d'une personne sont également très attrayantes. En surveillant les sites Web que vous visitez, les spécialistes en marketing peuvent vous envoyer des publicités plus ciblées. Google a fait énormément d'argent en affichant des annonces textuelles pertinentes sur sa page Web après que les utilisateurs eurent tapé leurs critères de recherche. Mais d'autres entreprises, moins scrupuleuses, préfèrent simplement vous inonder de publicités, quelles que soient vos habitudes. Ils le font souvent au moyen de **publiciels**, ces logiciels malveillants qui s'insinuent dans votre système et s'emparent du contrôle de votre moteur de recherche. Si vous vous trouvez tout à coup inondé de publicités non sollicitées ou qu'on vous amène sur des sites Web sur lesquels vous n'avez jamais souhaité aller, cela signifie probablement qu'un publiciel s'est installé dans votre système.

Les publiciels présentent un attrait certain pour les criminels parce que, souvent, ceux-ci obtiennent une commission pour chaque installation. Cette commission varie entre 5 et 20 sous, ou davantage, par ordinateur infecté. Plus il y a d'utilisateurs bombardés, plus une entreprise peut soutirer de l'argent aux gens qui cliquent sur leurs publicités. Les publiciels sont souvent combinés à une forme ou une autre de logiciel espion. Après tout, pourquoi se contenter de ne recevoir de l'argent que pour l'installation, quand on peut aussi mettre la main sur des numéros de cartes de crédit ?

Les publiciels et les espiogiciels peuvent infecter un ordinateur à un point tel qu'ils le ralentissent jusqu'à le rendre inutilisable. En conséquence, certaines personnes baissent les bras et achètent un nouvel ordinateur.

« Récemment, par un dimanche matin, quand l'ordinateur Dell de Lew Tucker fut envahi par des espiogiciels et des publiciels – des logiciels furtifs qui font apparaître des messages publicitaires non désirés et recueillent même des données dans l'appareil d'un utilisateur –, il ne s'est pas simplement débarrassé des programmes offensants, rapportait le *New York Times* en 2005. Il a jeté l'ordinateur au complet. »

La même année, Pew Internet et American Life Project révélaient que 68 % des utilisateurs américains ayant participé à un sondage avaient déclaré que leur ordinateur avait présenté des symptômes « correspondant aux problèmes engendrés par des espiogiciels ou des publiciels ». Un spécialiste en informatique lança un avertissement selon lequel « la course aux armements semble favoriser les méchants». Un professeur d'informatique de Yale déclara: «Nous perdons le contrôle de la situation.»

Pendant les années qui ont suivi la publication de cet article, la situation a continué de se dégrader. Une des raisons en est, bien sûr, l'avènement des **réseaux de zombies**. C'est le dernier maliciel qu'il convient de mentionner. Comme je l'ai écrit précédemment, les réseaux de robots se multiplient à un rythme épouvantable et représentent des canaux importants pour la diffusion des maliciels. Les réseaux de robots distribuent un fort pourcentage de virus, de vers, d'espiogiciels et autres maliciels. Ces réseaux de zombies ont aussi besoin des maliciels pour grandir. Le Storm Worm de 2007 comtenait un certain code-robot visant à s'assurer que chaque ordinateur infecté deviendrait un zombie. Il s'agit d'un cercle vicieux, au sens où un seul ordinateur infecté contribuera à en infecter d'autres, et ainsi de suite. Pendant ce temps, l'utilisateur moyen se retrouve à travailler avec un ordinateur lent et infesté de publicités, sur lequel on pourrait dérober des informations personnelles et financières confidentielles, et qui pourrait à la limite finir par se dévorer lui-même.

La technologie n'est-elle pas merveilleuse ?

***

Pourriels et hameçonnage

Au début de 2004, Bill Gates, le fondateur de Microsoft, prit la parole lors d'une séance de questions et réponses, dans le cadre du Forum économique mondial de Davos, en Suisse. L'interviewer Charlie Rose décocha toute une série de questions à Gates, et une des réponses qu'il obtint de ce dernier demeure célèbre à ce jour: «D'ici deux ans, dit-il, le problème des pourriels sera réglé.»

Gates évoqua alors la «solution magique» de Microsoft à ce problème. Voici comment *CNET News* décrivait la solution en question: «Si vous recevez un courriel d'un vieux camarade d'école et que vous êtes heureux de le recevoir, l'expéditeur ne paie pas. S'il s'agit d'une autre offre d'adhésion à un site pornographique, vous la rejetez et l'expéditeur de pourriel doit débourser.»

Au moment d'écrire ces lignes, la solution de Gates demeure encore aujourd'hui du domaine des idées. Et les pourriels? Ils continuent de remplir à pleine capacité les boîtes de réception, à berner les utilisateurs et à semer le chaos en ligne. Beaucoup de gens affirment qu'ils sont trop intelligents pour se faire avoir par le boniment que contiendrait le courriel d'un étranger. Un banquier nigérien veut vous verser une portion d'un bénéfice de 22 millions de dollars? Quelqu'un vend du Viagra à prix dérisoire? Bien sûr que vous ne vous feriez pas avoir. Pourtant, les pourriels n'existent que parce qu'ils fonctionnent de manière suffisamment régulière pour générer des profits. Les gens se font réellement avoir par le boniment du banquier nigérien. Ils achètent du Viagra à rabais. Ils achètent cette action d'une valeur de moins d'un dollar au sujet de laquelle quelqu'un leur a refilé un tuyau.

C'est pourquoi, en 2007, on déclara que les pourriels avaient commencé à surpasser en nombre les courriels interpersonnels sur Internet. La firme de recherches IDC prédit que 40 milliards de pourriels seraient expédiés cette année-là, soit 6 ou 7 messages pour chaque habitant de la planète. Évidemment, ce n'est pas tout le monde qui est branché sur Internet ; les chanceux qui possèdent des comptes de courrier électronique doivent porter le fardeau pour le monde entier.

Un rapport publié par PandaLabs concluait qu'en 2007 «plus de la moitié des courriels qu'avaient reçus les utilisateurs domestiques étaient des pourriels, tandis que, dans le milieu des sociétés, la proportion atteignait entre 80 et 95%». L'entreprise retraçait également l'origine des pourriels. Encore une fois, la Russie se distingue du lot. Soixante pour cent des pourriels provenaient de ce pays. Près d'un quart provenaient des États-Unis. Six pour cent étaient originaires de la Turquie, 4,7% de l'Allemagne et 3% de la Grande-Bretagne.

Tout comme pour les maliciels, les concepteurs de pourriels démontrent de plus en plus d'imagination. Alors qu'à une époque les utilisateurs pouvaient recevoir un message-texte par courrier électronique leur offrant du Viagra ou leur refilant un tuyau pour acheter des actions à moindre prix, les concepteurs de pourriels font désormais un pas de plus pour contourner les filtres. Ils sont passés des simples messages-textes à des messages comportant divers types de pièces jointes que les filtres à pourriels ont du mal à repérer et à rejeter. Ou encore, ils expédient le message sous forme d'image pour s'assurer que les filtres ne peuvent en vérifier le contenu à l'aide de mots-clés (comme « Viagra »). Il apparaît toujours une nouvelle technique de diffusion de pourriels qui réussit à éviter les filtres.

« En 2007, les diffuseurs de pourriels lancèrent des campagnes de *pump and dump*[26] en utilisant des fichiers de format PDF d'Adobe Acrobat pour contourner les mesures de protection traditionnelles, pouvait-on lire dans un rapport de MessageLabs. Plus tard au cours de l'année, ils ont grimpé d'un cran en utilisant d'autres formats de fichiers joints, notamment Microsoft Excel, Word, ZIP et, surtout, mp3. Dans ce dernier exemple était transmis un fichier audio. Le destinataire pouvait au moins écouter le message publicitaire qui lui était transmis. »

Ah! quelle joie! Des pourriels audio! Voici un échantillon de pourriels audio intercepté par MessageLabs en octobre 2006 (on estime à 15 millions les messages envoyés dans le cadre de cette campagne) : « Bonjour, ceci est un message urgent destiné aux investisseurs… Exit Only Incorporated a annoncé qu'elle est prête à lancer son nouveau site Web, text4cars.com, qui connaît déjà un immense succès au Canada. Nous nous attendons à des résultats extraordinaires aux États-Unis… Courez écouter les nouvelles et conservez précieusement vos actions d'EXTO… Retenez ce symbole : EXTO… Merci. »

Il s'agit d'une escroquerie classique de type *pump and dump*, mais son diffuseur, plutôt que d'employer toute une armée de revendeurs qui appellent les pigeons et essaient de les convaincre d'acheter les actions, s'est tout simplement porté acquéreur de 15 millions d'adresses de courrier électronique et a expédié les courriels (probablement en louant un réseau de zombies) contenant un boniment audio. Le diffuseur de pourriels fait donc des profits en achetant des actions avant

---

26. Le « pump and dump » (également appelé « stock dump ») … consiste à faire « gonfler » le prix d'une action ordinaire (typiquement actions des PME), en faisant courir des rumeurs positives, qui sont bien évidemment inventées de toutes pièces. Ainsi, une demande artificielle surélevée est créée, le « pumping ». Quand le prix des actions est très haut, les fraudeurs les vendent, avant que la valeur ne tombe de manière naturelle, le « dumping ». Les autres porteurs d'actions n'ont ensuite plus que des actions de faible valeur. Source : http://secunetpedia.epf.fr/FR/index.php/Pump_and_dump (N.D.T.)

d'expédier les pourriels, puis en les revendant après que des gens, séduits par le boniment, ont commencé à acheter les actions, faisant ainsi grimper leur prix.

Ce qu'il importe de comprendre à propos des pourriels, c'est qu'il s'agit d'un moyen de diffusion. Il ne suffit pas que le pourriel se retrouve dans votre boîte de réception. L'objectif du pourriel est de vous faire agir d'une manière ou d'une autre. Le courriel Storm Worm voulait que vous cliquiez sur le fichier joint. Le pourriel *pump and dump* veut vous faire acheter des actions. Les messages qui affirment que vous avez un admirateur secret ou une carte de souhaits électronique vous demandent de cliquer sur un lien. Bien sûr, les pourriels sont en eux-mêmes agaçants. Si vous ne possédez pas un bon système de filtrage (tous les comptes de courrier électronique sur le Web, comme Hotmail ou Gmail, en sont pourvus), vous devrez passer une bonne partie de votre journée à nettoyer votre boîte de réception. C'est une perte de temps, mais ce n'est rien par rapport à ce qui pourrait se produire si vous agissiez ainsi que vous le suggèrent ces pourriels. Les diffuseurs de pourriels s'efforcent de tirer parti des peurs et des désirs humains pour faire en sorte que vous effectuiez des opérations précises. Ils consacrent aussi beaucoup de temps à essayer de donner à leurs pourriels une apparence de légitimité. C'est ici qu'entre en scène l'**hameçonnage**.

Dans un chapitre précédent, j'ai décrit en détail les expéditions d'hameçonnage que j'effectuais, aux premiers jours, sur AOL. À cette époque, il était facile de se faire passer pour un employé d'AOL et de s'organiser pour que les gens divulguent les renseignements sur leur compte. De nos jours, les hameçonneurs ont beaucoup plus d'ambition. Ils expédient des courriels qui semblent provenir de PayPal, un service légitime de paiement en ligne, ou de diverses banques. Ces courriels comportent souvent le logo de l'entreprise, de même qu'un message apparemment urgent vous exhortant à cliquer sur un lien afin de vérifier les renseignements sur votre compte. En voici un exemple :

« Très cher membre de PayPal,
« Notre engagement constant à protéger votre compte et à diminuer les incidents de fraude sur notre site Web nous

a emmenés à nous apercevoir que vous deviez mettre à jour les renseignements concernant votre compte PayPal. Si vous pouviez prendre de cinq à dix minutes de votre temps en ligne et mettre à jour votre dossier personnel, vous éviteriez tout problème futur avec le service en ligne.

« Toutefois, si vous omettez de mettre votre dossier à jour, ce dernier sera fermé. Veuillez mettre votre dossier à jour au plus tard le 30 janvier 2008.

« Une fois que vous aurez mis votre dossier à jour, votre session sur PayPal ne sera pas interrompue et se poursuivra comme à l'accoutumée.

« Pour mettre à jour votre dossier PayPal, cliquez sur le lien suivant : http://www.paypal.com/cgi-bin/Webscr?cmd=_login-run

« Nous vous remercions,

« PayPal Customer Center »

Remarquez que le lien dans le courriel semble vous envoyer sur un site de PayPal. Mais ce n'est pas le cas. En réalité, le lien vous envoie sur le site : http://atat.ro/u.php?30. Comme le courriel, la page Web ressemble à une page du site de PayPal. Il s'agit en fait d'une fausse page qui sert à obtenir les renseignements sur votre compte PayPal. Après avoir mis la main sur ces renseignements, les fraudeurs peuvent vider votre compte.

Voici un autre exemple. Ce pourriel prétend provenir de Chase, une institution financière américaine :

« Cher titulaire d'un compte Chase,

« Chase s'efforce constamment de maintenir un haut niveau de sécurité en passant régulièrement en revue les comptes dans son système.

« Dernièrement, nous nous sommes aperçus que divers ordinateurs avaient essayé de se connecter à votre compte Chase en utilisant des mots de passe incorrects. Jusqu'à ce que nous puissions obtenir des renseignements sûrs, votre accès aux fonctions liées à des comptes confidentiels sera restreint. Nous tenterons de vous y redonner accès le plus tôt possible, et nous nous excusons de ce contretemps.

« Pourquoi restreint-on l'accès à mon compte ?

« L'accès à votre compte a été restreint pour les raisons suivantes :

« Le 9 janvier 2008 : Nous avons des raisons de croire qu'une tierce personne a accédé à votre compte. Nous avons restreint l'accès aux fonctions liées aux comptes confidentiels de Chase au cas où une tierce personne aurait accédé à votre compte sans autorisation. Nous comprenons que le fait de restreindre l'accès à votre compte peut constituer un désagrément, mais nous souhaitons avant tout protéger votre compte.

« Afin de confirmer de manière sécuritaire vos renseignements personnels, veuillez cliquer sur le lien ci-dessous : http://premierfirenq.com/manual/Chase/Account/security/login.php

« Remarque : Si vous avez reçu ce message dans votre dossier de pourriels ou de messages de masse, c'est en raison des restrictions mises en œuvre par votre fournisseur de services Internet. Nous sommes désolés de ce désagrément. »

La « remarque » au bas du texte a évidemment pour but d'appâter quiconque a reçu le message dans son dossier de pourriels. Cette seule phrase pourrait représenter l'élément décisif qui « accroche » la victime.

Comme les autres types d'attaques, les fraudes par hameçonnage sont en hausse. En décembre 2007 seulement, PhishTank.com, un site Web qui recueille et vérifie les courriels d'hameçonnage, a traité plus de 11 000 échantillons de courriels d'hameçonnage. Parmi eux, 4000 avaient été conçus de manière à sembler provenir de eBay et plus de 2 500 étaient de faux messages de PayPal. D'autres messages prétendaient provenir de Citibank, de la Bank of America Corporation, de HSBC et même de l'IRS[27]. Selon MessageLabs, ce type d'attaque « représente maintenant 66 % de toutes les attaques, une hausse phénoménale par rapport à la moyenne de 34,9 % obtenue en 2006 ».

Cette croissance s'explique en partie parce que, grâce aux trousses d'hameçonnage à installer soi-même, pratiquement n'importe qui peut entrer dans la ronde. On peut acheter ces trousses en ligne. Celles-ci constituent en fait une boutique multiservice pour tout aspirant hameçonneur. MessageLabs

---

27. *Internal Revenue Service.* Une agence fédérale américaine responsable de collecter les impôts et de faire respecter les lois fiscales. (N.D.T.)

souligne que « l'existence de tels outils a pour effet de diminuer considérablement les entraves à l'accès, invitant ainsi les criminels les plus opportunistes "à tenter leur chance". Le délinquant n'a plus besoin d'aptitudes techniques pour commettre le crime, il n'a qu'à en avoir l'intention. »

Il arrive rarement qu'on voie un type d'attaque devenir à la fois plus sophistiqué *et* plus facile à mettre en œuvre. Cela semble pourtant être le cas de l'hameçonnage.

La popularité des programmes de messagerie instantanée, entre autres, a contribué à l'augmentation des fraudes par hameçonnage. Beaucoup de gens utilisent Yahoo Messenger, Google Talk, AOL AIM ou MSN Messenger tout au long de la journée. Ces applications, de plus en plus, sont la cible des messages d'hameçonnage. Gartner Research affirme que 2 % de toutes les fraudes sur Internet ont été initiées par des messages instantanés en 2006. Bien qu'encore relativement peu nombreuses, les fraudes fondées sur la messagerie instantanée augmentent à un rythme impressionnant. Une firme de recherche, le Radicati Group, estimait que l'utilisateur moyen de la messagerie instantanée reçoit quotidiennement cinq pourriels. L'entreprise s'attendait à ce que cette proportion atteigne 27 messages par jour en 2008.

D'après MessageLabs, « les cybercriminels qui avaient peut-être recours au courrier électronique pour réaliser leurs escroqueries trouvent maintenant plus facile d'attraper par surprise des utilisateurs de messagerie instantanée distraits et de les attirer sur des sites Web frauduleux conçus pour voler les numéros de cartes de crédit, les renseignements de connexion, les numéros de sécurité sociale et autres données confidentielles ».

Il en est de même pour les applications comme Skype, qui permettent aux gens de faire des appels téléphoniques et de clavarder sur Internet. Les cybercriminels ciblent maintenant ces applications VoIP (Voice over Internet Protocol).

Le fait que les fraudes par hameçonnage se soient étendues aux applications IMK et VoIP démontre encore une fois que tout nouveau service ou application sur Internet finira par devenir une cible pour les cybercriminels. Par souci d'intégrité, je me dois également de porter mon regard au-delà de l'ordinateur personnel pour passer en revue les menaces auxquelles doit faire face chaque utilisateur d'Internet.

Le nuage

Vos données se trouvent partout.

Elles sont conservées sur les serveurs des banques et des compagnies avec lesquelles vous faites affaire, sur les ordinateurs et les réseaux gouvernementaux, dans vos comptes de courrier électronique basés sur le Web, sur le réseau de l'entreprise qui vous emploie. Si vous avez un compte MySpace ou Facebook, alors vos données s'y trouvent également. Vous utilisez PayPal? Encore plus de données.

Les ordinateurs domestiques contiennent une foule de renseignements personnels. Toutefois, dans le monde branché d'aujourd'hui, votre vie est emmagasinée octet par octet sur d'autres ordinateurs situés à divers endroits. Votre vie est « dans le nuage ».

Cette expression découle de l'idée de *cloud computing*, qui désigne le changement qui se produit lorsque vos renseignements et applications cessent de n'être regroupés que sur votre ordinateur personnel pour se voir distribués sur toute une gamme de serveurs et de services fondés sur Internet. Le magazine *Technology Review* décrivait le *cloud computing* comme étant « l'idée de se fier aux applications fondées sur le Web et d'emmagasiner des données dans le "nuage" d'Internet. Un compte de courrier électronique Hotmail ou Gmail représente un bon exemple de *cloud computing*. Vos courriels ne se trouvent pas sur votre ordinateur; ils existent en ligne, dans le nuage.

L'avantage du *cloud computing* est que vous pouvez accéder à vos courriels ou à d'autres données où que vous vous trouviez, pourvu que vous puissiez vous brancher sur Internet. Votre profil se trouve sur les serveurs de l'endroit, non sur votre ordinateur. Ça signifie que vous pouvez consulter votre profil sur Facebook, même si vous vous trouvez chez un ami.

Google est un des chefs de file en cette matière. Tous ses services fonctionnent à partir de son immense collection de serveurs qui, d'après *BusinessWeek*, se trouvent « juste là, quelque part sur terre, ronronnant dans de grands centres de données réfrigérés ». Par exemple, Microsoft Word est un logiciel que vous installez sur votre ordinateur, mais Google Docs est un service basé sur le Web qui vous permet de rédiger un document à partir de votre moteur de recherche. La différence entre les deux, c'est que Google Docs fonctionne à partir d'Internet.

Pour accéder au nuage, il faut être connecté à Internet. Il faut aussi accepter que quelqu'un d'autre – une entreprise, une organisation – conserve nos données. Les cybercriminels savent à quel point ces données sont précieuses. Ils déploient d'immenses efforts pour essayer d'infiltrer les réseaux commerciaux et gouvernementaux dans le but de mettre la main sur ces dernières. Les données qui se trouvent sur un serveur pourraient valoir des centaines de milliers ou même des millions de dollars. Et certaines d'entre elles pourraient bien vous appartenir.

Le *cloud computing* présente de nombreux avantages pour les utilisateurs d'Internet. Je ne vous dis pas de rester à l'extérieur du nuage, mais vous devez être conscient qu'il existe, que vous y êtes déjà et qu'il présente des dangers, au-delà des murs de votre foyer ou hors de votre ordinateur de travail. Prenez par exemple les sites Internet de réseautage social.

« Déjà, les cybercriminels pillent le trésor de renseignements personnels disponibles sur les sites de réseautage social comme MySpace, Linked-In, Facebook, Plaxo et d'autres pour concevoir un style d'attaques beaucoup plus personnalisées, selon MessageLabs. On peut le constater dans les courriels malveillants qui contiennent parfois des références personnelles comme les noms, adresses et code postaux. Compte tenu de la popularité sans cesse croissante des sites de réseautage social... il semble certain que le recours à cette technique ira en augmentant. »

Même le nuage n'est pas à l'abri des maliciels, de l'hameçonnage et d'autres menaces. En fait, il représente la nouvelle frontière. Pour l'utilisateur moyen, il s'agit surtout de reconnaître la valeur de ses informations et données personnelles et de surveiller qui est autorisé ou non à les obtenir. Et ce n'est pas toujours facile de s'en assurer.

Par exemple, en novembre 2007, le ministère britannique du Revenu et des Douanes admettait avoir perdu les renseignements personnels et financiers de 25 millions de familles britanniques. Les citoyens doivent évidemment fournir des renseignements au gouvernement pour bénéficier des services qu'offre celui-ci. Dans certains cas, nous ne pouvons qu'espérer que notre gouvernement adopte des mesures convenables afin de sécuriser les renseignements qu'il recueille.

Mais en ce qui concerne la conservation des données, il existe d'autres façons de faire. Il faut pour cela réaliser que vos renseignements vous appartiennent et qu'ils sont précieux – à la fois pour vous et pour les légions de cybercriminels qui salivent à l'idée de les vendre au plus offrant.

Que ce soit sur un ordinateur ou dans le nuage, il est essentiel que nous prenions les mesures nécessaires afin de protéger nos données et de nous protéger nous-mêmes.

Chapitre 26

Le guide de Mafiaboy pour vous protéger en ligne

Quand il s'agit de sécurité sur Internet, l'outil le plus puissant n'est pas un logiciel – c'est la connaissance. Les pirates malveillants misent sur le fait que vous ne savez pas comment vous protéger. Dans ce contexte, je peux vous donner quelques conseils de base pour vous empêcher, vous et votre famille, de devenir des victimes.

J'espère que vous comprenez maintenant les risques qui existent dans l'univers en ligne et à quel point il est facile pour des cybercriminels (ou, oui, un ado qui ne sait pas se maîtriser) de s'insinuer dans votre vie et d'y causer de graves dommages. Bref, il importe de prendre très au sérieux la sécurité en ligne. N'allez pas croire un seul instant que vous n'êtes pas une cible. Vous en êtes une.

La plupart des gens ne songeraient même pas à quitter leur maison sans verrouiller les portes. Pourtant, ils laissent continuellement leur ordinateur ouvert aux attaques. Il faut que ça cesse. Une telle attitude contribue à rendre Internet encore plus dangereux et criminalisé. Je vous encourage à commencer avec ce guide de base et à chercher plus en profondeur, dans vos temps libres, pour en apprendre davantage. Comme le dit l'adage, le savoir, c'est le pouvoir. Sur Internet, le savoir, c'est aussi la protection.

Un courriel est une carte postale – On l'a dit plusieurs fois, mais il vaut la peine de le répéter: envoyer un courriel, c'est comme envoyer une carte postale. Votre message rebondit de serveur en serveur jusqu'à sa destination et peut être lu ou intercepté à divers endroits. Rappelez-vous également que même si vous supprimez vos messages, ils seront souvent conservés ou encore archivés par votre fournisseur de services Internet (ou par votre employeur, s'il est expédié à partir d'un compte d'entreprise). En soi, votre comportement en ligne n'est pas nécessairement de nature privée. N'oubliez jamais cela quand vous tapez, naviguez ou clavardez.

Les préceptes de base concernant la protection dans le cadre du courrier électronique exigent de ne jamais cliquer sur les liens ou les fichiers que peuvent contenir des messages provenant d'expéditeurs inconnus et de ne jamais répondre à des publiciels. Cela ne sert qu'à confirmer à un diffuseur de pourriels que votre adresse est réelle.

Si vous éprouvez le besoin de protéger vos communications par courrier électronique, il existe des programmes comme Pretty Good Privacy (PGP) qui vous permettent d'envoyer des messages électroniques encodés. (Vous pouvez aussi vous en servir pour encoder des données sur votre ordinateur.) Malheureusement, nombre d'utilisateurs ordinaires trouvent que PGP est trop difficile à utiliser. Prenez le temps d'en apprendre le fonctionnement, et renseignez les personnes avec qui vous communiquez fréquemment au sujet de questions confidentielles ou très personnelles. En envoyant des courriels encodés, on s'assure que personne ne peut lire le message à l'exception du destinataire choisi. Si on vole votre ordinateur, cette action empêchera également le cambrioleur de lire vos courriels pour y trouver des renseignements personnels précieux.

Mots de passe complexes – Étonnamment, le mot de passe qu'utilisent le plus couramment les gens sur l'Internet est… « mot de passe ». Oui, vous avez bien lu. Parmi les autres choix populaires, on trouve « 123456 », « qwerty[28], » « abc123 », « mot de passe 1 » et le prénom d'une personne. D'autres mots de passe à éviter : l'année de votre naissance, votre nom de famille, le nom de votre rue, le nom de vos enfants ou tout autre choix

---

28. Type de clavier qui tire son nom des six premières lettres situées dans le coin supérieur gauche. (N.D.T.)

évident. Les mots de passe simples sont un fléau. Les gens doivent cesser immédiatement de les utiliser.

Quand on crée un mot de passe complexe, il faut tenir compte de quelques facteurs. L'un d'eux est la sélection des majuscules et des minuscules. Il est important de les mélanger. Il ne suffirait que de quelques minutes à un pirate pour trouver un mot de passe comme «julieb» (que des minuscules). Un mot de passe comme «JulieB», avec deux majuscules et quatre minuscules, rend le décodage plus difficile, même si la chose demeure relativement facile parce que le mot de passe ne comporte que six lettres. Je suggère qu'un mot de passe comporte au moins huit caractères, mais vous devriez viser un nombre plus élevé. Puis ajoutez-y des caractères non usuels comme un point d'exclamation, une perluète, un symbole de dollar ou un arobas. Ce pourrait être par exemple «JulieB/$%?». Si vous pensez qu'un tel mot de passe peut être difficile à retenir, ce n'est pas le cas. Tout ce qu'il faut faire, c'est tenir la touche-majuscules et appuyer sur les touches 3, 4, 5 et 6 après avoir tapé «JulieB». Mon dernier conseil en matière de mot de passe : le modifier régulièrement et éviter de le divulguer à quiconque. «Traitez votre mot de passe comme votre brosse à dents», dit Clifford Stoll, auteur du livre *Le nid de coucou – La longue traque d'un espion dans le labyrinthe de l'espionnage informatique*. «Ne laissez personne d'autre l'utiliser et changez-le tous les six mois.» C'est un bon conseil.

Activez et mettez à jour votre logiciel antivirus – Les virus représentent un fléau sur Internet depuis les tout premiers jours où il est devenu un réseau public. Ils font partie de la vie en ligne. La protection contre les virus constitue un élément essentiel de tout ordinateur connecté à Internet. Il existe divers produits et la plupart sont efficaces. Parmi les chefs de file dans ce domaine, on compte Kaspersky, Norton et, mon préféré, McAfee Virus Scan Plus. Je crois que le service antivirus de McAfee est l'un des plus sophistiqués, et je l'utilise depuis des années. La chose la plus importante dont il faut se souvenir sur la protection contre les virus est qu'il faut le maintenir à jour. Si votre service vous dit qu'il faut télécharger une mise à jour, faites-le. Mieux encore, déterminez vos préférences de façon à ce que le logiciel se mette à jour automatiquement.

Prenez note aussi que beaucoup de nouveaux ordinateurs contiennent, dès leur sortie de l'usine, un logiciel antivirus. Mais vous devez l'activer pour qu'il fonctionne. Trop de gens oublient de le faire, ou ne réalisent pas qu'ils devront tôt ou tard mettre leur logiciel à jour avec une version payante. Ça vaut la peine. Activez-le et maintenez-le à jour. Si vous ne pouvez vous payer un service antivirus, alors essayez le logiciel gratuit de détection de virus Trend Micro à l'adresse : http://housecall.trendmicro.com. Quand vous aurez eu un aperçu de la quantité de virus qui infestent votre ordinateur, vous serez sans doute motivé à débourser l'argent nécessaire pour une trousse antivirus. C'est plus sécuritaire.

Utilisez un pare-feu – Le pare-feu est essentiel. Pour dire les choses simplement, il empêche les gens d'infiltrer votre ordinateur et peut aussi contrer de manière efficace les chevaux de Troie. Beaucoup d'utilisateurs étaient déçus des premiers pare-feu parce qu'ils étaient compliqués à utiliser. Tout ceci a changé quand Zone Labs a créé un pare-feu simple appelé ZoneAlarm. Les trousses de sécurité Internet des compagnies McAfee, Symantec et autres contiennent des pare-feu. (Ce sont des applications qui comprennent à la fois un antivirus, un pare-feu et d'autres moyens de protection essentiels.) Maintenant, les dernières versions des systèmes d'exploitation de Windows et de Mac comprennent aussi un pare-feu de base, alors prenez le temps d'apprendre comment il fonctionne et d'en ajuster les paramètres. Entre autres caractéristiques, le pare-feu peut garder les pirates à distance, rechercher et éliminer les logiciels espions et mettre en quarantaine les pièces douteuses jointes à vos courriels. Je le répète, c'est essentiel.

Mettez à jour, mettez à jour, mettez à jour – Que votre ordinateur fonctionne sous Windows ou sous un autre système d'exploitation, il est essentiel d'installer toutes les mises à jour du vendeur. Comme les systèmes d'exploitation sont des logiciels à la fois lourds et compliqués, ils comportent inévitablement des bogues et des lacunes. En fait, ils se trouvent souvent dans l'appareil au moment de l'expédition. Les pirates découvrent ces faiblesses, puis les utilisent pour créer des outils d'exploitation. Un outil d'exploitation peut, entre autres choses, permettre à quelqu'un de s'emparer de votre ordinateur, d'en faire un zombie et de le lier à un réseau. Microsoft crée constamment des rustines pour Windows afin de combler ses lacunes et d'atténuer l'efficacité des outils d'exploitation. Comme en ce qui concerne les logiciels antivirus, vous devez absolument tenir à jour votre système d'exploitation. Il est primordial de télécharger les mises à jour du système. Vous pouvez paramétrer Windows et les autres systèmes afin qu'ils le fassent automatiquement.

Débranchez-vous quand vous avez terminé – Si vous avez une connexion Internet à haut débit à la maison, il n'est pas nécessaire de la garder branchée quand vous n'êtes pas en ligne. C'est comme laisser la porte de votre maison déverrouillée quand vous sortez. Une étude a démontré que les personnes qui cherchent des faiblesses à exploiter peuvent balayer aussi souvent qu'aux 15 minutes les ordinateurs qui fonctionnent sous Windows et sont branchés à Internet. Chaque seconde durant laquelle votre ordinateur est connecté à Internet le rend vulnérable à une attaque. Prenez l'habitude de vous débrancher, et faites-en une règle à la maison.

Faites des copies de sauvegarde et compartimentez vos données – Une règle générale concernant toutes vos données : vous devriez toujours faire des copies de sauvegarde. C'est essentiel. Un virus pourrait vous faire perdre tous vos fichiers et autres données, ce qui représente une perspective cauchemardesque. Mais les copies de sauvegarde présentent un autre avantage : elles vous aident à prendre l'habitude de compartimenter vos données. Il n'est pas nécessaire de *tout* emmagasiner sur votre ordinateur. S'il existe des fichiers confidentiels ou d'autres renseignements dont vous n'avez pas souvent besoin, alors vous devriez les sauvegarder sur un disque dur externe, ou encore les copier sur un CD ou sur un DVD. Vous pouvez aussi utiliser un programme comme PGP pour les encoder. En agissant ainsi, vous mettez les renseignements hors de la portée de quiconque pourrait infiltrer (ou voler) votre ordinateur. Autre avantage : votre ordinateur fonctionnera plus rapidement s'il n'est pas rempli d'une tonne de données.

Soyez obsédés par la protection de vos renseignements personnels – Le même principe de cloisonnement s'applique aux renseignements personnels comme votre nom, votre adresse, les renseignements sur votre carte de crédit et autres détails importants. Ne magasinez pas sur des sites Web inconnus et ne transmettez pas votre numéro de carte de crédit ou d'autres renseignements par courrier électronique. Ne fournissez que le minimum de renseignements nécessaires et soyez prudents lorsqu'il s'agit de remplir un formulaire sur des sites Internet que vous ne connaissez pas. Gardez toujours à l'esprit le fait que vos renseignements personnels sont extrêmement précieux.

Protégez votre réseau sans fil – De nos jours, nombre de gens ont un réseau sans fil chez eux, mais il est renversant de constater combien d'entre eux ne protègent pas leur réseau au moyen d'un mot de passe. Quand vous installez votre routeur sans fil, créez un mot de passe WEP[29] complexe pour le réseau *et* pour le routeur lui-même. Beaucoup de gens créent un mot de passe pour le réseau et laissent ensuite le routeur complètement vulnérable en omettant de créer un mot de passe pour le « microprogramme », des logiciels intégrés au routeur. La plupart des commerçants vendent des routeurs dotés d'une connexion par défaut, mais sans mot de passe. Ainsi, quelqu'un pourrait facilement infiltrer votre routeur et, donc, votre réseau. On ne soulignera jamais assez l'importance de s'assurer d'avoir une clé WEP pour le réseau *et* le microprogramme.

Contrez les pourriels et l'hameçonnage – La façon la plus élémentaire d'éviter les courriels indésirables et les messages d'hameçonnage consiste à utiliser un filtre à pourriels. La vaste majorité des comptes de courrier électronique situés sur le Web (Gmail, Hotmail, etc.) possèdent un tel filtre intégré. Ils déplacent automatiquement les messages suspects dans un fichier « pourriels ». Il en est de même des programmes de courrier électronique comme Outlook, Eudora, Thunderbird, etc. En activant un filtre, vous éliminez les pourriels de votre

---

29. *Wired equivalent privacy* (confidentialité équivalente aux transmissions par fil). (N.D.T.)

boîte de réception. Comme je l'ai mentionné précédemment, vous ne devriez jamais ouvrir un courriel d'origine inconnue, y répondre ou cliquer sur un lien ou une pièce jointe qu'il contient.

Les diffuseurs de pourriels réalisent que beaucoup de gens connaissent ces règles élémentaires. Ils déploient donc de nombreux efforts pour faire en sorte que leurs messages semblent le plus personnels possible. Par exemple, si vous avez une adresse électronique comme Mike@mafiaboy.com (non, ce n'est pas mon adresse électronique), alors un programme de diffuseur de pourriels enverra un message commençant par « cher Mike ». Ne vous laissez pas prendre au piège de la personnalisation.

D'après MessageLabs, « les attaques d'hameçonnage sont aussi devenues beaucoup plus *ciblées* en ayant recours à des courriels qui comprennent le nom exact du destinataire, de même que l'adresse électronique dans les champs "À:" et "Objet:" ». Alors, même si un courriel affiche correctement votre nom, vous devez quand même vous méfier.

En ce qui concerne l'hameçonnage, il n'y a qu'une seule règle à retenir : votre banque ne vous enverra jamais un message au sujet de vos comptes. (Toutefois, certaines vous enverront des bulletins électroniques ou autres documents de marketing.) Si un courriel provenant de votre banque vous semble réel, appelez directement un de ses représentants et vérifiez auprès de lui. Jamais, au grand jamais, vous ne devez cliquer sur un quelconque lien. Je vous exhorte aussi à utiliser une application comme SpoofStick, qui vous aidera à vous tenir éloignés des sites Internet douteux. Cette application est utile s'il arrive que vous cliquiez sur un lien d'hameçonnage, de même que lorsque vous naviguez sur le Web. Vous pourriez également avoir recours à SpamBlocker, qui fait dévier votre fureteur loin des sites malhonnêtes connus. (Cependant, il n'est efficace que contre les sites connus d'hameçonnage et, bien sûr, il faut que vous le mainteniez à jour.) Mais la bonne nouvelle, c'est que SpamBlocker est gratuit et qu'on peut le télécharger à l'adresse http://www.earthlink.net/software/nmfree/.

Utilisez des adresses électroniques personnelle et professionnelle distinctes – Une manière élémentaire de diminuer le nombre de pourriels que vous recevez consiste à éviter d'afficher votre adresse de courrier électronique personnelle sur Internet. Évidemment, beaucoup de gens entretiennent plusieurs sites Internet, blogues ou autres éléments personnels sur lesquels il est nécessaire qu'ils inscrivent certains renseignements sur eux-mêmes. S'il faut que votre adresse électronique figure sur une page Web, alors je vous suggère de créer une adresse de courrier électronique distincte, « publique », auprès d'un service comme Gmail ou Hotmail, puisque tous deux comportent des filtres à pourriels qui contribueront à réduire le nombre de messages entrants. Servez-vous de ce compte pour afficher des messages sur des babillards électroniques ou pour remplir des formulaires d'inscription en ligne sur des sites Web. Puis conservez un autre compte pour votre correspondance personnelle et commerciale. Les diffuseurs de pourriels ont à leur disposition des moyens sophistiqués de récolter des adresses de courrier électronique sur Internet. C'est là une des façons pour eux de dresser leurs listes. En séparant vos comptes personnel et public, vous compartimentez votre identité en ligne et faites en sorte de garder les pourriels et les messages d'hameçonnage ailleurs que dans votre compte de courrier électronique principal.

Le texte en clair est préférable – De nos jours, nombre de programmes de courrier électronique nous permettent d'envoyer des courriels en format HTML. Ainsi, vous pouvez effectuer une mise en pages de vos messages à l'aide de plusieurs des caractéristiques qu'offrent des logiciels comme Word. Entre autres possibilités, vous pouvez mettre votre texte en caractères gras ou en italique et utiliser des puces et des couleurs. En plus de la difficulté que présente la lecture des courriels comportant toutes sortes de caractéristiques (songez aux personnes qui intègrent à leurs courriels des images en arrière-plan ou y ajoutent plusieurs couleurs), le fait d'envoyer et d'accepter des courriels formatés en HTML augmente le risque de recevoir des pourriels ou de se faire hameçonner. Parmi les attaques par courrier électronique les plus sophistiquées d'aujourd'hui, plusieurs fonctionnent par le biais d'images et de liens intégrés aux courriels pour vous faire croire que ceux-ci sont réglementaires. Par prudence, vous devriez paramétrer votre programme de courrier électronique pour qu'il n'envoie et ne reçoive que des courriels en « texte en clair ». Ceci empêchera aussi les diffuseurs de pourriels d'inclure des « codes mobiles » comme ActiveX, Java et JavaScript à leurs envois.

Parlez à vos enfants – Les jeunes peuvent être des utilisateurs d'Internet étonnamment sophistiqués. Ils sont sur Facebook ou MySpace, utilisent constamment la messagerie instantanée et le courrier électronique, et naviguent sans cesse sur de nouveaux sites Web. Mais ce n'est pas parce qu'ils savent comment se servir d'un ordinateur qu'ils savent comment demeurer en sécurité sur Internet. Vous devriez enseigner à vos enfants toutes les règles citées plus haut. De plus, en ce qui concerne les enfants, le partage de renseignements personnels est encore plus inquiétant. Des prédateurs en ligne essaient de d'amener les enfants et les adolescents à diffuser des renseignements personnels, ou encore d'obtenir des rencontres en personne. Tous les jeunes doivent absolument savoir qu'ils ne doivent *jamais* révéler des détails personnels à des gens en ligne ou à des sites Web. Je ne le dirai jamais assez : même le plus petit détail peut contribuer à divulguer leur véritable identité.

Si vous avez des soupçons concernant les activités de votre enfant sur Internet, vous pourriez envisager d'installer un enregistreur de frappe. Cette application saisit chaque activation d'une touche sur un ordinateur. En allant consulter ce programme, vous pourrez voir ce que font vos enfants sur Internet et avec qui ils communiquent. Je comprends que beaucoup de gens – et en particulier les jeunes eux-mêmes – considèrent cela comme une atteinte à la vie privée. Je vous présente cette solution comme une suggestion ; ce sera à vous de prendre une décision. Vous pouvez télécharger un enregistreur de frappe gratuit à l'adresse http://www.refog.com.

Vous avez probablement inculqué à vos enfants des règles de sécurité concernant les moments où ils marchent dans la rue ou flânent avec leurs amis. Vous devez savoir qu'il vous faut agir de la même façon en ce qui concerne leurs activités en ligne. Le FBI offre un guide aux parents (en anglais) à l'adresse suivante : http://www.fbi.gov/publications/pguide/pguidee.htm. Et voici une autre source d'informations (en anglais également) : http://www.microsoft.com/protect/family/guidelines/default.mspx. Renseignez-vous, puis renseignez votre famille.

Une des maximes en matière de sécurité est qu'aucun système n'est jamais plus fort que le plus faible de ses liens[30]. J'ai développé un grand talent pour trouver et exploiter des liens faibles, qu'il s'agisse de logiciels obsolètes ou de pare-feu mal configurés. Un pirate malveillant ou un prédateur en ligne disposent d'une multitude de moyens pour s'insinuer dans votre ordinateur et dans votre vie. Armez-vous de connaissances et des bons outils. Vous éviterez ainsi de devenir une victime parmi tant d'autres, dans notre monde en ligne mal sécurisé.

---

30. Par analogie avec l'adage : « Une chaîne n'est jamais plus forte que le plus faible de ses maillons ». (N.D.T.)

Épilogue

Que Mafiaboy repose en paix

Le jour où prit fin ma période de probation, j'appelai mon ami Brian.
— Merde, mon vieux! hurla-t-il à l'autre bout de la ligne. As-tu le droit de m'appeler?
— Oui, tout va bien, lui répondis-je. J'ai le droit maintenant.
Nous étions en mai 2003 et ma sentence était terminée. Huit mois de détention et un an de probation. J'avais fait mon temps et je pouvais tourner la page.
Je n'avais pas vu Brian depuis un peu plus de trois ans. Il était presque aussi enthousiaste que moi. Il avait peine à croire que c'était fini. J'étais radieux et je riais dans le combiné.
Notre joie s'atténua quand Brian m'apprit que Patrick, un autre ami avec lequel il m'avait été interdit de communiquer, avait fini par se mêler à des gens peu recommandables. Brian ne l'avait pas vu ni ne lui avait parlé depuis un moment. Les choses avaient changé pendant qu'on m'avait tenu à l'écart. C'était ce que je craignais le plus.
Brian et moi décidâmes de nous rencontrer plus tard ce soir-là dans une boîte de nuit. C'était un endroit où j'étais déjà allé avec mon frère. Les videurs me connaissaient, tout comme certains habitués, mais il y avait longtemps que je n'y avais pas mis les pieds. En plus de Patrick qui avait disparu de mon cercle d'amis, je me demandai ce qui pouvait encore avoir changé.
J'arrivai au club et commençai à bavarder avec quelques-uns des videurs. Peu après, je sentis une main sur mon épaule

et me retournai pour voir Brian debout devant moi, le visage illuminé d'un grand sourire.

— T'es finalement sorti de la merde? dit-il.

Nous nous frappâmes les mains et il me bouscula amicalement.

— C'est bon de te revoir, dit-il. Maintenant, allons célébrer ça et prendre un verre.

Nous nous dirigeâmes vers la porte, puis il s'arrêta soudainement.

— Au fait, attends…, dit-il en me tendant un cigare. C'est pour toi.

J'avais hérité de mon père son amour des cigares. Brian s'en était souvenu et m'en avait apporté un pour célébrer. Nous demeurâmes sur le trottoir pendant que j'allumais le cigare. J'attendais ce moment depuis longtemps. Je tirai plusieurs bouffées et éteignis le cigare pour le finir plus tard. Il était temps d'entrer.

Peut-être l'endroit n'était-il pas aussi bondé qu'il l'est dans mon souvenir. Peut-être la musique n'était-elle pas aussi bonne, les femmes aussi belles, les breuvages aussi froids, mais c'est ainsi que les choses m'ont semblé à l'époque : parfaites.

Bientôt, une fille du nom d'Andrea s'approcha et me demanda où j'avais été pendant tout ce temps.

— Il m'est arrivé certaines choses, lui répondis-je, mais c'est du passé maintenant.

Elle commença à me tirer vers la piste de danse. Je tournai la tête pour dire quelque chose à Brian, mais il se contenta de me faire un clin d'œil tandis que je disparaissais dans la foule.

J'étais libre.

***

Pendant mon année de probation, puis durant les années qui ont suivi ma libération, je n'ai jamais cessé de songer à ce que j'allais faire de ma vie.

Je revins tranquillement aux ordinateurs, réalisant que ma toute nouvelle maîtrise de moi-même me permettait de m'en servir d'une manière plus convenable. Je ne m'engage plus dans des batailles et je ne lance plus d'attaques en ligne. Je ne fais pas partie d'une équipe de pirates. Pourtant, j'ai eu du mal à trouver ma place dans le monde de l'informatique. Je sais que mon désir de travailler avec les ordinateurs et le talent que j'ai pour le faire font partie de ma personnalité, mais comment puis-je en tirer parti?

Les ordinateurs représentent une époque importante de mon passé, et je veux qu'ils fassent aussi partie de mon avenir. Après avoir passé tant de temps loin des ordinateurs et d'Internet, j'avais beaucoup de rattrapage à faire. J'ai lu des livres et consulté des sites Web sur la sécurité pour voir à quel point l'un et l'autre avaient progressé ou s'étaient détériorés.

Ces dernières années, j'ai écrit une chronique journalistique sur la sécurité et travaillé dans un magasin d'ordinateurs. Pendant tout ce temps, je songeais à ce qui m'était arrivé et j'essayais d'être en paix. Les préjugés à mon égard m'irritent encore, et j'éprouve toujours une certaine amertume à l'égard de certaines des choses qui se sont produites pendant et après mon arrestation. Je continue à apprivoiser ces sentiments.

Ce dont je suis convaincu, c'est que je veux faire partie des bons, je veux être du côté de ceux qui contribuent à rendre Internet plus sécuritaire. Un chapeau blanc. J'espère aussi que ce livre contribuera à dissuader des aspirants pirates de suivre la même voie. À quiconque envisagerait de le faire, je dis que ça n'en vaut pas la peine.

Ce livre décrit en détail certaines difficultés auxquelles les forces policières se sont heurtées lorsqu'elles essayaient de retracer des pirates malveillants et des criminels sur Internet. Mais la police n'échoue pas toujours. Songez aux peines d'incarcération qu'ont dû purger Kevin Mitnick, Kevin Poulsen et quelques-uns des *botherders* dont je vous ai parlé. Des gens se font réellement prendre, et les amendes, de même que les sentences, sont plus lourdes que jamais.

J'ai perdu quatre années de ma vie à cause de ce que j'ai fait. Pendant ce temps, j'ai dû rester éloigné d'Internet et de mes meilleurs amis. J'ai été pourchassé par la presse et traqué par le FBI et la GRC. À cause de mes crimes, j'ai décroché de l'école, j'ai été détenu dans un centre de détention pour jeunes et j'ai dû passer huit mois dans un foyer de groupe.

Maintenant, plus de huit ans après les attaques, j'ai finalement l'impression de reprendre ma vie en main. Ça signifie quatre années d'enfer et quatre autres années pour en sortir. Ça n'en vaut pas la peine. Au moment où vous choisissez de franchir les limites des activités de piratage légal, vous devenez un homme à abattre et l'on vous pourchasse. Peut-être qu'on ne vous attrapera pas tout de suite, mais vous ne pourrez jamais cesser de surveiller vos arrières, et vos crimes vous hanteront toute votre vie. Et si on vous met la main au collet, eh bien, préparez-vous à passer du temps sous les verrous, parce que le FBI, la GRC et les organismes comme Interpol adorent donner en spectacle le dernier pirate qu'ils ont attrapé et faire de son châtiment un exemple.

Peut-être que tous ne comprendront pas mon message. Alors, permettez-moi de dire les choses autrement. Mark Zuckerberg, le fondateur de Facebook, a eu des ennuis après avoir infiltré les systèmes informatiques de l'université Harvard pendant qu'il y étudiait. Il en était apparemment au moment où il devait se demander : « Est-ce que je continue à infiltrer des systèmes et à enfreindre des règles, ou devrais-je employer mes talents en matière d'ordinateur et de programmation à quelque chose de plus constructif ? »

En fin de compte, il a décidé de concevoir un site de réseautage social. Facebook vaut maintenant des milliards de dollars. Pourquoi choisir l'autre voie ? Ça n'a pas de sens à mes yeux, en particulier quand on sait qu'un programmeur peut toucher en moyenne un salaire annuel de près de 100 000 dollars dans le milieu des entreprises. Cette avenue me semble maintenant très bonne.

Je me demande très souvent où j'en serais aujourd'hui si je n'avais pas lancé ces attaques en 2000. J'aurais terminé mon cours secondaire et serais entré à l'université. Peut-être dirigerais-je ma propre compagnie, ou travaillerais-je dans l'industrie de la sécurité, à gagner un excellent salaire et à relever des défis. Même si mes actes m'ont procuré une certaine célébrité – qui, oui, m'a permis d'écrire ce livre –, ils ne m'ont pas rendu riche ni n'ont contribué à mon bonheur.

J'entreprends maintenant la prochaine étape de ma vie et je retourne aux études. J'ai l'intention d'acquérir les connaissances qui me permettront de travailler dans le domaine de la sécurité informatique. En écrivant l'histoire de Mafiaboy, je referme le livre sur lui et je reprends réellement ma vie en main.

Même s'il fera à tout jamais partie de moi, Mafiaboy est mort. Vous pouvez m'appeler Michael.

La production du titre : *Mafiaboy* sur 3 960 lb de papier Silva Enviro 100 plutôt que sur du papier vierge aide l'environnement des façons suivantes :

Arbres sauvés : 34
Évite la production de déchets : 970 kg
Réduit la quantité d'eau : 91 777 L
Réduit les matières en suspension dans l'eau : 6,1 kg
Réduit les émissions atmosphériques : 2 130 kg
Réduit la consommation de gaz naturel : 139 m^3

Marquis imprimeur inc.

Québec, Canada
2008